山东省社会科学规划项目(15CWHJ14)

朱熹《四书集注》政治伦理思想研究

王敬华　叶晓静　著

东南大学出版社
SOUTHEAST UNIVERSITY PRESS
·南京·

图书在版编目(CIP)数据

朱熹《四书集注》政治伦理思想研究 / 王敬华,叶晓静著. — 南京：东南大学出版社,2024.8
ISBN 978-7-5766-0955-4

Ⅰ.①朱… Ⅱ.①王… ②叶… Ⅲ.①四书-注释 Ⅳ.①B222.12

中国国家版本馆 CIP 数据核字(2023)第 216767 号

责任编辑：陈　娟　责任校对：张万莹　封面设计：毕　真　责任印制：周荣虎

朱熹《四书集注》政治伦理思想研究
Zhuxi《Sishu Jizhu》Zhengzhi Lunli Sixiang Yanjiu

著　　者	王敬华　叶晓静
出版发行	东南大学出版社
出 版 人	白云飞
社　　址	南京市四牌楼 2 号　邮编：210096
网　　址	http://www.seupress.com
电子邮件	press@seupress.com
经　　销	全国各地新华书店
印　　刷	广东虎彩云印刷有限公司
开　　本	700 mm×1000 mm　1/16
印　　张	13
字　　数	254 千字
版　　次	2024 年 8 月第 1 版
印　　次	2024 年 8 月第 1 次印刷
书　　号	ISBN 978-7-5766-0955-4
定　　价	68.00 元

(本社图书若有印装质量问题,请直接与营销部联系。电话：025-83791830)

目录

绪 论 …………………………………… 001

第一章 朱熹政治伦理思想的理论渊源与时代背景 … 021
  第一节 两宋以前儒家政治伦理思想的发展脉络
    ………………………………………… 022
  第二节 北宋道学的发生与发展 …………… 033
  第三节 朱熹政治伦理思想的社会历史背景
    ………………………………………… 039

第二章 朱熹《四书集注》成书及其政治伦理精神 …… 046
  第一节 朱熹《四书集注》的成书过程 ……… 046
  第二节 朱熹《四书集注》的著作理念 ……… 055
  第三节 朱熹《四书集注》的政治伦理精神 … 062

第三章 天理论：朱熹《四书集注》政治伦理思想的基本原则
  ………………………………………………… 073
  第一节 20世纪以来的朱熹"存天理，灭人欲"研究
    ………………………………………… 073
  第二节 朱熹天理观的理论内涵和价值取向
    ………………………………………… 084
  第三节 理一分殊：天理外化为政治伦理的转接机制 ………………………………………… 092

第四章　格物致知：社会政治生活臻于完善的前提 …… 102
第一节　事实与价值：朱熹的"格物致知"论及其德育启示 …… 103
第二节　"朱陆之辩"：关于道德法则认识途径的不同解读 …… 113
第三节　格君心之非：实践政治伦理思想的起点 …… 122

第五章　朱熹《四书集注》政治伦理思想的价值诉求与主要规范 …… 132
第一节　中庸：对理想政治伦理秩序和规范的价值诉求 …… 132
第二节　仁、仁政、德政：朱熹对政治本真的伦理诉求 …… 143
第三节　朱熹《四书集注》中的正义思想 …… 152

第六章　朱熹《四书集注》政治伦理思想的基本范畴 …… 162
第一节　"絜矩之道"：内圣追求下的政治伦理交往规则 …… 162
第二节　"新民"理念：政治伦理思想视角的考察 …… 173
第三节　"慎独"：政治伦理视域下的道德教化与官德修养方法 …… 183

结语　朱熹政治伦理思想的理论价值与局限 …… 191

参考资料 …… 195

后　记 …… 202

绪　论

一　选题的缘起与意义

朱熹（1130—1200年），南宋著名哲学家，也是中国历史上影响最大的哲学家之一。钱穆先生说："在中国历史上，前古有孔子，近古有朱子，此两人，皆在中国学术思想史及中国文化史上发出莫大声光，留下莫大影响。旷观全史，恐无第三人堪与伦比。孔子集前古学术思想之大成，开创儒学，成为中国文化传统中一主要骨干。北宋理学兴起，乃儒学之重光。朱子崛起南宋，不仅能集北宋以来理学之大成，并亦可谓其乃集孔子以下学术思想之大成。此两人，先后矗立，皆能汇纳群流，归之一趋。自有朱子，而后孔子以下之儒学，乃重获新生机，发挥新精神，直迄于今。"[①] 朱熹所生活的南宋前期，社会动荡，阶级矛盾、民族矛盾错综复杂。他一生关怀政治，其政治理想是以"格君心之非"来改善政治和社会风气。余英时先生认为，宋代理学家都有一种"得君行道"的政治诉求。宋代理学这种政治意识的哲学表达在朱熹思想中达到了理论上的最高点。朱熹一生讲论、著述、撰注，学术成就十分丰富，教育活动也极为广泛，去世前还在病榻修改《中庸》《大学》。其学说作为元明清的官方思想体系，在漫长的历史中，显示出它对中国封建社会中后期所具有的意义和价值。在近古东亚文明的发展中产生了巨大的影响。

朱熹的思想体系，"以二程学说的基本思想为中心，改造周敦颐的宇宙图式，吸收了张载的气化思想，融合了邵雍的象数易学，形成了由北宋道学几条支流汇合而成的澎湃大江"[②]。他一生用力于"四书"，早年主要侧重《论

[①] 钱穆：《朱子新学案》（第一册），九州出版社2011年版，第1—2页。
[②] 陈来：《朱子哲学研究》，华东师范大学出版社2000年版，第2页。

语》和《孟子》，晚年用功于《大学》和《中庸》，精心编著《四书章句集注》（简称《四书集注》）和《四书或问》，使四书中的思想获得了新生。此外，他刊误《孝经》，订定《小学》，诗有《集传》。前人说他百家诸子、佛老异端，以及天文地志，无所不究。在中国历史上，几乎没有哪一个哲学家能够在研究著述的广泛性上望其项背，朱熹对中国传统文化的贡献是巨大的。当然，其思想的出现有其赖以产生的物质条件和思想条件。物质条件是指物质生活条件，即社会基本矛盾、社会经济状况等社会存在。思想条件是指思想的来源，即其先驱者传给他并使他由以出发的特定思想。朱子思想在本质上是适应南宋时期社会生产力发展、生产关系、阶级关系以及宗法制度的需要而产生的。

在内容庞大的朱熹思想体系中，占主导地位的思想是什么？这是一个颇有争议的问题。从研究现状来看，学者往往关注其哲学体系之博大、思辨之缜密，而较少论及朱熹思想中的政治哲学层面。事实上，作为一位真正的儒者，朱熹对人的社会政治生活、人类自身具有的强烈的责任感与道德意识，以及道德哲学的关注，其原动力都在于对社会伦理问题和政治问题的反思，其目的是试图为实现优良的社会生活寻求一个根本的准则，对理想的社会政治生活和价值体系予以证明。也就是说，朱熹对于哲学问题的讨论的最后落脚点在政治伦理上。因此，笔者认为，政治哲学在朱熹哲学体系中处于核心的位置。在朱熹思想中占主导地位的思想是政治伦理思想。

为什么政治伦理在朱熹思想中占主导地位？这是由朱熹乃至宋代理学家的"得君行道"的政治诉求决定的。引起宋代理学家共鸣的是张载所提出的"为天地立心，为生民立命，为往圣继绝学，为万世开太平"的人生理想，它代表了理学家的行动理想与价值取向，同时也极大地影响了这一时期学者的道德心理人格。朱熹本人对于社会政治生活也始终保持着关注与思考。在《朱子语类》与《朱熹集》中，有很多涉及"时事出处"的讨论，同时，对于政事的讨论在这两部著作中也占据了很大的比重。从哲理化方面来看，形而下的就事论事的论述对于理论体系的构建并没有太大的意义，但是大量政论文字的存在却足以说明朱熹哲学体系的构建不是出于纯哲学意义上的思辨。

朱熹坐而论道的目的是，为实现理想的政治生活提供指导，使儒学之道可以明于天下。例如，在《四书集注》《四书或问》和《朱子语类》中，朱熹从宇宙发生论和本体论层面对"天理"进行了论证，但这种论证是手段，并不是最终目的，人类社会的善良政治、伦理和道德才是其理论的最终归宿。朱熹在他的哲学思想中反复讨论人心与道心问题的最终目的是，试图为现实的政治生活提供一个理想范示与合乎理性的根本原则，寻求一个在治道上的根本性的解决的方法。朱熹一生所追求的，也正是"修身、齐家、治国、平天下"之道。

学界存在一个普遍的共识，即朱熹哲学是一种关于道德和伦理的学说，这种理解有着充分的理由，也符合中国传统伦理的基本价值取向，但是我们在研究朱熹道德哲学的同时，还应关注政治哲学或政治伦理在朱熹道德哲学中的地位。政治哲学或政治伦理依赖于对人的道德能力的基本判断和对人性的假定，因此朱熹的思想无法对道德哲学与政治伦理作出十分明确的区分。以儒家"内圣外王"的目标为例，朱熹在追求该目标的过程中提出了很多概念，如"性即理""天命之性""气质之性"等，朱熹提出的"性即理"即主张理、性在本质上是纯善的，人性本善的提出为"内圣外王"的实现提供了可能。同时，朱熹认为性又分为"天命之性"与"气质之性"，进一步说明"内圣"与"外王"的关系。既然现实中的人有善恶贵贱之分，那么优良的政治生活秩序就有赖于统治者的道德教化，即由道德高尚的君子对道德低下的小人进行引导与统治。在朱熹看来，社会生活中所呈现出的一种等级状态，也就是作为"天理"的"三纲五常"，是天理的本然表现。可以说，儒家政治伦理观念在先秦初期就已经逐渐形成，朱熹则在哲理层面和政治伦理层面对这些政治观念与政治安排予以论证。与此同时，他也对社会政治生活作出了自己的伦理解释。

"政治伦理是社会政治生活中调节、调整人们的政治行为及政治关系的道德规范和准则。"① 中国传统政治伦理思想源远流长，其中又以儒家的政治伦

---

① 贾红莲：《中国传统政治伦理思想的架构及现代价值》，《中国哲学史》2004年第2期，第67-74页。

理理念为核心。中国传统思想从整体的发展过程上表现为伦理的政治化和政治的伦理化。中国传统政治伦理思想可划分为政治伦理基本理念的形成阶段、实践阶段、制度化阶段和解体阶段。第一阶段，是中国传统政治伦理元理念的大致成形阶段。其历史时期为原始氏族社会到春秋战国时期。在这一时期，首先出现的是作为原始礼仪的图腾和禁忌，其次出现的是"周礼"，再次就是孔子的以"仁"为核心的"德治"型的政治伦理理念，最后是孟子的"仁政"说。第二阶段，中国传统政治伦理理念开始了初步实践阶段。其历史时期为秦汉到隋末。这一实践阶段的内容包括两个方面：孔子、孟子所建立的政治伦理基本框架的应用和在实际的政治生活中对这种政治伦理理念的改造。为适应大一统帝国建立新的上层建筑的需要，儒、道、法的各种思潮、学说、流派在长期相互论辩中，出现了相互融合、吸收的趋势。同时出现了儒法结合的趋势，初步形成了以董仲舒为代表的政治伦理思想体系。以董仲舒为代表的"天人感应"的阴阳五行说，作为官方政治伦理，几乎影响到全部意识形态领域。第三阶段，中国传统政治伦理理念的制度化阶段。这一阶段的历史时期大约是两宋时期，代表人物是朱熹。

　　朱熹政治伦理思想的特色是继承传统儒家思想，又将理学运用于政治问题。他对儒家经典"四书"作集注、加按语，为《大学》移文补传，以"格君心之非"来改善国家政治生活和变革风俗，提出了独具一格的政治伦理理想。在此基础上，朱熹将《大学》的"八条目"即"正心、诚意、格物、致知、修身、齐家、治国、平天下"作为达到社会太平的公理。"正心诚意"是这一公理实施过程中的关键，"修身"是做人之本，也是政治伦理实现的根本，而"正心诚意"又是"修身"的根本方法，是朱熹的"格君心之非"政治伦理的起点。朱熹的"格君心之非"是对孟子、董仲舒"格君心思想"的进一步发展，并对其进行了形而上的本体论说明。这是朱熹政治伦理思想的根本内容，也是中国君权思想合法性在一定程度上较完备的表述。

　　朱熹政治伦理思想在中国伦理思想发展史上占有十分重要的地位，《四书集注》是朱熹政治伦理思想的集中体现，因此研究朱熹《四书集注》中的政治伦理思想，具有十分重要的学术价值与实践意义。

　　首先，研究朱熹政治伦理思想，有利于更清晰地梳理中国传统政治思想发展的内在理路。朱熹政治伦理思想的构建是对儒家政治思想进行的高层次理论化。系统研究朱熹政治伦理思想，在一定意义上说，是对中国传统社会政治思想的总结与反思。儒家政治伦理思想中一些重要的观点、思想和理念在先秦时期就已经形成，集中表现为先秦儒家的政德、官德思想，但不具有上层建筑色彩。文献资料表明，到西周初期，"德"成为贵族中的普遍观念。周初的政治家、思想家把"德"与传统的"天命"相结合，提出"以德配天"的思想，进而提出"敬德保民"的观念，由此萌生了中国最初的伦理思想，这是中国伦理思想的发端。发轫于周初的伦理思想，在春秋战国时期逐步建立起基本的理论框架。在这一时期，出现了百家争鸣的局面。虽然各家主张各异，但重建社会秩序是他们共同的理论归宿，对道德的反思成为他们的共同课题。儒家重德，认为道德重整是社会有序化的基本前提。具有代表性的是孔子的"三达德"、孟子的"四德说"、荀子的"礼义廉耻四维说"，都是对中国古代道德规范的说明。

秦统一六国以后，推崇法家，滥用刑罚，结果二世而亡。西汉统治者总结秦亡的教训，采纳董仲舒"罢黜百家，独尊儒术"的建议，注重道德教化的社会作用。两汉时期，中国伦理思想得到初步发展，中国传统道德体系初步形成。主要表现如下：一是古代道德规范体系"三纲五常"在汉代形成、确立，并且开始在社会上流行。二是从董仲舒到东汉的官方文件《白虎通》，都对"三纲五常"的神圣性、合理性进行了论证。尽管论证很粗劣，但由于东汉、西汉高度重视社会道德教化，经由各地方官吏的宣传，三纲五常开始流行。三是在这一时期德法关系得到进一步说明，形成了对后世有影响的德主刑辅、德刑并举的思想。两汉时期的伦理思想从其体系化和影响力来说，无疑是中国伦理思想发展史上的一个重要环节。但是，以董仲舒为代表的两汉思想家并没有对儒家政治伦理思想做出一个合乎逻辑的解释。

汉魏之际，由于社会矛盾的激化、政治危机的加深和神学伦理学本身弊端的显露，儒家伦理思想的核心地位受到了挑战。儒家的伦理思想先后受到玄学和佛学的冲击。首先是玄学的冲击。玄学家围绕着"名教"和"自然"之辩，提出了"名教本于自然""越名教而任自然""名教即自然"三个重要伦理学命题。这个口号对儒家思想冲击很大。其次是佛学的冲击。从南北朝到隋唐，佛学给传统伦理思想带来冲击，儒、道、佛三足鼎立的格局基本形成。

黑格尔等西方思想家用近代西方哲学的眼光来衡量儒家伦理思想，认为以孔子为代表的儒家思想不能算作哲学思想，只不过是一些道德常识，孔子等思想家只不过是道德说教家。从政治哲学发展的角度来看，这种批评至少说明了一点，就是这一时期思想家的思想学说哲理化程度并不高。

北宋时期，中国伦理学出现了新形态——理学。理学在捍卫儒家主导地位的同时，吸收了佛家、道家的有利因素，丰富了自己的理学思想，奠定了儒家哲学本体论基础，使儒家伦理思想又获得了至尊地位。二程把天理与伦理联系起来考察政治问题，说明这一时期的理学思想家已经开始把儒家政治学说哲理化程度不高的问题作为一个重要问题来研究。朱熹作为宋代理学的集大成者，在二程思想的基础上，进一步把儒家思想哲理化。他为了给先儒提出的各种政治观念与政治价值提供本体论上的证明，用形而上学的方法，从先验的天理出发，构建了以天理为核心的系统的理论学说，在形而上的哲理化层面解决了先秦儒家政治伦理思想中存在的内在逻辑矛盾。朱熹在《四书集注》中，对先秦儒家在政治伦理领域提出的种种命题，都以一种形而上的方式进行全新的解读与诠释，在内容的解释上也达到了以往思想家所未能达到的境界。这标志着传统儒家政治思想哲理化水平达到了前所未有的高度，从而最终抵制了佛老思想对于儒家思想的冲击，使儒学重新在社会上获得了"正统"的地位。

其次，研究朱熹政治伦理思想，有利于人们对政治的全面理解。优良的社会政治生活是人们的一致追求，这种生活必然蕴含着特定的道德诉求，遵循着某种既定的法则，以一定的价值理想为归依。根据马克思的唯物史观，政治与伦理、政治与道德分别属于社会上层建筑中的政治上层建筑与思想上层建筑。在日常生活中，人们往往认为政治就是暴力和强制，其实政治并不是建立在暴力基础上的统治，而是有其道德内涵的。我们从政治文明的角度来看，人类政治文明的进程，就是人类对美好政治生活的构想及其实践的进程。由于人类的政治生活充满着困境，所以所谓政治文明的成果，从另一个角度来说就是：人类为解决政治难题和困境而创造并积累起来的，并为人类的政治实践所证明其确有价值的一系列主张、制度和技术。通过这些主张、制度和技术，人类维持着一种良好的政治秩序。从某种意义上讲，政治是一个伦理问题，"它决定着在某一特定范围内有多少人以及他们在多大程度上享受那种人所应有的一系列权利这一重大问题。我们研究和关注政治这一科学，其主要目的显然就是为了人的生存和生活质量问题，为了使之越来越接近人类理性现已认识到的那一伦理和道德水平"①。中国传统政治理念是将伦理作为政治之目的和手段，其政治的理想形式是伦理国家。

朱熹认为，政治就是国家的"号令"和"刑罚"以及两者之间的关系。"号令"犹如国家颁布的法律制度，"刑罚"含有实行这种法律制度的意思。"号令"和"刑罚"相辅相成，不可偏废。"如果刑罚不用，则号令也失去其应有的作用，而成为徒挂墙壁的空文。与其不遵守法令而阻塞国家的治理，不如惩一戒百；与其检查其结果，不如严其始而不犯法。在这里，朱熹所说的政治，触及政治学说的主要问题，即国家政权和维护这个政权的政治法律制度。"② 同时，朱熹还把政治的含义规定为，治理百姓，实现社会安定。治理民众的方法，是感民心，即所谓"正民心"。朱熹说："政之为言正也，所以正人之不正也。德之为言得也，得于心而不失也。……愚谓政者，为治之具。刑者，辅治之法。德礼则所以出治之本，而德又礼之本也。此其相为终始，虽不可以偏废，然政刑能使民远罪而已，德礼之效，则有以使民日迁善而不自知。故治民者不可徒恃其末，又当深探其本也。"③ 可见，政治本身具有求善的价值诉求，这也是政治的本真内涵。

再次，理性地梳理朱熹《四书集注》中的有价值的政治伦理内容，对于吸取传统文化中的有价值因素，构建现代政治文明具有积极的意义。政治伦理所探讨的是人类生活的基本问题，对这些问题的讨论具有超越具体时代的特征。为了对社会进行深入了解，我们必须了解和借鉴历史上有价值的政治伦理思想。历史上政治思想家们所提出的问题在我们的现代社会中依然存在。

---

① 杨明伟：《中国传统伦理政治理念之剖析》，《西南民族大学学报》，2005年第11期，第218—219页。
② 张立文：《朱熹思想研究》，中国社会科学出版社1981年版，第138页。
③ [宋]朱熹著，陈立校点：《四书章句集注》，辽宁教育出版社1998年版，第55页。

纵观历史，任何政治伦理思想，作为特定历史阶段的上层建筑，都是在特定历史条件下产生的，服务于特定经济基础。"无论哪一个社会形态，在它所能容纳的全部生产力发挥出来以前，是决不会灭亡的；而新的更高的生产关系，在它存在的物质条件在旧社会的胚胎里成熟以前，是决不会出现的。所以人类始终只能提出自己能够解决的任务，因为只要仔细考察就可以发现，任务本身，只有在解决它的物质条件已经存在或者至少是在生成过程中的时候才会产生。"① 根据马克思主义唯物史观，可以发现我们今天所普遍接受的政治伦理理念，并不是自明的真理，它在历史上可能曾经受到过质疑和批判。在对现有价值进行批判与检验的过程中，我们必须充分利用传统中可供参考的价值标准和可供利用的价值资源。例如，我们在对西方政治制度发展史的讨论中，时常要追溯到柏拉图、亚里士多德、康德乃至黑格尔所构建的体系。同样，对中国政治伦理传统的研究是不能避开对朱熹的讨论的。

人类社会的发展是有其客观规律的，历史上思想家们所讨论的政治伦理问题也具有普遍性，这在一定程度上可以说是人类社会政治生活中的永恒话题，只要这些话题还在一定程度上困惑着我们，就需要我们在已有讨论的基础上继续探索。具体到朱熹，他毕生追求的是道德法则的普遍适用性，这与先秦儒家的"修身、齐家、治国、平天下"的价值取向具有一致性。因为只有普遍道德法则得到服从，理想社会的构建才有可能。朱熹对于应然的政治生活的理解，体现在其政治哲学的天理道义这一核心命题中，道义优先也正是朱熹政治哲学表现出来的明显价值倾向，这种政治价值倾向对于理解政治生活具有普遍性的意义。

二 研究现状述评

（一）民国时期对朱熹政治思想的研究

现代对于朱子思想的系统阐述，至少应当追溯到 1910 年出版的蔡元培的

---

① 《马克思恩格斯选集》（第 2 卷），人民出版社 1995 年版，第 33 页。

《中国伦理学史》。该书的第三期"宋明理学时代"第九章"朱晦庵"的"结论",对朱熹思想的历史地位的论述中说:"宋之有晦庵,犹周之有孔子,皆吾族道德之集成者出。孔子以前,道德之理想,表著于言行而已。至孔子而始演述为学说。孔子以后,道德之学说,虽亦号折衷孔子,而尚在乍离乍合之间。至晦庵而始以其所见之孔教,整齐而厘订之,使有一定之范围。盖孔子之道,在董仲舒时代,不过具有宗教之形式。而至朱晦庵时代,始确立宗教之威权也。"①

1919年,胡适的《中国哲学史大纲》出版,在第一篇"导言"中,胡适在哲学的定义中指出:"凡研究人生切要的问题,从根本上着想,要寻一个根本的解决:这种学问,叫做哲学。……因为人生切要的问题不止一个,所以哲学的门类也有许多种。"②胡适举出了六种哲学门类:一、作为宇宙论的"天地万物怎样来的";二、作为名学及知识论的"知识思想的范围、作用及方法";三、作为人生哲学、伦理学的"人生在世应该如何行为";四、作为教育哲学的"怎样才能使人有知识,能思想,行善去恶";五、作为政治哲学的"社会国家应该如何组织,如何管理";六、作为宗教哲学的"人生究竟有何归宿"。在这里,胡适第一次提出"政治哲学",认为"哲学"应该包括政治哲学在内。但是由于其《中国哲学史大纲》只有上卷,只论及中国哲学的上古部分,即先秦哲学,尚未论及宋代,因而不可能对朱熹政治哲学作出专门论述。

1929年,周予同出版了《朱熹》一书。该书的第三章"朱熹之哲学"分为三节:第一节为"本体论",第二节为"价值论",第三节为"认识论"。其中第二节"价值论",又分为"伦理哲学""教育哲学""政治哲学""宗教哲学"。该书中所包含的对于朱熹政治哲学的专题阐述,可能是民国时期最早对朱熹政治思想的研究。

1937年,杨幼炯的《中国政治思想史》出版,在该书的第九章第二节"宋代学者之政治思想"中,包含了对朱熹政治思想的核心以及施政主张的阐

---
① 蔡元培:《中国伦理学史》,商务印书馆1999年版,第93页。
② 胡适:《中国哲学史大纲》,商务印书馆2011年版,第1页。

述。朱熹"政治论之中心,主张'以仁心行仁政',此为儒家之传统思想。所谓'恤民之本,在人君正心术以立纲纪'。此即谓政治之本,基于人主之心术,故曰:'古圣贤之言治必以仁义为先,而不以功利为急。……盖天下万事,本于一心,而仁者,此心之存之谓也。此心既存,乃克有制;而义者,此心之制之谓也。诚使是说著明于天下,则自天子以至于庶人,人人得其本心以制万事,无一不合宜者,夫何难而不济?'朱熹在施政方面,注重劝农。其言曰:'民生之本在食,足食之本在农,此自然之理也。'"①

1937年,范寿康的《中国哲学史通论》出版,该书的第五编第二章"宋明儒家思想的概要"中,有"朱熹"一节,在阐述朱熹哲学中也论及朱熹政治伦理思想:"朱子以为政治的基本在于人治。他以为在统治国家上面实有一定的道理在永远存在着。'顺之者成'为尧舜,'逆之则败'为幽厉。所以《尚书·大禹谟》所谓'人心惟危,道心惟微,惟精惟一,允执厥中'这几句话乃系尧舜禹相传的秘诀。人君首先要对人心与道心,天理与人欲加以区别,自己的一切行动与措施都须求合乎中的原理。他又以为'法弊'易于更改,由人类的私心所产生的那种'时弊'是难于变更的,他主张任贤,注重感化。概括一句话,人治重于法治是他的政治上的根本主张。"②

从以上所述可以看出,民国时期对朱熹政治思想作了比较全面的阐述,取得了丰富的学术研究成果。其中绝大多数的研究是实事求是的,对于全面认识朱熹思想及其历史地位具有一定的学术价值。当今对于朱熹政治思想的研究,在数量和规模上有了很大的进步,但就总体而言,并没有能够超越民国时期的研究水平。所以,民国时期对于朱熹政治思想的研究,仍然是当今这一研究的学术基础,应当成为必需追溯和吸收的学术资源。民国时期对朱熹政治思想的研究所提出的不少思想观点,至今仍具有参考价值。

(二)当代学者对朱熹政治思想的研究

"五四"以后,直至"文革"以前对朱熹研究的基调是持否定态度的。这

---

① 杨幼炯:《中国政治思想史》,上海书店1984年版,第253—254页。
② 范寿康:《中国哲学史通论》,开明书店1937年版,第361页。

一时期，学者大都从唯物主义与唯心主义二分法的理论出发，认定朱熹的"哲学思想不但直接继承了二程的客观唯心主义体系，而且也吸收和综合了中国先秦以来各种唯心主义哲学的重要观点，包括他所批评的佛教唯心主义哲学在内。因此，他是中国古代唯心主义哲学集大成的人物"①。在"文革"期间，朱熹被视为孔孟之道的卫道士、反动儒家的代表，并遭到严厉的批判。改革开放以后，随着解放思想、实事求是思想路线的确立，国内学术界开始摆脱"左"的东西的束缚，开始关注对朱熹思想的研究。例如：冯友兰认为："儒家在汉朝获得统治地位，主要原因之一是儒家成功地将精深的思想与渊博的学识结合起来。朱熹就是儒家这两个方面的杰出代表。他的渊博的学识，使他成为著名的学者，他的精深的思想，使他成为第一流哲学家。尔后数百年中，他在中国思想界占统治地位，绝不是偶然的。"② 1949 年之后，大陆出版的第一部关于朱熹思想研究的专著是张立文的《朱熹思想研究》，在这一著作中，作者提出这样的要求：以科学的辩证唯物主义和历史唯物主义的世界观来治中国哲学史。坚持实事求是的原则，具体问题具体分析。"试图从朱熹思想的实际出发，实事求是，既不拔高，也不贬低，给一定的历史地位。"③在这本 50 余万字的著作中，作者研究了朱熹的经济思想、政治思想、哲学思想、教育思想。在本书第四章"朱熹政治学说"中，作者研究了朱熹对政治内涵的界定、朱熹关于天理均权论的思想、为政以德与为政以刑关系的思想、集权与分权关系的思想。在对朱熹思想的历史定位上，是将其定位为"封建社会意识形态"。从改革开放之后截止到 1990 年，这一时期涉及朱熹的研究成果主要有钱穆的《朱子新学案》（巴蜀书社 1986 年版），陈来的《朱子书信编年考证》（上海人民出版社 1989 年版），陈荣捷的《朱学论集》（台湾学生书局 1982 年版）、《朱子新探索》（台湾学生书局 1988 年版），范寿康的《朱子及其哲学》（中华书局 1983 年版），侯外庐、邱汉生、张岂之的《宋明理学史》上卷（人民出版社 1984 年版），邱汉生的《四书集注简论》（中国社会科

---

① 任继愈：《中国哲学史》，人民出版社 1964 年版，第 253 页。
② 冯友兰：《朱熹在中国历史上的地位》，《朱熹与中国文化——武夷山朱熹研究中心成立大会论文集》，1988 年。
③ 张立文：《朱熹思想研究》，中国社会科学出版社 1981 年版，第 2 页。

学出版社1980年版）等。显然，由书名可以看出，这些研究都是关于朱熹思想的综合性研究。当然，这也是由特殊的历史原因所致，因为在改革开放的初期，人们还没有彻底摆脱"左"的东西。例如：邱汉生在述及朱熹的"政治论"时给出结论："《四书集注》论述的政治哲学，暴露了朱熹维护封建统治的反动面目。"①笔者以"朱熹"为检索词，在中国期刊全文数据库中，共检索到从1980年到1990年间，题目包含"朱熹"的论文346篇。这些论文涉及朱熹的理学思想、解释学、易学等内容，但关于朱熹政治思想的论文只有两篇：熊铁基的《评朱熹的政治思想》（《华中师院学报：哲学社会科学版》1982年第2期）和俞兆鹏的《从按劾唐仲友看朱熹的政治思想》（《朱子学新论——纪念朱熹诞辰860周年国际学术会议论文集》，1990年）。可见，对朱熹政治思想的研究十分薄弱。

20世纪90年代开始，特别是邓小平南方谈话发表以后，中国做出了关于社会主义市场经济的决定。学术研究氛围更加宽松，人们的思想更加开放。随着国学热的兴起，朱熹作为儒家思想的代表人物受到学术界的高度重视，在中国期刊全文数据库中，题目中包含"朱熹"的论文自1990年到2016年间共3305篇。其中，对朱熹政治思想的研究的代表性成果有：乐爱国的《民国时期对朱熹政治思想的研究》（《北京社会科学》2013年第5期），汪高鑫的《朱熹政治思想初探》（《徽州师专学报》1997年第3期），冯兵的《〈周礼〉对朱熹政治思想的影响》（《光明日报》2013年11月4日），徐恩火、余龙生的《得理至善：朱熹政治伦理思想的内在理路》（《江西社会科学》2012年第11期），陈代湘的《朱熹的政治思想与政治实践》（《湘潭大学社会科学学报》1999年第5期），余龙生的《朱熹"理治"政治思想的伦理意蕴》（《学术界》2015年第8期），李锋的《天理与道义的彰显——朱熹王道思想的政治哲学解析》（《贵州师范大学学报：社会科学版》2008年第4期），吴震的《从政治文化角度看道学工夫论之特色——有关朱熹工夫论思想的一项新了解》（《社会科学》2013年第8期）等。同时，专门研究朱熹哲学思想的学术著作也开始出现。依笔者收集，共有以下十二

---

① 邱汉生：《四书集注简论》，中国社会科学出版社1980年版，第99页。

部著作：余英时的《朱熹的历史世界——宋代士大夫政治文化研究》（三联书店2004年版）、王健的《在现实真实与价值真实之间——朱熹思想研究》（华东师范大学出版社2007年版）、田浩的《朱熹的思维世界》（允晨文化实业股份有限公司1996年版）、赵峰的《朱熹的终极关怀》（华东师范大学出版社2004年版）、彭永捷的《朱陆之辩——朱熹陆九渊哲学比较研究》（人民出版社2002年版）、刘述先《朱子哲学思想的发展和完成》（台湾学生书局1995年版）、孔令宏的《朱熹哲学与道家、道教》（河北大学出版社2001年版）、金春峰的《朱熹哲学思想》（台湾东大图书公司1998年版）、陈荣捷的《朱子新探索》（台湾学生书局1988年版）、陈来的《朱子哲学研究》（华东师范大学出版社2000年版）、蔡方鹿的《朱熹与中国文化》（贵州人民出版社2000年版）和《朱熹经学与中国经学》（人民出版社2004年版）。

纵观改革开放以来对朱熹思想的研究可以发现，对朱熹思想的研究历史地位逐步得到肯定，研究朱熹思想的文章和著作也越来越多。笔者从本课题出发，在学术界对朱熹政治思想的研究的基本情况予以梳理的基础上，认为学术界对朱熹政治思想的研究呈现出如下状况：

一是把朱熹政治思想定位于封建意识形态。这种研究取向在十年"文革"结束到我国改革开放初期的研究成果中表现最为明显。例如张立文在其《朱熹思想研究》中说："朱熹是我国封建社会开始向后期演变时期的儒家代表人物。他以儒家的政治伦理观为中心，糅合佛、道思想，把自然、社会、人生等方面的问题统统纳入其思想体系，建立起博大繁杂客观唯心主义逻辑结构。"① 朱熹思想"适应了统治阶级的需要，成为官方哲学"②。任继愈在其《中国哲学史》中说：朱熹"哲学思想不但直接继承了二程的客观唯心主义体系，而且也吸收和综合了中国先秦以来各种唯心主义哲学的重要观点，包括他所批评的佛教唯心主义哲学在内。因此，他是中国古代唯心主义的集大成

---

① 张立文：《朱熹思想研究》，中国社会科学出版社1981年版，第626页。
② 张立文：《朱熹思想研究》，中国社会科学出版社1981年版，第634页。

人物"①。这种研究实际上就是从政治伦理的角度做出的判断，这种判断把朱熹思想与其所处的中国封建社会后期的社会历史背景联系起来，与当时的封建社会的经济基础联系起来，把朱熹思想作为封建社会意识形态、思想上层建筑来对待，把封建礼教、专制主义、阶级态度作为朱熹政治思想的主要方面，运用马克思主义的阶级分析方法，强调这种思想的时代性、保守性与反动性。但是，这种方法不能表现出朱熹思想理性的独立性与自主性，即无法呈现出朱熹理学作为一种政治伦理所体现出的人文关怀，以及内在价值追求与道德理想。

二是把朱熹政治思想定位于治国方略与政策思想。例如徐晓望的《论朱熹与清官性格的塑造》（《中共福建省委党校学报》2001年第10期），贾玉英、赵文东的《略论朱熹的荒政思想与实践》（《河南大学学报：社会科学版》2001年第5期），汪志强的《朱熹治国思想发微》（《湖北行政学院学报》2002年第3期），丁为祥的《儒者与政："国是"、"朋党"、"伪道学"——以余英时〈朱熹的历史世界〉为例》（《陕西师范大学学报：哲学社会科学版》2008年第1期），冯兵的《朱熹的礼治思想》（《湖南大学学报：社会科学版》2014年第1期）等。可以说，对朱熹思想的具体的政治实践的研究，对了解朱熹的真实历史情况是有帮助的。不过我们从朱熹的哲学体系来看，形而下的政治实践方面的研究与构成他的哲学主体部分的形而上学体系是缺乏有机直接联系的，也不能从中揭示出作为朱熹政治思想核心内容的政治伦理思想的真正含义。

另有一些学者认为，朱熹哲学提供的是建立在"天理论"基础之上的治国之术，是一种根本的治国方略。他们认为天理是朱熹政治学说的本体论基础，是朱熹政治思想的起点，即朱熹的政治思想是建立在"天理论"基础之上的。"天理论"的确立，使传统宗法君主制度社会规范得以绝对化；同时，天理既是伦理本体，又是宇宙本体，从而确立了封建主义社会秩序与"三纲五常"的伦理规范的绝对性。一部分学者认为天理为政治活动提供了一个行为规范。例如冯友兰先生在其《中国哲学简史》中认为："如果世界上每一事物都有它的理，那么，国家作为一个具体存在的事物，也必定有国家和政府的

---

① 任继愈：《中国哲学史》（第三册），人民出版社1964年版，第253页。

理。如果国家和政府都按理组织，按理行事，它就安定兴旺；否则，它就瓦解而陷于混乱。按照朱熹的看法，这个政治上的原理就是先前圣王教导和推行的为政之道。这不是由人主管制定的，其中的理是永恒的，无论是否有人教导和推行，它是永恒存在着的。"① 张立文在《朱熹思想研究》中认为："怎样理解'天理君权'的国家组织形式，是一个统治方法的问题。朱熹总结了历代统治阶级的统治经验，提出了'德'与'刑'兼施并用的统治方法。"②

在以上这些研究中，为了寻找朱熹的政治主张理论上的依据，都试图把朱熹的政治思想与以天理为核心的哲学体系自觉地联系起来，也对朱熹的政治思想做了比较全面的介绍。但从政治伦理的角度上看，学者往往关注的是朱熹政治思想中的一些结论与产生的影响，如对君主权力的限制、封建纲常伦理的绝对化、德治主义的主张等，但问题在于：这些结论在朱熹的思想里是如何得到哲理化的表达的？它们与朱熹的形而上学的哲学体系之间具有什么样的内在联系？近年来，随着国学热、儒学热的兴起，学术界对先秦儒家传统政治伦理的研究也越来越重视，也应把对朱熹政治思想的研究放入传统政治伦理发展的大背景中，研究朱熹如何以一种形而上的、体系化的方式对传统儒家的政治观点进行哲理化的提升，从而推动传统儒家政治思想的发展。

三是对朱熹政治伦理思想的研究。需要说明的是，在对朱熹思想的研究方面，学术界较多注重政治思想、政治哲学思想的研究，而对朱熹政治伦理思想的研究略显薄弱。主要呈现以下研究内容：第一，揭示朱熹"理治"政治思想的伦理内涵。例如余龙生在《朱熹"理治"政治思想的伦理意蕴》（《学术界》2015年第8期）一文中认为："以理治国"是朱熹重要的政治理念和政治主张，其伦理意蕴主要体现在政治制度的设计与运行机制中对制度的正义追求、识才选吏的德性标准、仁政爱民的价值取向、尊君效忠的伦理评判等方面。并认为这些思想对当今制度建设、构建中国特色社会主义社会治理模式、推进我们的政治文明建设、更好地倡导社会主义核心价值观体系等

---

① 冯友兰：《中国哲学简史》，新世界出版社2004年版，第261页。
② 张立文：《朱熹思想研究》，中国社会科学出版社1981年版，第158页。

方面具有重要意义。第二，揭示朱熹政治伦理思想的基本结构。例如徐恩火、余龙生在《得理至善：朱熹政治伦理思想的内在理路》（《江西社会科学》2012年第11期）中认为："朱熹所理解并着力构建的理想政治，是包括表现为'君权至上'秩序的天理根源之善、以德治方式体现的政治本质之善、在主体德性保障下的形式之善以及'经世致用'的结果之善等多个方面的'善'的体系。"第三，揭示朱熹政治伦理思想的基本范畴。李锋在《天理与道义的彰显：朱熹王道思想的政治哲学解析》（《贵州师范大学学报：社会科学版》2008年第4期）中认为：在传统儒家的政治思想中，"王道"意指符合道义原则的政治，体现的是儒家对理想的政治治理模式的追求，等同于"先王之道"；朱熹用形而上学的方法解释了政治生活中的道义原则，把王道理解成为符合"天理"的政治，进而在更高层次上把握了政治的合理性，具有明显的道义优先价值取向，标志着传统儒家的道义论政治哲学已经发展到了一个新的阶段。谢晓东在《朱熹的"新民"理念——基于政治哲学视角的考察》（《厦门大学学报：哲学社会科学版》2011年第4期）一文中认为："以《大学》的'新民'观念为中心，朱熹重构了儒家政治哲学。在其新民学说中，新民是明明德的目的，明明德是新民的基础。朱熹的新民理念具有明确的内在逻辑结构，对该结构的分析同时就是对'新民何以可能'这一问题的回答。"

　　从整体上说，学界关于朱熹思想的研究成果中，对其政治伦理思想的研究是相对薄弱的。例如，钱穆在其研究朱子思想的巨著《朱子新学案》中，重视朱熹哲学体系的发展演变过程，对体系内部的范畴、概念的梳理，以及哲学的思辨体系的构建。他对朱子学给予了很高的评价，特别是对朱子"格物致知"说给予了很高的评价，认为格物求理的精神，可以兼含伦理与科学两个方面的内容。如陈来教授所著的《朱子哲学研究》（华东师范大学出版社2000年版），主要围绕理气、心性、格物致知论和朱陆之辩等内容展开，其核心是对朱熹思想历史演变的考察。正如陈来教授所说，此著作是"辨名析理"，是对朱熹哲学的纯哲学式考察。陈荣捷先生说：由《朱子哲学研究》一书的目录"一望而知有所选择。除朱陆的历史发展之外，似乎专意哲学。张岱年序谓'朱熹的历史观、道德论、政治思想，还未及作全面论述'，即在哲学定义之下，仁、命、天理人欲、道器、鬼神等哲学思想，均未深入讨论"①。也就是说，很多学者是把朱熹哲学当作一个纯粹的哲学问题来研究，而不是从政治伦理的视角对朱熹思想进行研究。

改革开放以后，对朱熹政治思想的研究逐渐摆脱了之前将其判定为代表封建社会意识形态的唯心主义哲学体系的简单模式，在相对宽松的学术氛围下采取更为客观与理性的态度，在政治思想、哲学等领域，对朱熹思想进行了更为全面、深入的研究，这些成果为进一步研究朱熹政治伦理思想提供了思想资源。本书拟在前人与时贤对朱熹思想研究的基础上，以朱熹的《四书集注》为主要经典文本，对朱熹思想中的政治伦理思想予以梳理，力图复原这一思想的理论构架，进而分析朱熹在解读"四书"中提出的理气、心性、工夫等一系列哲学命题所蕴含的政治伦理意义，并通过对朱熹政治伦理基本范畴的分析，揭示朱熹政治伦理思想中所表达的真实意图与其理论特点。同时，探索朱熹政治伦理思想的理论体系，并做出理性的判断与反思。

三 研究思路与基本框架

本书以辩证唯物主义和历史唯物主义为指导，探讨朱熹《四书集注》中的政治伦理思想及其当代价值，力图准确把握和全面解读朱熹政治伦理思想的本真内涵。本书以《四书集注》为主要经典文本，从形而上与形而下、体与用相统一的视角出发，按照从伦理原则到伦理规范和伦理范畴的思路，对朱熹政治伦理思想展开研究，并致力于分析朱熹政治伦理思想的理论背景和当代价值，以利于中华优秀传统政治伦理文化在新时代实现"创造性转化和创新型发展"。本书除绪论和结语外，共有六章。绪论部分主要阐述选题的缘起与意义、国内外研究现状述评、研究思路与框架、研究方法等问题。

第一章是"朱熹政治伦理思想的理论渊源与时代背景"。第一节研究两宋以前儒家政治伦理思想的发展脉络，包括三个问题：一是先秦时期中国传统

---

① 陈荣捷：《评陈来的〈朱熹哲学研究〉》，转引自《朱子哲学研究（附录）》，华东师范大学出版社2000年版，第422页。

政治伦理理念的初步形成。其基本理念的类型依次是原始礼仪、周礼、孔子的以"仁"为核心的政治伦理理念和孟子的"仁政"说。这一时期的政治伦理理念具有人道色彩、德化色彩,并关注普遍道德法则。二是秦汉时期中国传统政治伦理理念的初步实践。这一时期的中国政治伦理思想呈现出的特点有,儒、道、法合流,政治伦理体系出现和对"天"的论证。三是两宋时期中国传统政治伦理理念的制度化,包括朱熹对道德本体和政治伦理体系的建构。第二节研究北宋道学的发生与发展,包括周敦颐的"太极说"、邵雍的"象数"学和二程的"义理之学"。第三节研究朱熹政治伦理思想的社会历史背景,包括朱熹政治伦理思想的政治背景和理论文化背景,如朱熹对北宋以来理学思想的吸收整理与改造等。

第二章是"朱熹《四书集注》成书及其政治伦理精神"。第一节研究朱熹《四书集注》的成书过程,包括《论语》《孟子》《大学》《中庸》的单书变迁、《论语》《孟子》《大学》《中庸》向经的转化及二程对"四书"的初构、朱熹《四书集注》的成书及其修订。第二节研究朱熹《四书集注》的著作理念,包括《四书集注》的教育理念,如国民的精神气质教化和"中庸"思维方式教育等;道统的传承理念和"经邦国、治官府"的经世致用理念,如主体性培养和社会责任的担当等。第三节研究朱熹《四书集注》的政治伦理精神,包括《四书集注》中知识与道德的二重诠释进路、《大学章句》中对《大学》的"为学亦为政"的解读和《四书集注》对理想社会治理模式的伦理诉求等。

第三章是"天理论:朱熹《四书集注》政治伦理思想的基本原则"。第一节梳理了20世纪以来对朱熹"存天理,灭人欲"的研究的现状,包括民国时期胡适、冯友兰和张岱年等学者对朱熹理欲观的讨论、当代学者对朱熹理欲之辨的研究与争鸣和从伦理政治及唯物史观视角对"存天理、灭人欲"的解读。第二节研究朱熹天理观的内涵和价值取向,包括三方面内容:一是朱熹的关于天的三层内涵,即宇宙之天、主宰之天和天理之天;二是朱熹天理观的主要内容,即天理是宇宙的根源和根本、天理为善和天理为天命之性;三是朱熹天理观的政治伦理意蕴。第三节研究"理一分殊:天理外化为政治伦理的转接机制",包括"理一分殊"的基本内涵、"理一分殊"的多重视角解读和"理一分殊"的政治伦理意义等。

第四章是"格物致知：社会政治生活臻于完善的前提"。第一节研究朱熹"格物致知"论的内涵及其德育启示，包括学术界对"格物致知"基本内涵的讨论、朱熹"格物致知"论中的知识与道德和朱熹"格物致知"论与道德教育的关系。第二节研究"朱陆之辩"中关于道德法则认识途径的不同解读，包括"朱陆之辩"的由来和基本内容、学术界关于"朱陆之辩"实质的讨论和"朱陆之辩"的政治伦理解读。第三节研究实践政治伦理思想的起点——格君心之非，包括朱熹对"诚意、正心"基本内涵的诠释、朱熹《中庸章句》中的为政以诚思想和正心诚意与格物致知的关系等。

第五章是"朱熹《四书集注》政治伦理思想的价值诉求与主要规范"。第一节研究朱熹对理想政治伦理秩序和规范的价值诉求，包括"贤知之过"作为一个思想命题的出现、建立人间秩序的必要性和根据、朱熹对"中庸"的诠释。第二节研究朱熹对政治本真的伦理诉求，包括朱熹的仁学观、仁政观和"德主刑辅"的德政观。第三节研究朱熹《四书集注》中的正义思想，包括朱熹的政治正义思想、德性正义思想和经济正义思想等。

第六章是"朱熹《四书集注》政治伦理思想的基本范畴"。第一节研究内圣追求下的政治伦理交往规则：一是研究"絜矩之道"的提出及朱熹在《大学章句》中的释义；二是研究朱熹"絜矩之道"的理论结构，即"絜矩之道"的主体和客体、"絜矩之道"对传统"恕"道的丰富和发展及"絜矩之道"的民本内涵；三是研究"絜矩之道"的政治文化内涵。第二节研究朱熹对"新民"理念的政治伦理考察：一是研究朱熹和王阳明关于"新民"与"亲民"的争论；二是研究"新民"与"明明德"的关系；三是"新民"的内在逻辑与何以可能，即"新民"的先验内在条件、主体与方法。第三节研究朱熹政治伦理视域下对"慎独"的道德教化与官德修养方法的解读，包括"慎独"的本义与概念溯源、"慎独"与"中庸"的关系、"慎独"与"诚"的关系等。

结语部分分析研究了朱熹政治伦理思想的理论价值与局限性。

四 研究方法

研究方法在科学研究中发挥着十分重要的作用，是研究能否获得成功的关键，必须予以高度重视。在本研究中，笔者注重在研究中坚持马克思主义哲学的辩证唯物主义与历史唯物主义的方法论为指导，注意做到纵向与横向的结合、逻辑与历史的统一、批判与继承的统一。在此基础上，根据本研究对象的特点，主要采用了以下几种研究方法。

一是历史唯物主义的方法。运用历史唯物主义的基本原理与方法，将朱熹政治伦理思想放在他所处的历史条件之下进行客观的、具体的、历史的分析。坚持历史唯物主义立场，坚持古为今用，去粗取精，去伪存真，因势利导，深化研究，使其在新的时代条件下发挥积极作用。二是比较研究的方法。比较的对象主要有两类：第一类，在传统儒家思想内部的比较，并在传统政治伦理内在的对照中对朱熹政治伦理做出历史性的评价；第二类，与西方道义论的对照。在两者共同探讨的问题和思想倾向中寻找具有普遍性的价值。三是诠释学的方法。朱熹作为一个继往开来的儒学诠释者，其诠释特色具有深刻的理论价值和研究价值，所以本书以朱熹《四书集注》为文本，通过对朱熹《四书集注》中所蕴含的政治伦理内涵的分析，来阐述朱熹是如何通过对儒家经典的诠释，来建构自己的政治伦理思想体系的。

通过上述方法的运用，本书希望在朱熹政治伦理思想研究领域实现一定程度的创新。

在学术思想上，本书拟从政治伦理视角出发，对《四书集注》进行尝试性解读，挖掘其中的政治伦理思想。目前，国内外还没有以朱熹政治伦理思想为对象展开全面系统研究的论著。因此，以《四书集注》为主要经典，以朱熹政治伦理思想为对象，进行全面系统的研究的本书将是国内第一个以专著形式研究朱熹《四书集注》政治伦理思想的学术成果。

在研究方法上，统观朱熹政治伦理思想的研究成果，有两种不同方法。一是建构性研究，侧重纯粹义理思辨的论证，属于形而上的研究；二是批判性研究，立足现实政治伦理的批判，属于相对形而下的研究。本书采用历史与逻辑相统一的方法，一方面关注形而下世界，另一方面注重朱熹思想的形而上世界，对其思想体系进行逻辑分析，着重揭示朱熹政治伦理思想的特征和其对当代政治伦理构建的意义。

第一章

朱熹政治伦理思想的理论渊源与时代背景

政治伦理作为应用伦理，是人类社会政治生活中调节人们之间政治行为及政治关系的道德规范和准则。政治作为上层建筑，可以分为伦理政治与法理政治，即思想上层建筑与政治上层建筑。在中国传统政治伦理思想发展的历程中，可以从两个方面理解以朱熹为代表的宋代理学家的政治伦理思想：一方面，朱熹政治伦理思想是先秦两汉以来儒家政治伦理思想发展的延续，是对儒家伦理思想的继承；另一方面，它又是在当时的历史条件下，在对传统儒家政治伦理思想进行反思和重新诠释基础上的一次理论重建。从朱熹政治伦理的基本立场来说，其坚持的政治意识形态和信仰的价值取向并没有背离传统儒家的基本立场，其伦理政治学说即坚持以仁、礼为价值核心。然而，在解释这种政治主张的终极依据这一问题上，朱熹对先秦两汉儒家提出的"天""天道""人性"等概念在形而上学层面做了进一步的解释，使之得以哲理化和系统化。可以说，朱熹政治伦理思想的形成是儒家政治思想哲理化发展的结果和产物。我们在关注中国政治伦理思想发展的大背景对朱熹政治伦理思想产生影响的同时，也不能忽视朱熹所处的两宋时期的政治文化与思想环境对其政治伦理思想的影响。在某种程度上，朱熹发展与改造儒家政治伦理思想的目的顺应了当时的时代要求，在当时的思想环境中，也必然深深地受到了两宋时期政治文化的影响。

第一节 两宋以前儒家政治伦理思想的发展脉络

中国传统政治伦理的最初理念大致形成于原始氏族社会到春秋战国时期。自先秦开始，儒学思想家就把他们的伦理政治主张与"人性""天道"概念相联系，以说明仁、义、忠、信等伦理原则在社会政治生活中所具有的普遍性。思想家对于伦理原则普遍性、必然性的关注与探寻社会政治生活中普遍法则的意图影响着后来的儒学学者。朱熹论证了天理的至上性与形而上学的属性，进而把儒家政治伦理学说的哲理化水平提高到了一个更高的水平。

一 先秦时期中国传统政治伦理理念的初步形成

中华文明，源远流长。早在 200 万年前，中华大地已经有了人类生活的痕迹。在新石器时代中期的文化中，原始农业、畜牧业和手工业的痕迹已经出现，这一时期被称为母系氏族社会。大约在距今 5000 年以前，在生产力水平提高的基础上，中国黄河流域和长江流域的一些氏族部落，开始从母系氏族公社逐渐过渡到父系氏族公社阶段。由于生产实践水平的提高和社会生产力的逐步提高，剩余产品开始出现，从而为私有制的产生奠定了物质基础。私有制的产生，是造成氏族公社解体的重要原因之一。随着传统的氏族民主选举制被打破，世袭制不断得到强化。大约在公元前 21 世纪，中国历史上第一个奴隶制国家——夏朝出现。代替夏朝出现的第二个奴隶制王朝是商朝。一般认为，盘庚迁殷前后，殷商社会发生了巨大变化，生产力的进一步发展和社会矛盾的尖锐化，最终导致武王克商，周朝得以建立，史称西周。

西周至春秋战国时期，史称中国历史上的先秦时期，是中国伦理思想的源头。根据马克思主义唯物史观，任何思想、学说都有其赖以产生的社会历史条件。中国政治伦理思想产生的大背景，从源头上说，可以从以下三个方面考察、说明：一是中国由野蛮走向文明的路径具有特殊性。与西方文明不同，中国是在没有打破世俗血缘关系的情况下而走向文明，建立国家的。因此，中国古代社会结构是一种基于血缘的宗族本位的社会结构。在这种结构中，家是国的基础，国是家的扩大，用近人和今人的话说，即是"家国同构"，家国同构成为中国社会的主要特点之一，这种家国同构在周代是最典型的。基于血缘关系，宗族、家族成员所重的是亲情，所以道德自然成为维系社会关系的重要手段。这种状况决定了中国文化是一种重视道德的伦理性文化，具有重道德、重教化的传统，故而中国哲学是伦理哲学。二是中国古代文明是一种农业文明。中国上古先民生活于黄河、长江中下游地区，这些地区沃野千里，气候湿润，水资源丰富，十分适合农业发展，成为中华文明的发祥地。在中国古代，长期占据主导地位的是一家一户、自给自足的小农经济、自然经济。自给自足的自然经济，是中国伦理思想赖以产生的经济基础。中国传统道德的一些基本观念、特色（如勤劳、节俭、淳朴、诚信、互助、知足）都植根于中国所特有的农业文明。同时，由于自给自足的自然经济的存在，人的交往圈子相对狭小，中国古代社会成为人情社会、熟人社会。在农业社会，生产经验主要靠祖祖辈辈的世代传承。这种传承使家长的权威进一步强化，由此形成了中国长期以来的尊老传统。"家天下"是中国古代社会的特征之一，深深影响了中国古代政治伦理。三是中国封建社会历史之长是世界罕见的。这些背景决定了中国政治伦理思想始终以维护封建君主专制为基本目的。总之，家族为本位的社会结构、农业文明、君主专制三者为一体，就使君臣、父子、夫妻成为中国古代社会最基本、最重要的三对伦理关系，而调节这三对关系的"三纲"，也就自然成为中国古代社会的最高准则。

中国传统政治伦理的基本理念，大约形成于原始氏族社会至春秋战国时期。有以下几种类型：

首先出现的是原始礼仪，即图腾崇拜和禁忌。它们构成原始社会的意识形态和上层建筑。恩格斯说："在远古时代，人们还完全不知道自己身体的构造，并且受梦中景象的影响，于是就产生了一种观念：他们的思维和感觉不是他们身体的活动，而是一种独特的、寓于这个身体之中而在人死亡时就离开身体的灵魂的活动。从这个时候起，人们不得不思考这种灵魂对外部世界的关系。如果灵魂在人死时离开肉体而继续活着，那就没有理由去设想它本身还会死亡；这样就产生了灵魂不死的观念。……由于十分相似的原因，通过自然力的人格化，产生了最初的神。随着各种宗教的进一步发展，这些神越来越具有超世界的形象。"① 由于人类处在原始的幼稚的生产力状态下，对其周围的许多自然现象和自然力，都无力解释和克服，因而原始宗教形成了。原始崇拜与禁忌的特殊意义在于，"人们已经开始试图通过某种方式间接地猜测和参与异己的神秘力量的决定，这也体现了早期人类改造和控制自然的努力"②。

其次出现的是"周礼"。西周初年，周代贵族为了论证以周代商的合法性，利用人们对天、地的崇拜心理，提出了"天命靡常""以德配天""敬德保民"等思想，开启了中国古代德治主义和民本主义的传统。与此同时，又围绕宗法体系制定了一套由典章、制度、规矩、仪节组成的宗法制的习惯法规。"周礼"作为一套政治伦理理念，有两个特征：一方面，它有上下尊卑秩序的规定；另一方面，由于经济基础延续着氏族共同体的基本社会结构，"周礼"保存了原始的民主性和人民性。"周礼"成为"政治架构、道德规范、生活仪则等典章制度的总称。周礼的设立是以宗法制为基础的，其核心要求和目的是维护尊卑贵贱的等级区分，对后世的伦理思想产生了重大的影响"③。

再次孔子以"仁"为核心的德治型的政治伦理理念。孔子在其所处的"礼崩乐坏"的特殊历史时期，建立了以"仁"为核心的道德规范体系，其中心范畴是"仁"与"礼"。孔子批判继承了以往礼制的合理思想，给古代的礼乐文化注入了新的时代内涵——"仁"。"克己复礼为仁，一日克己复礼，天下归仁焉。"（《论语·颜渊》）即用"仁"来解释"礼"。同时，孔子的德治政治伦理思想中又反对残酷压迫的"政"与"刑"，如："道之以德，齐之以礼"（《论语·为政》），"礼乐不兴，则刑罚不中"（《论语·子路》）。也就是说，孔子继承了他以前的礼的社会政治意义，并发挥和强调了其伦理意义。孔子政治伦理的核心是"德治"，总的目标是"王道""内圣外王"，即通过管

---

① 《马克思恩格斯选集》（第4卷），人民出版社1995年版，第223-224页。
② 张锡勤主编：《中国伦理思想史》，高等教育出版社2015年版，第17页。
③ 张锡勤主编：《中国伦理思想史》，高等教育出版社2015年版，第19页。

理者的道德示范力量，礼乐教化的和谐社会得以形成。

最后是孟子的"仁政"说。孟子"仁政"思想是对孔子"仁"思想的拓展与发挥。《孟子》七篇所关注的主要内容是政治问题。"仁政王道""保民而王""民贵君轻""得民心者得天下"等都反映了孟子的政治伦理理念。

至此，以孔子的"德治"和孟子的"仁政"为主要蓝本的中国先秦时期的政治伦理理念的基本框架已初步形成。同时，与这种政治伦理的基本框架与格局的形成相一致的价值取向与特点也初具形态，作为中国政治伦理的源头文化，对后世产生了巨大影响。主要包括：

一是人道色彩。许慎在《说文解字》中对"仁"的解释是"仁，从人二"，即二人为"仁"。在《论语》中"仁"字出现109次。孔子仁学的创立，是人文意识完全觉醒，伦理文化由自发走向自觉的标志。仁的爱人、人道思想意识与感情的最典型表述是"樊迟问仁。子曰：'爱人。'"（《论语·颜渊》）；"推己及人"，被称为孔子的一贯之道的"己欲立而立人，己欲达而达人"（《论语·雍也》）；"己所不欲，勿施于人"（《论语·颜渊》）；孟子提出的"老吾老以及人之老，幼吾幼以及人之幼"（《孟子·梁惠王上》）。先秦儒家就用这种"推己及人"的办法，维护社会的上下左右、尊卑长幼的秩序，体现出鲜明的人道色彩。

二是德化色彩。即政治伦理是通过道德来实现的。在先秦儒家看来，王道仁政的基石是人人具有亲亲之情、仁爱之心。孔子说："为政以德，譬如北辰，居其所而众星共之。"（《论语·为政》）强调治理国家要多使用道德的手段。孟子把"仁政王道"建立在道德情感的基础上，即善良的政治之所以可能，是因为人皆有"不忍人之心"，表现为恻隐、羞恶、辞让、是非之心，孟子把这"四心"作为人兽之别的标志。"无恻隐之心，非人也；无羞恶之心，非人也；无辞让之心，非人也；无是非之心，非人也。恻隐之心，仁之端也；羞恶之心，义之端也；辞让之心，礼之端也；是非之心，智之端也。"（《孟子·公孙丑上》）"仁政王道"就是"不忍人之政"，它是建立在"不忍人之心"的基础之上的。例如："乍见孺子将入于井""怵惕恻隐之心"便油然而生，即非出于"恶其声"，亦非出于"内交于孺子之母"或"要誉于乡党朋友"的功利之心。人的善行不过是善性的发挥和显现，不是出于对外在道德规范的服从。

三是对普遍道德法则的关注。关注社会政治生活中的普遍道德法则，即政治伦理的基本原则（政治伦理的一个主题）。在中国伦理思想史上，先秦儒家已经开始就社会政治生活中的普遍伦理道德原则进行探讨。例如：孔子就把"道"看作社会政治生活的一贯追求。"朝闻道，夕死可矣"（《论语·里仁》），他经常用"天下有道""天下无道""忧道不忧贫""谋道不谋食"等语言来评价社会道德状况和国家政治，这里所说的"道"即社会政治生活的普遍道德法则。面对"礼崩乐坏"的失序社会，先秦儒家不遗余力地提倡仁、义、忠、信等道德原则，并把这些原则作为社会生活中必须遵循的普遍道德法则。先秦儒家开启了探寻政治伦理生活中普遍法则的先河，这一传统也深深地影响了后世儒家的思想。但是，他们在论证这些原则普遍性的理由时，却常常诉诸经验主义的思维方式。例如，孔子说："仁远乎哉，我欲仁，斯仁至矣。"（《论语·述而》）孔子在向宰我说明"三年之丧"的依据时，认为："子生三年，然后免于父母之怀。夫三年之丧，天下之通丧也。"（《论语·阳货》）即不是把道德原则当作一个"应然"的问题，而是将其当作一个"事实"问题。因此，先秦时期思想家无法在逻辑上对道德法则的普遍性做出完善的说明。这就需要对先秦儒家政治伦理思想予以本体论论证。

朱熹认为，先秦儒家的道统在孟子以后便失传，因此必须对先秦儒家的思想学说进行重新阐释，来构建自己的思想体系。朱熹对儒家所提出的伦理道德原则是持肯定态度的，但是却不能接受先秦儒家对这些原则的论证方式。他认为先秦儒家在论证普遍法则时不应该诉诸经验和传统，而应该将其建立在理性的基础上。他以形而上学的方法对传统儒家提出的政治伦理命题进行了重新诠释与阐述。

二 秦汉时期中国传统政治伦理理念的初步实践

自秦汉至隋朝末年，中国传统政治伦理理念开始进入初步实践阶段。这种实践一是表现为孔子、孟子所建立的政治伦理基本框架得到初步运用；二是在政治生活的实际运用中，对先秦儒家政治伦理理念的改造。这一时期的中国政治伦理思想呈现出如下特点：

第一，这一时期的政治伦理思想典籍体现出儒、道、法合流的特点。"秦汉时期是中国伦理思想发展的一个重要阶段。如果说，先秦是中国古代各派伦理学说开始形成时期，那么，秦汉特别是两汉时期，则是中国封建伦理思想体系确立和强化的时期，也是儒家伦理系统化、教条化的一个重要时期。"① 人们一般认为，在汉武帝时期儒学成为占统治地位的政治伦理思想，但是这一时期的儒学，已经不是孔子、孟子的纯粹理论，而是在法家理论长期实践的基础上，适应统一专制的政治结构的政治上层建筑的要求，对儒家血缘观念的保留与改造，是渗透着法家思想的儒家政治伦理。

自战国之后，为适应建立新的上层建筑的需要，各种思潮、流派在长期争鸣、辩论之后，出现了相互融合、吸收的新局面。这种情况在典籍中表现得最为明显，比如荀子就提出了"隆礼重法"的政治理念，认为礼是道德规范和道德教化，与德的含义大致相当；法则指法律规范和刑罚，荀子称之为"刑"。荀子说："君人者，隆礼尊贤而王，重法爱民而霸。"（《荀子·大略》）《易传》《吕氏春秋》都吸收了法家和阴阳家的观念；《淮南子》中用了儒学的方法处理道家的"无为"观念。

第二，政治伦理体系已经初步形成。两汉时期，由于封建制国家的建立和政治统治的需要，中国政治伦理思想得到初步发展，中国传统政治伦理体系初步形成。董仲舒"罢黜百家，独尊儒术"的政治主张为汉武帝所采纳。董仲舒将先秦儒家德治思想进一步系统化、理论化，在中国历史上第一次提出了"三纲五常"的道德规范体系。东汉的官方文件《白虎通》又对"三纲五常"的神圣性、合理性进行了论证。由于汉代统治者高度重视社会道德教化，"三纲五常"开始流行。同时，在这一时期德法关系得到进一步说明，形成了对后世有深远影响的德主刑辅、德刑并举的思想。两汉时期的政治伦理思想就其体系化和影响力来说，无疑是中国伦理思想发展史上的一个重要环节。

第三，对政治伦理思想形而上根据——"天"的论证。在先秦儒家的政

---

① 张锡勤主编：《中国伦理思想史》，高等教育出版社2015年版，第107页。

治伦理思想中，可以说明道德法则的必然性和普遍性的是天，"'天'有三个意义：一是自然之天，一是主宰和命运之天，一是义理之天"①。汉代董仲舒从稳固政治统治的需要出发，为了论证封建伦理纲常的神圣性，把"天"作为自己哲学思想的最高范畴。首先，他提出"天人感应""天人合一"说。他说："为生不能为人，为人者天也。人之人本于天，天亦人之曾祖父也，此人之所以乃上类天也。人之形体，化天数而成；人之血气，化天志而仁；人之德行，化天理而义；人之好恶，化天之暖清；人之喜怒，化天之寒暑；人之受命，化天之四时；人生有喜、怒、哀、乐之答，春、秋、冬、夏之类也。"（《春秋繁露·为人者天》）"天"是宇宙中的造物者，是最高主宰，是万物的本源。其次，道德起源于天，是上天意志的体现。董仲舒认为，人在形体、情感上与天相类，人的道德也是"天"所赋予的，是"受命于天"的结果。人的"仁""义"等道德品质是"天志""天理"的体现。"父之所生，其子长之；父之所长，其子养之；父之所养，其子成之"，因此，"父授之，子受之，乃天之道也。故曰，夫孝者，天之经也"（《春秋繁露·五行对》）。社会伦理关系、道德规范也来源于"天"，一切制度准则，都取法于"天"，"仁义制度之数，尽取之天"（《春秋繁露·基义》）。由于天道阳为德，阴为刑，在社会治理中就应当"任德不任刑"。再次，"天不变道亦不变"。董仲舒认为，天道是完美无缺的，永恒的，因此，社会法则应该顺应天道，恒常不变。"改正朔，易服色，以顺天命而已，其余尽循尧道，何更为哉？故王者有改制之名，无变道之实。"（《春秋繁露·本传》）在他看来，正是由于对"道"的体现有"偏""弊"，然后才有历史上变制的事实；而变的也只是表层的形式，而不是"道"的本体。

这样，与原始的儒学建立在血缘亲情基础上的"修齐治平"政治伦理思想不同，董仲舒对统一大帝国的政治秩序的论证建立在"天道"，即宇宙论系统的基础上：政治的兴衰不再仅仅依靠作为首领的"圣人"的示范作用，更主要的要遵循客观的"天道"，即董仲舒将"天人感应"的阴阳五行学说与王道政治予以异质同构而设计的一整套官僚行政体制。以董仲舒为代表的"天

---

① 杨伯峻：《论语译注》，中华书局1980年版，第10页。

人感应"的阴阳五行说统治汉代数百年，影响到几乎全部的意识形态领域。

先秦两汉时期的思想家为了把握社会政治生活的普遍必然性，在"天人合一"的思想框架下论证了这种必然性的根据，然而他们对于"天"的认识是存在误区的。这主要表现在他们并没有把具有普遍必然性的天与人们在日常生活中感觉到的自然的天区分开来，总是倾向于通过说明物质意义的天来理解必然之"天"。例如，董仲舒的"人副天数"和"天人感应"，就是在解释天如何与人发生联系这一问题上的庸俗化的论证，他所说的天并不是一个纯粹的形而上的概念，而是作为必然性的天、自然的天与人格化的天的混合，掺杂了相当多的经验成分。

三 两宋时期中国传统政治伦理理念的制度化

"中国传统政治理念的制度化过程大致发生在两宋时期，主要代表是朱熹及其政治伦理思想。"[①] 朱熹继承发展了传统儒家的政治伦理思想，并把理学应用于政治问题上，形成了他独具特色的政治伦理思想。作为中国封建社会的政治伦理思想的集大成者，朱熹建立了以天理为核心的思想体系，完善了以天理为道德本原的本体论建构，对后世产生了极大影响。

第一，朱熹对道德本体的建构。先秦儒家提出了中国传统道德的基本规范和基本原则，同时，在先秦儒家代表人物的思想中，也有着十分丰富的政治伦理、政治道德思想，但并未得到理论上的论证。汉代的董仲舒把先秦儒家的政治伦理思想改造成封建统治阶级的纲常名教，并利用神学目的论和唯心主义的天人感应说对纲常名教的合法性予以论证，他的方法是用超验的、具有绝对权威的"天"来论证"三纲五常"的绝对合理性，认为上天的意志对人类社会具有外在的强制性。这种粗劣的论证在儒家具有入世精神，缺乏宗教情怀的文化背景下，是很难具有持久的说服力的。在其后的魏晋至隋唐时期，儒家政治伦理受到来自玄学、道教、佛教的挑战，形成了儒、道、佛

---

① 贾红莲：《中国传统政治伦理思想的架构及现代价值》，《中国哲学史》2004年第2期，第67—74页。

三足鼎立的伦理格局。

宋代理学要重建儒家的道德体系，一个重要的任务就是要以新的方式对封建纲常名教进行论证，以建立道德本体论。二程在这方面做了很多的工作，朱熹集二程思想之大成建构起道德本体论学说。朱熹认为，在哲学上，既先于物质世界，又独立于人的意识之外的精神本体"理"是最高的存在，是产生世间万事万物的根源，即"生物之本"。"理"与物质性的"生物之具"——"气"相结合，产生出生生不息的万事万物。朱熹说："宇宙之间，一理而已，天得之而为天，地得之而为地。而凡生于天地之间者，又各得之以为性。其张之为三纲，其纪之为五常，盖皆此理之流行，无所适而不在。"①朱熹认为，一物有一物之理，总天地万物又是一个理。不同事物所具有的理是理的分殊，总天地万物的理是理的一。分殊之理是本体之理的体现，总天地万物之理是根据，规定着万事万物包括人的本性。

朱熹道德本体论的建构，从思辨的、抽象的角度对儒家倡导的道德进行了理性的论证，使纲常名教的合理性、至上性、绝对性有了理论上的根据。但这种道德本体论还有两层意义：一是确立了纲常名教的绝对权威，赋予道德先验的意义。天理对待万事万物具有先在性，道德由于是建立在天理基础之上的，所以也具有先在性。二是由于对道德绝对性的强化，道德逐渐走向教条化。

第二，朱熹理学政治伦理体系的建构。我们完全可以把朱熹的哲学体系叫作道德哲学。在其丰富的道德哲学思想中，有着十分丰富的政治伦理思想。其政治伦理的核心命题是"存天理，灭人欲"。朱熹认为，人性有双重结构：由本体的理体现于人自身的"天命之性"，是完美无缺的，是至上的善；由气所决定的"气质之性"，则是有善有恶的，难以完美无缺。这两种人性的构成比例以及外部环境的影响不同，便造成了人的圣、贤、智、愚之分。"天命之性"也就是"天理"，而"气质之性"也就是"人欲"。作为人，其最高的道德境界，就是革尽人欲，复尽天理，即"存天理，灭人欲"。

在朱熹看来，"气质之性"的道德价值，就在于人禀气的清浊、精粗、多

---

① 郭齐、尹波：《朱熹集》（第五卷），四川教育出版社1996年版，第2656页。

寡的差异，从而就有了善恶之分。他说："故上知生知之资，是气清明纯粹，而无一毫昏浊，所以生知安行，不待学而能，如尧舜是也。其次则亚于生知，必学而后知，必行而后至。又其次者，资禀既偏，又有所蔽，须是痛加工夫，'人一己百，人十己千'，然后方能及亚于生知者。及进而不已，则成功一也。孟子曰：'人之所以异于禽兽者几希。'人物之所以异，只是争这些子。"① 除了圣人之外，一般人无法以其禀气全其性，这就需要变化气质，去其杂浊。这就为道德教育、道德修养的必要性提供了人性根据。

为了实现变化人的气质的任务，朱熹通过对《大学》的注释，阐述了"格物致知"的认识论和"变化气质"的道德修养论。朱熹认为，人先天具有仁、义、礼、智的至善之性，由于气质的不同和不同环境的影响，人产生了种种恶行。因此，必须通过一系列的道德修养方法，才能恢复对天理的正确认识。基于理气论、认识论和修养论，朱熹将这些思想运用于自然、社会和人类思维等各个领域，形成了其丰富的思想。例如，从政治伦理的视角出发，朱熹强调"为政以德"、以刑为辅、尊君、任贤、恤民，以达到社会的长治久安。他说："治国、平天下与诚意、正心、修身、齐家只是一理。所谓格物致知，亦曰知此而已矣。此大学一书之本旨也。今必以治国平天下为君相之事而学者无与焉，则内外之道本殊归，与经之本旨正相南北矣。禹、稷、颜回同道，岂必在位乃为为政哉？"② 由此我们可以看出，在朱熹的政治伦理思想中，为学与为政具有内在统一性。

第三，朱熹理学政治伦理思想的基本前提。朱熹政治伦理思想的大的前提是"尊君思想"，在这个前提下，他提出了"格君心之非"的政治伦理思想。这一思想的进步因素表现在：首先，他是从民本思想出发提出"格君心之非"以正君心的。孟子的"民为贵，社稷次之，君为轻"的政治思想观念，朱熹在理论上加以继承。他说："天下国家之大务，莫大于恤民，而恤民之实在省赋，省赋之实在治军。若夫治军省赋以为恤民之本。则又在大人君正其心术，以立纪纲而已矣。"朱熹认为，三代两汉以来的治乱得失，皆本于此，

---

① 黎靖德：《朱子语类》（第四册），中华书局 2011 年版，第 66 页。
② 郭齐、尹波：《朱熹集》（第四卷），四川教育出版社 1996 年版，第 2118 页。

凡为君主，必重视老百姓的利益；朱熹曾经为此"昧万死"而直谏，指出"夫天下之治，固必出于一人，而天下之事，则有非一人所能独任者"①。因此，人君必须正其心，诚其意。人君与老百姓应该是密切联系的。民与君的关系，也如唐代魏征所喻的水与舟的关系，水可以载舟，也可以覆舟。因此，朱熹主张天下之事，必须恰到好处，君主也不例外。由此可以看出，在民与君在政治生活中地位的孰轻孰重问题上，朱熹显然是倾向于民贵君轻的传统儒家政治文化观念的。其次，朱熹的"格君心之非"体现了明显的限君思想。封建社会实施君主集权制，"天下之大本"，在于人君正心术以立纲纪。淳熙十五年（1188年），宋孝宗召见朱熹，朱熹针对当时国家的时弊向孝宗进言，指出当时国家的"急务"是"辅翼太子、选任大臣、振举纲维、变化风俗、爱养民力、修明军政六者"。而治理这六项国家大事的根本则是"陛下之心也"。他说："天下之事，千变万化，其端无穷，而无一不本于人主之心者，此自然之理也。故人主之心正，则天下之事无一不出于正，人主之心不正，则天下之事无一得由于正。"② 这也正是朱熹的"存天理，灭人欲"的观念在政治伦理上的体现。他一方面是以尊君忧国之诚，赤诚地向孝帝进谏，以此"格君心之非"；同时，他又有明确的"限君"的观念置于其间。最后，朱熹的"格君心之非"的最终目的是天下的统一。从北宋到南宋，战争连年不断，官吏贪污腐败，农民起义此伏彼起，由此，举国上下的思想潜流，都指向"平天下"。从中国政治思想史的发展过程来考察，朱熹以"格君心之非"而达到"平天下"的政治伦理是有积极意义的。一是朱熹这个命题的提出，是基于他对国家大势趋向的理性思考，对历史必然之则的把握。他通过对当时时势的分析，意识到国家归于统一是大势所趋。二是朱熹认为，这一政治理想得以实现的基础是社会上的成员都把"修身"作为自我"止于至善"的道德内在要求；整个社会中每个成员，都通过正心、诚意而"修身"，达到社会系统中秩序的永恒稳定；朱熹继承三代的观念，建构了一种一切服从于"平天下"的宇宙观、世界观。这样，儒、释、道长期对抗的局面，由于道、释

---

① 郭齐、尹波：《朱熹集》（第二卷），四川教育出版社1996年版，第515页。
② 郭齐、尹波：《朱熹集》（第二卷），四川教育出版社1996年版，第462页。

两家没有这种带根本性的政治理想与政治要求，于是也不得不向儒家屈服。天下大一统的政治伦理是中国思想史上永不间断的链条。三是朱熹以"格君心之非"而达到"平天下"的政治实践，体现了中国古代知识分子政治上的品格，"平天下"是古代知识分子共同努力的政治方向。

第二节　北宋道学的发生与发展

北宋开始的道学是继承儒家道统、融合佛道哲理而形成的一种具有思辨形态的官方统治哲学，即政治伦理哲学。朱熹政治伦理思想与北宋道学之间具有理论上的传承关系，朱熹正是在北宋道学的启发和影响之下，并对其予以综合发展，从而形成了自己的伦理思想。因此，讨论北宋道学的发展，有助于了解朱熹政治伦理思想的发展脉络。

一　周敦颐的"太极说"

第一个讲宇宙论的哲学家是周敦颐（1017—1073年）。他是宋明道学的开创者。在当时儒、佛、道合流的形势下，他对先秦时期的"无极""太极""诚"等思想进行了熔铸和改造，为宋以后的道学家提供了宇宙本体论的范畴模式。在道学的发展史上，周敦颐确有"发端之功"。二程与朱熹的道学思想，是在周敦颐原有思想基础上的更加完善化、系统化。

首先，周敦颐的"太极说"涉及"无极而太极"的本体论问题。世界的多样性与统一性是中国哲学史长期争论的问题。周敦颐通过"一"与"万"的关系把本体论的争论提高到一个新的阶段。他提出"万"与"一"即事物的多样性与统一性，"是万为一"指事物的多样性具有统一性，"一实万分"是指作为统一的本原的实体分化为千差万别的具体事物。他还用两推法来说明"一"与"万"的统一关系。一方面，从一到万、从本体到现象，其公式为：无极（太极）→阴阳→五行→万物。另一方面，从万到一，其公式为：

万物→五行→阴阳→无极（太极）。从这里可以看出他把无极与太极结合起来规定本原的实体的特征，这体现了道学开创者的思维水平。"无极而太极"是说无极虽然可以名之为无，但无中含有；"太极本无极"，是说太极虽然可名之为有，但有本于无，其名为无极。

其次，"太极说"的起点是"无极而太极"的宇宙本体论，其终点则是"主静立人极"的封建政治伦理观。他说："唯人也，得其秀而最灵。形既生矣，神发知矣，五性感动而善恶分，万事出矣。圣人定之以中正仁义（自注：圣人之道，仁义中正而已矣），而主静（自注：无欲故静），立人极焉。"①"无极而太极"自我运动的结果，最后产生了"得其秀而最灵"的"仁人"。"天以阳生万物，以阴成万物。生，仁也；成，义也。……故圣人在上，以仁育万物，以义正万民。……天道行而万物顺，圣德修而万物化；大顺大化，不见其迹，莫知其然之谓神。……故天下之众，本在一人。"②在这里，周敦颐所讲的"以仁育万物，以义正万民"的"圣人"，就是代表"太极"来统治社会的。无形无象的"太极"，归根到底是为至尊至贵的封建上层统治者服务的。

最后，"太极"变化的自然规律与封建社会的等级秩序具有一致性。"礼，理也；乐，和也。……阴阳理而后和。君君，臣臣，父父，子子，兄兄，弟弟，夫夫，妇妇，万物各得其理，然后和，故礼先而乐后。"③在自然界，万物与太极各有其相应的地位；在人类社会上，统治者与被统治者也各有其相应的等级。如何顺应自然规律处理人类社会中的政治伦理关系？周敦颐提出了具有道德情感内涵的一系列政治伦理主张。"天以春生万物，止之以秋。物之生也，既成矣，不止则过焉，故得秋以成。圣人之法天，以政养万民，肃之以刑。民之盛也，欲动情胜，利害相攻，不止则贼灭无伦焉，故得刑以治。

---

① 北京大学哲学系中国哲学史教研室：《中国哲学史教学资料选辑》（下册），中华书局1982年版，第4页。
② 北京大学哲学系中国哲学史教研室：《中国哲学史教学资料选辑》（下册），中华书局1982年版，第7页。
③ 北京大学哲学系中国哲学史教研室：《中国哲学史教学资料选辑》（下册），中华书局1982年版，第8页。

情伪微暧，其变千状，苟非中正明达果断者不能治也。"① 由此，他提出了三点政治主张：一曰"定"，就是定"中正仁义"，即建立为封建统治阶级服务的道德标准和政治原则，即"存天理"。二曰"主"，就是"主静"，因为"欲动情胜"是不可收拾的，这就是所谓的"灭人欲"。三曰"立"，也就是"立诚"，"诚"既是宇宙本体，也是至善的先天本性，是"五常之本，百行之源"②。人们都按照封建道德的标准去规范自己的行动，诚心也就确立起来了，人极也就确立起来了。

综合周敦颐的思想可以看到，《太极图说》和《通书》都从形而上的层面来理解世界的本原，对人类社会政治生活的普遍法则从本体论上予以解释，他的这种思维方式奠定了宋明理学的政治伦理价值取向。朱熹十分强调周敦颐在道学发展中的发端作用。事实上，周敦颐之后道学争论的问题，诸如理欲关系、理气关系等问题，都可以在周敦颐哲学中找到端倪。

二 邵雍的"象数"学

邵雍（1011—1077年）的哲学首先吸取了道教的"象数之学"，佛教的"止观"之说和《周易》的"太极""阴阳"之理，从而建立了庞大的象数学体系。

"神生数，数生象，象生器"是邵雍的世界基本图式的哲学命题。他和周敦颐都用"太极"的自我运动来解释世界的起源和发展，不过邵雍是用象数的数量关系来推演世界发展变化的周期过程。"物之大者无若天地，然而亦有所尽也。天之大，阴阳尽之矣……阴阳尽而四时成焉，刚柔尽而四维成焉。夫四时四维者，天地至大之谓也。"③ 太极是"无体"的"一"，它可以通过纯

---

① 北京大学哲学系中国哲学史教研室：《中国哲学史教学资料选辑》（下册），中华书局1982年版，第10页。
② 北京大学哲学系中国哲学史教研室：《中国哲学史教学资料选辑》（下册），中华书局1982年版，第5页。
③ 北京大学哲学系中国哲学史教研室：《中国哲学史教学资料选辑》（下册），中华书局1982年版，第12页。

粹的"数和形概念"的逻辑推演而变化出物质世界的无限多样性。"易之数，穷天地终始。或曰：天地亦有终始乎？曰：既有消长，岂无终始？天地虽大，是亦形器，乃二物也。"① "太极"是神妙莫测的，而万物则固守着固定的形体，无自我变通转化可言。

邵雍认为，人类历史可以按"皇、帝、王、霸"划分为四个阶段，即"三皇"之世、"五帝"之世、"三王"之世和"五霸"之世。这四个不同的历史阶段的伦理观念分别是"以道化民""以德教民""以功劝民"和"以力率民"。他以"道、德、功、力"的伦理观念来划分"皇、帝、王、霸"的历史阶段。"三皇春也，五帝夏也，三王秋也，五霸冬也。"② 四个不同历史阶段的统治方法也不同，"用无为，则皇也。用恩信，则帝也。用公正，则王也。用智力，则霸也。霸以下则夷狄。夷狄而下，是禽兽也"③。他判定"五霸"以后直到宋代的历史，是每况愈下的。冯友兰概括邵雍的政治伦理观为："现在之世界，虽距天地之终尚远，然其最好之时已过。现在之世界，正如方已盛开之花，虽蕊瓣繁缛，而衰机已兆。故现在世界，不如已过去之最好之时。即以政治言，亦今不如古。……盖此世界之黄金时代，早已过去矣。"④

三 程颢、程颐的"义理之学"

程颢（1032—1085 年）和程颐（1033—1107 年）即"二程"，他们初步建立了以理学为本的理学体系，其言论和著作，后人编为《二程全书》。二程的"义理之学"可以概括为以下三点：

首先，正式将"理"或"天理"作为哲学的基本范畴，认为"天下之物，

---

① 北京大学哲学系中国哲学史教研室：《中国哲学史教学资料选辑》（下册），中华书局 1982 年版，第 26 页。
② 北京大学哲学系中国哲学史教研室：《中国哲学史教学资料选辑》（下册），中华书局 1982 年版，第 18 页。
③ 北京大学哲学系中国哲学史教研室：《中国哲学史教学资料选辑》（下册），中华书局 1982 年版，第 26 页。
④ 冯友兰：《中国哲学史》，商务印书馆 1934 年版，第 849 - 851 页。

皆能穷，只是一理"①。只有理才是真实存在的唯一本体。他们否认佛教所谓"不可思议""不可言说"的归于空虚的绝对本体，特别强调："天下无实于理者。"② 所谓"理"之"实"是指实有其体而不是实有其形。这个实体，被后来的朱熹加工为无形而有理、有体而非物的客观的"公共道理"。"离了阴阳更无道，所以阴阳者是道也。阴阳，气也。气是形而下者，道是形而上者，形而上者则是密也。"③ 他们区分了形而上与形而下、道与器、本体与现象，克服了象数学的死板性；把作为本体的"理"规定为本无而不空，实有而非象的绝对本体。

其次，提出"性即理"的人性论。二程认为，天理是宇宙万物和道德的本体，规定着万物的本质和人的本性，无论是圣人或凡人皆如此。在这种理解的基础上，他们提出了"性即理"的命题。在二程看来，"理""性""命"三者具有内在一致性。三者的统一性在于，天命理为人之性，故称"天命之性"。性即理，理在人即为性，其具体内容就是仁、义、礼、智、信。因此，天命之性就是人所得之于天，天所赋予人的至善的道德属性。"上天之载，无声无臭。其体则谓之易，其理则谓之道，其用则谓之神，其命于人则谓之性，率性则谓之道，修道则谓之教。……孟子去其中又发挥出浩然之气，可谓尽矣。"④ 二程还认为，人性本身分为天命之性和气质之性，即理（道德属性）和气（自然属性）两个方面，只谈其中一个方面固然是错误的，把两者割裂开来也是不对的，人性是道德属性和自然属性的统一。"生之谓性，性即气，气即性，生之谓也。人生气禀，理有善恶，然不是性中元有此两物相对而生

---

① 北京大学哲学系中国哲学史教研室：《中国哲学史教学资料选辑》（下册），中华书局1982年版，第79页。

② 北京大学哲学系中国哲学史教研室：《中国哲学史教学资料选辑》（下册），中华书局1982年版，第78页。

③ 北京大学哲学系中国哲学史教研室：《中国哲学史教学资料选辑》（下册），中华书局1982年版，第81页。

④ 北京大学哲学系中国哲学史教研室：《中国哲学史教学资料选辑》（下册），中华书局1982年版，第69页。

也。有自幼而善，有自幼而恶，是气禀有然也。"① 即人的禀受之性善恶相杂，是人性善恶的根源。

二程"性即理"的人性论是对张载"太虚即气"的人性论的修改和发展。张载在"太虚即气"的基础上，将性分为"天地之性"和"气质之性"，认为人性是自然属性和道德属性的统一。与张载不同的是，二程把张载的"天地之性"改为"天命之性"，明确提出人的道德本性源于天理本性，即"性即理"的人性论。

最后，提出理欲对立的理欲观。天理与人欲的关系问题在中国伦理思想史上古已有之。最早，《乐记》提出了天理与人欲的关系，强调情欲产生于外界事物的影响和诱惑，若得不到节制就将灭绝人的本性，并将导致天下大乱。二程继承了《乐记》天理和人欲相对立的观点，并对二者的关系予以重新界定。

二程认为，人的基本自然欲望是不能禁绝的，饮食男女之欲、喜怒哀乐之变，皆属于"性之自然"。若按佛家的观点，将其禁绝，是"丧天真"的。例如，人们欲求避风雨而求房屋，免饥渴而求饮食，这是生活所必需的基本的合理欲求，故属于天理；但是房屋要求"峻宇雕墙"，饮食要求"酒池肉林"，这就不符合天理，而属于人欲了。"天地万物之理，无独必有对，皆自然而然，非有安排也。……夫天之生物，有长有短，有大有小。君子得其大矣，安可使小者亦大乎？天理如此，岂可逆哉！"② 由此出发，二程把天理与人欲对立起来，认为天理与人欲此消彼长，要想存天理，必须灭人欲。在二程看来，天理与人欲的对立，同公与私、义与利、道心与人心的对立相一致。他们说："人心私欲故危殆，道心天理故精微。灭私欲则天理明矣。"③

二程的理欲观，肯定了人的基本欲望的合理性，看到了过度追求欲望的

---

① 北京大学哲学系中国哲学史教研室：《中国哲学史教学资料选辑》（下册），中华书局1982年版，第69页。
② 北京大学哲学系中国哲学史教研室：《中国哲学史教学资料选辑》（下册），中华书局1982年版，第73-74页。
③ 北京大学哲学系中国哲学史教研室：《中国哲学史教学资料选辑》（下册），中华书局1982年版，第85页。

危害和节制欲望的必要，但总体上是错误的。一是二程只看到天理与人欲的对立，而没有看到两者的统一性和一致性。二是二程认同基本欲望，而认为过度欲望不符合天理，对基本欲望在很多情况下未作区分。三是二程的理欲观强调封建统治者和纲常名教的绝对权威。"天者，理也；神者，妙万物而为言者也。帝者，以主宰事而名"①，"饿死事极小，失节事极大"②。我们看到了二程理欲观的禁欲主义色彩。朱熹作为宋代理学的集大成者，对北宋理学的各学派都进行了批判和改造，从而最终形成了一个兼容并包的庞大政治伦理体系，但其理论的基本特质则是沿着二程发展的。

第三节　朱熹政治伦理思想的社会历史背景

思想家对政治伦理问题的思考与他所处的社会历史环境密不可分，因此复原思想家所处的历史环境对了解思想家的思想有至关重要的意义。把朱熹政治伦理思想，放在他所处的历史环境中，将有助于理解朱熹政治伦理思想的理念和基本目标。朱熹所处的历史环境促使他把天理、道义作为他批判现实与超越现实的标准。同时，在当时历史背景下，朱熹政治伦理思想受到心学和功利主义的挑战，正是这些挑战和争论，促使朱熹对政治伦理问题进行进一步思考，也促进了朱熹政治伦理思想的完善。

一　朱熹政治伦理思想的政治背景

朱熹生于南宋高宗赵构建炎四年（1130年），卒于南宋宁宗赵扩庆元六年（1200年），一生历经高宗、孝宗、光宗、宁宗四代之治。"南宋整个统治阶级

---

① 北京大学哲学系中国哲学史教研室：《中国哲学史教学资料选辑》（下册），中华书局1982年版，第74页。
② 北京大学哲学系中国哲学史教研室：《中国哲学史教学资料选辑》（下册），中华书局1982年版，第85页。

从建国到亡国,始终过着淫侈腐朽的生活。……南宋的政治,比北宋更加恶劣,人民的生活,比北宋更加惨痛。"① 学术界一些研究者一直认为,朱熹的政治伦理思想是"为统治阶级服务""论证封建统治合理性"的思想学说。从历史发展一般规律的维度和意识形态的特点上看,两宋以后的统治者的确十分重视利用理学思想加强专制主义政治统治。但是,这并不代表朱熹本人对其所处的特定历史阶段的现实政治的维护与服从。相反,我们从朱熹政治伦理思想的著述中,发现朱熹对当时的社会现实是持否定和批判态度的。在朱熹所处的历史条件下,朱熹及其所有儒学家所构筑的形而上学系统"是为秩序重建这一终极目的服务的",即提供超越永恒的保证。

朱熹一生从政的时间不多,但他几乎从未停止过对朝局和时政的关心。对哲学家和思想家而言,真正有质量的"问题"应该涵盖两个层面:一是来自具体的历史境遇和他真实的生命感受;二是在他所提炼的问题中,内含着人类生存的具有永恒价值的普遍矛盾。那么,朱熹怎样以独到的问题意识来求解这个时代课题?我们从朱熹的相关著述中可以看到,朱熹所要解决的是,如何使"内圣""为己"之学具有普遍的适用性,从而构建合理的社会生存环境。朱熹努力的方向可以概括为以"学统"建"道统",以"道统"制约"正统"。正是基于这样的思考,朱熹一生有两个批判对象:一是批判皇帝,即所谓"格君心之非";二是对儒家学者文化圈的批判,他甚至认为要拯救宋代社会危机,必须使儒家学者担负起文化责任。

我们回到朱熹所处的"历史现场"来分析以上问题就会发现,具有哲学家与知识分子双重人格的朱熹所思考的问题是:如何形成既有终极依据又能有效地改造社会的价值理念?如何使这种价值理念在社会的具体生活中具有可操作性?我们可以从朱熹在淳熙十年(1183年)为其弟子廖子晦所作的《韶州州学濂溪先生词记》中发现朱熹所思虑的问题:

"秦汉以来,道不明于天下而士不知所以为学。言天者遗人而无用,语人者不及天而无本;专下学者不知上达而滞于形器,必上达者不务下学而溺于空虚;优于治己者或不足以及人,而随世以就功名者又未必自其本而推之也。

---

① 范文澜:《中国通史简编》(下册),华东师范大学出版社2014年版,第335页。

夫如是，是以天理不明而人欲炽，道学不传而异端起，人挟其私智以驰骛于一世者，不至于老死则不止，而终亦莫悟其非也。"①

我们从这段表述中，可以读出三重意思：一是对现实社会危机产生的原因的判断，即秦汉以来，儒家文化没有得到很好的落实，即所谓"道不明于天下"。二是作为社会之良知主要载体的儒家知识分子，不能提出适合社会需要的理论，从而陷入了"言天而无用"或"语人而无本"等一系列体用分裂的困境。三是知识分子的社会职责与担当的缺位，必然导致危机，导致儒家文化传统的断裂和社会意识的混乱。

这是一段理解朱熹思想世界的重要文献，文中的三重内涵几乎涵盖了他的全部思想的基本价值取向。笔者将在后文详细分析。在此，我们需要注意的是朱熹在文中把秦汉以来"道"（即"道统"）的失落、社会危机产生的原因归结为儒家知识分子的文化缺席，即"道学不传而异端起"。这里的"道统"与"道学"是什么关系？余英时先生在《朱熹的历史世界》一书中认为，在中国思想史上，朱熹首先区分了"道统"与"道学"，其依据是《中庸章句序》："《中庸》何为而作也？子思子忧道学之失其传而作也。盖自上古圣神继天立极，而道统之传有自来矣。其见于经，则'允执厥中'者，尧之所以授禹也；'人心惟危，道心惟微，惟精惟一，允执厥中'者，舜之所以授禹也。尧之一言，至矣，尽矣；而舜复益之以三言者，则所以明夫尧之一言，必如是而后可庶几也。"

这里需要关注的问题是，区分"道统"与"道学"的意义何在？根据余英时先生的观点，可以表现为以下几个方面②：

第一，朱熹区分"道统"与"道学"，意味着两个历史阶段："道统"阶段，指自"上古圣神"至周公，即依照"道体"③ 前后相承而形成价值谱系的

---

① 郭齐、尹波：《朱熹集》（第七卷），四川教育出版社1996年版，第4105页。
② 详见余英时：《朱熹的历史世界——宋代士大夫政治文化的研究》"上篇之序说"，北京三联书店2004年版。
③ 什么是"道体"？冯友兰把理与气相结合的运动过程称为道体。在儒家视野中，"道体"所表征的就是宇宙的自然秩序。"道体"又是人类安排自身政治社会生活的价值依据或价值理念。

历史阶段。其特征是"内圣"与"外王"的统一、"圣君贤相"的统一、文化理想与管理权力的最佳统一。后一个阶段为"道学"阶段，即周公之后德与位分离。在现实的社会中，有德者常常无权无位，有位者往往缺少应有的价值理想和道德人格，"内圣"与"外王"不复合一。于是孔子开创道学以保存上古"道统"中的精义。

第二，朱熹划分出"道统"与"道学"，两者都是与"治天下"密切相连的，它凸显了理学的政治内涵。朱熹一方面运用上古"道统"的示范作用约束当时的从政者，另一方面凭借"道学"的精神权威提高宋代知识分子的政治地位。儒家知识分子虽然不在"圣王"之位，但他们掌握着"道统"的资源，可以持"道"批"势"，或者引"势"入"道"。余英时先生对于朱熹区分"道统"与"学统"的发现，改变了我们对朱熹及宋明理学传统的道德形而上学意义上的理解，下落到社会政治层面，把"要求重建合理的人间秩序"，理解为朱熹理学思想的本质，也就是追究"政治现实与文化理想怎样互相渗透"的问题。

第三，"道统"与"道学"的区分，意味着儒家知识分子所特有的责任和存在的价值，就是传承和继承"道统"，阐释"道统"的现时代意义。朱熹一生所追求的，就是以"学统"建"道统"，以"道统"制约"政统"。朱熹在《中庸章句序》中说："若吾夫子，则虽不得其位，而所以继往圣、开来学，其功反有贤于尧、舜者。"上古的"道统"通过历代儒家知识分子的阐发和诠释，成为时代精神的文化理念，为后世帝王"治天下"所取法，成为经邦济世的根本原则。通过"君"与"士"的结合，实现"势与道合"的理想，就成为儒家知识分子的现实对策。

二 朱熹政治伦理思想的理论文化背景

朱熹政治伦理思想，产生于其所处的特定历史条件下，同时与他所处的思想世界也保持着密切的联系。大体上来说，在朱熹的思想形成过程产生最大影响的有三种理论思潮：一是朱熹对北宋以来延续的理学思想，特别是二程的理学思想的吸收、整理和改造；二是朱熹与以陆九渊为代表的心学的争论；三是以陈亮等人为代表的功利主义思想对朱熹的挑战。朱熹通过对二程理学的继承和改造，丰富自己的思想，并通过与后两种不同理论类型的争论，不同程度地修改和完善了自己的理论体系。

第一，朱熹对北宋以来理学思想的吸收、整理和改造。朱熹的伦理思想基本上继承了二程的学术传统，特别是二程对于天理的认识对朱熹产生了比较大的影响。从理学的内在发展理路来看，从北宋开始直到朱熹之前，在理学的发展过程中，各学派的理论局限以及他们之间的冲突并没有得到很好的解决。例如周敦颐和张载建立起了各自的宇宙论，但是他们并没有十分自觉的本体论意识，而且在政治伦理层面上，周敦颐和张载的宇宙论的伦理学意义并没有完全处于核心地位。与周敦颐和张载注重构建宇宙生成模式不同，二程的思想更加强调天理的伦理意义，认为自然法则和道德法则具有本质上的同一性，从而把伦理提高到了本体的地位。二程理论的意义在于他们在本体论层面上对形而上、形而下作出的严格区分。"程颢还区别'形而上'和'形而下'。这个区别相当于西方哲学中的'抽象'与'具体'。'理'乃是'道'，是'形而上'，或如西方哲学所说的'抽象'。至于'器'，指个别事物，或如西方哲学所说，是'具体'。"①

朱熹充分发挥了二程哲学中形而上学的思维方式，并将周敦颐、张载和二程结合起来，在本体论的层面构建自己的道德形而上学体系。例如，朱熹总结理论思辨的经验，指出了过去在本体论上存在的问题：或者把本体论简单归结为某种"物事"，不能成为"万化根本"的绝对存在；或者把本体简单归结为玄学或佛教的"无"或"空"，客观上导致了对本体的取消。这些规定都把本体和现象、形而上和形而下对立起来，造成诸多理论困境。为了弥补这些弱点，朱熹重新加工了本体论。他说："以理言之，则不可谓之有；以物言之，则不可谓之无。"② 朱熹的观点与过去的不同在于，他所讲的本体，既不是简单的"无"，也不是简单的"有"，而是有无统一体。由于它作为抽象的道理是没有看得见的外形的，所以应称之为"无"，不能称之为"有"；而

---

① 冯友兰：《中国哲学简史》，新世界出版社2004年版，第246页。
② 黎靖德：《朱子语类》（第六册），中华书局2011年版，第2366页。

作为观念的存在来说，又应该称之为"有"，而不能称之为"无"。此外，"理气先后""理一分殊"等命题具有了新的意义，从而也使伦理、政治与本体的关系更加直接。

第二，朱熹与以陆九渊为代表的心学的争论。朱熹继承程颢的说法，认为"性即是理"。而陆九渊却说："心即是理。"这是朱熹与陆九渊的基本分歧所在。在朱熹思想体系中，心是"理在气中"的具体表现，因而心与抽象的理不同。因此，在朱熹看来，性即是理，而不能说心即是理。但在陆九渊看来，心即是性，两者只是文字上的不同。朱熹认为现实包括两个世界，即抽象的世界和具体的世界；而在陆九渊看来，现实只是心的世界。

伦理道德的精神实质是什么？朱熹认为是"理"，陆九渊认为是"心"。朱熹认为的合理性是建立在具有绝对性的天理之上的。道德是天理植入人心的结果，或者说是人对天的伦理精神的接受。一切封建的人伦道德和意识，就是"理"。不过，此理不是如朱熹所说的独立于人的本心之外，而是本来就是"吾之本心"。心是陆九渊哲学的最高范畴，理是心的属性，心外无理。陆九渊认为，人之所以有道德，就是因为以心为根本。孟子的"四心"，恻隐之心、羞恶之心、辞让之心和是非之心就是仁、义、礼、智的源头，故称为"四端"。陆九渊继承了孟子的思想，坚持道德本体为心。陆九渊不认同朱熹的"人心"与"道心"之分，他认为无论"天地之心"还是"人己之心"，都只是一个"心"。"道心"或"人心"都只是心的不同方面，"心"是超越时空个体的。这样，陆九渊就以心为本体范畴，强调了道德主体的自律，强调了道德准则要建立在主体意志自由的基础之上。

朱熹与陆九渊关于格物穷理与发明本心之争具有重要的政治伦理意义。朱陆分歧的内容涉及对天理的不同认识，其后又涉及无极、太极之辨等。与陆九渊的讨论激发了朱熹的哲学思考，他吸取陆九渊的观点，修改了自己的一些想法，从而使自己的理论更为完善。在政治伦理上，朱子理学和陆九渊心学之间的分歧主要在于普遍道德法则如何确立的问题，朱熹主张对外在的天理的求索，而陆九渊则强调道德的主体性，主张理性自我立法。两人基本立场的不同，导致这场争论的不可调和。陆九渊去世后，其思想的影响也日渐衰弱，直到明代的王阳明那里，心学才又重新得到阐发。

第三，朱熹与以陈亮等人为代表的功利主义思想的争论。陈亮和叶适的学说被称为"功利主义"学说，它是南宋社会经济政治矛盾发展的必然结果。功利主义学派有着一致的核心观点，这些观点与朱熹的理学形成了明显分歧：一是在本体论上，朱熹认为天理是先验地存在的，是与感性的现实世界相分离的，它同理与气、道与器一样，分别在形而上和形而下两个不同的世界中存在着。功利主义否认存在形而上与形而下世界的二分，认为并不存在脱离事物之外的形而上之道。二是在理（道）与气（器）的关系问题上，朱熹认为在两者的对峙中理处于主宰的地位，强调了道德理性对欲望的制约。在社会政治生活中注重道义优先的价值取向，主张以义制利。功利主义认为，道与器、义与利是不可分的，是一体的，整个世界被具体事物占有，不可能有精神本体存在的余地。三是在对政治统治之进行伦理评价方面，朱熹从道义标准出发，认为优良的政治是符合道义的政治。三代以上的社会之所以是完美的社会，是因为那一时期的政治统治者的道德动机是纯粹的，而三代以下的政治统治之所以不能被肯定，是因为违背了天理道义的要求。功利主义者则认为，并不存在评价历史和政治的抽象的道德标准，社会政治生活是以追求事功总量的增加为最终标准的，所以必须以事功为标准才能对历史上的政治统治进行评判。四是在如何规范政治问题上，朱熹继承先秦儒家"内圣外王"的传统，主张通过明辨天理人欲，提升内心修养和认识天理道义，以对人类一切的社会政治行为予以指导和规范。功利主义则更注重对历史的研究，试图总结历史兴衰成败的有效经验，以推动历史的良性发展。

朱熹与功利主义学者的争论最有代表性的就是朱熹与陈亮之间的争论。其论辩主要是围绕着王霸义利问题展开的。在争论过程中，二者均在不同程度上促进了各自思想的成熟和各自理论的进一步系统化。就朱熹来说，在与陈亮的论辩中他进一步明确了道义优先的立场，并把传统政治伦理的道义论思想推到了一个新的高度。

第二章

朱熹《四书集注》成书及其政治伦理精神

朱熹政治伦理思想的产生，是在中国伦理思想历史发展的大背景和宋代理学发展的具体历史环境之下产生的。朱熹一生著述颇多，其中《四书集注》是朱子竭毕生精力写成的一部重要著作，是"宋代理学集大成者"的代表作品，也是朱熹理学思想的最集中体现，对了解朱子思想有重要意义。陆建猷在其研究"四书"学的著作中说："宋代理学是众多秀木中的参天巨株，而《四书集注》则是这棵巨株的主干部分。"① 因此，本书以《四书集注》为文本，挖掘其中的政治伦理思想。本章主要考察朱熹《四书集注》的成书过程，梳理学术界对《四书集注》的研究概况，分析《四书集注》的学术地位以及其中所蕴含的政治伦理精神。

第一节 朱熹《四书集注》的成书过程

《四书集注》由南宋理学大家朱熹完成，他将《论语》《孟子》《大学》《中庸》各自思想倾重关系上的意思接通，组成了儒家经典又一个新的群体系统。《论语》《孟子》《大学》《中庸》从单经走向"四书"的集成体，然后到《四书集注》这一儒家经典的新的群体系统的出现，经历了一个漫长的历史过程。这一过程和中国经学的历史发展、中国思想史的发展和中国古代社会政治经济的发展密不可分。

---

① 陆建猷：《四书集注与南宋四书学》，陕西人民出版社2002年版，第77页。

一 《论语》《孟子》《大学》《中庸》的单书变迁

"四书"由儒家经典《论语》《孟子》《大学》《中庸》合并而成,这一合并工作由南宋大儒朱熹完成。在合并之前,"四书"处于单经的孤零状态。现在按原著问世的先后顺序讨论之。

首先是《论语》。在中国古代典籍中,《汉书·艺文志》记载:"《论语》者,孔子应答弟子时人及弟子相与言而接闻于夫子之语也。当时弟子各有所记,夫子既卒,门人相与辑而论纂,故谓之'论语'。"杨伯峻在其《论语译注》的导言中说:《论语》"记载着孔子的言语行事,也记载着孔子的若干学生的言语行事"。并对《论语》予以通俗解释:"第一,'论语'的'论'是'论纂'的意思,'论语'的'语'是'语言'的意思,'论语'就是把'接闻于夫子之语''论纂'起来的意思。第二,'论语'的名字是当时就有的,不是后来别人给它的。"即《论语》是孔子言论辑录。刘向所著《别录》、刘熙所著《释名·释典艺》以及元代何异孙所撰《十一经问对》都对《论语》的由来提出了不同观点,但众说之中,《汉书》较为合理,加之《汉书》的作者所处的时代与《论语》发生与辑录的时代相近,因而其可信度较高。

《论语》编纂者的确切性考辨也是儒学研究中的重要问题。《汉书·艺文志》只是笼统地说"门人相与辑而论纂",意指《论语》编纂者是孔子门人群体。对这一问题,历代学者多有论述,见仁见智,概括起来,约有以下几种观点:一是孔子亲定说。清代的廖燕否认《论语》为孔子弟子所记,为孔子笔削而定:"此书为大圣人经天纬地之文,岂他人可能代笔者耶?"但这种观点很难回答《论语》中关于孔子死后诸多事情的记载,故不为学界所认可。二是孔子弟子编订说。例如东汉的《白虎通·五经》说:"圣人道德既备,弟子所以复记《论语》何?见夫子遭事异变,出之号令,失法。"刘宝楠认为,《论语》编辑成书,"由仲弓、子由、子夏首为商定"①。三是孔子弟子和再传弟子编订说。杨伯峻在其《论语译注·导言》中说:"《论语》的篇章不但出

---

① 刘宝楠:《论语正义》,中华书局1990年版,第793页。

自孔子的不同学生之手,而且还出自他不同的再传弟子之手。这里面不少是曾参的学生的记载。"胡适在其《中国哲学史大纲》中说:"一部《论语》虽不是孔子作的,却极可靠、极有用。这书大概是孔门弟子的弟子们所记孔子及孔门诸子的谈话议论。"①《论语》是孔门弟子在漫长岁月里对孔子思想的辑录和汇编,其辑编主体人员很难确定。

《论语》版本及注本也经历了一个历史的变迁过程。先秦时期《论语》版本有零散性和流传性特点。原因在于作为先师的孔子逝世后,其大部分弟子散落各地,使得先前的各自闻对辑录处于零散状态,其中子夏所辑录的《论语》相对完整。西汉时期流行的《鲁论语》《齐论语》《古文论语》是《论语》较为完满的版本。与《论语》版本相关的是《论语》注本。西汉的孔安国曾有《古文论语训解》,但已经失传。魏何晏《论语集解》兼采汉魏经学八家之说,集聚了《论语》注说思想的重要资料。梁皇侃作《论语义疏》,南宋时失传,乾隆年间复从日本传入。宋代邢昺作《论语正义》,开义理解经之先河,直到南宋朱熹《论语集注》,实现了义理解说与章句训诂的统一,是后世公认的注本。

其次是《孟子》。《孟子》是"四书"系统中的一部。《孟子》的成书有两种说法:一是孟子与其弟子万章、公孙丑等人所著。朱熹在《孟子序说》中说:"天下方务于合从连横,以攻伐为贤。而孟轲乃述唐、虞、三代之德,是以所如者不合。退而与万章之徒序《诗》《书》,述仲尼之意,作《孟子》七篇。"二是孟子去世后,其弟子万章、公孙丑等人的论对记录。

孟子遵循着以为儒家传道为己任的理念,《孟子》是这一理念的思想载体,也是孟子遵循践履孔子思想的历史记录。"尧曰:'咨!尔舜!天之历数在尔躬,允执其中,四海困穷,天禄永终。'舜亦以命禹。"(《论语·尧曰》)孟子出于对儒家传统的维护而探索"五百年必有王者兴"的规律:"由尧、舜至于汤,五百有余岁","由汤至于文王,五百有余岁","由文王至孔子,五百有余岁"(《孟子·尽心下》)。《孟子》从思想内容到文体形式都有继承孔子思想之处,为弘扬孔子学说做出了很大贡献。

---

① 胡适:《中国哲学史大纲》,商务印书馆2011年版,第55页。

再次是《大学》和《中庸》。《大学》和《中庸》是《礼记》中的两个篇目。《大学》提出了作为"大学之道"的"三纲领",即"明明德""亲民""止于至善";同时提出了"八条目",即"格物、致知、诚意、正心、修身、齐家、治国、平天下"。《中庸》的两个核心范畴是"中庸"和"诚"。

朱熹继承二程思想,从学统的角度将《大学》断定为前人治学次第,是"初学入德之门"的方法。孔颖达以为主体成人的个体资质培养、社会责任践履,都须统一到"三纲领""八条目"的价值认识之中。冯友兰认为:"按照后来儒家的说法,'三纲领'其实归结到一点,或称它为一条纲领,就是'在明明德'。'仁者爱人'便是'明明德'的途径;而'明明德'的终极完成便是'止于至善'。"①

《史记·孔子世家》记载,《中庸》为战国初期子思所作。朱熹在《中庸章句序》中认为,子思作《中庸》在于"忧道学之失其传"。当代学者郭沫若认为它是先秦思孟学派的著作,冯友兰则认为是秦汉时期孟子学派的作品。冯说的根据是"《小戴礼记》中'今天下车同轨,书同文,行同伦'之言所说乃秦汉统一中国后之景象。《中庸》中又有'载华岳而不重'之言,亦似非鲁人之语。且所论命,性,诚,明诸点,皆较孟子为详明,似就孟子之学说,加以发挥者"②。

胡适认为,《大学》和《中庸》两部书的要点约有三端:第一,方法。《大学》说:"大学之道,在明明德,在亲民,在止于至善。……物有本末,事有终始,知所先后,则近道矣。""本末""终始""先后"便是方法问题。《中庸》的方法总纲是:"天命之谓性,率性之谓道,修道之谓教。"《大学》《中庸》的长处只在于方法明白,条理清楚。第二,个人之注重。《大学》把"修身"作为一切的根本。格物、致知、正心、诚意,都是修身的功夫。齐家、治国、平天下,都是修身的效果。这个"身",这个"个人",便是一切伦理的中心。《中庸》最重一个"诚"字。诚即是充分发展个人的本性。《中庸》的至高目的,是要充分发展个人的天性,使自己可以配天,可与"天地

---

① 冯友兰:《中国哲学简史》,新世界出版社2004年版,第159页。
② 冯友兰:《中国哲学史》,商务印书馆1934年版,第446-447页。

参"。第三,心理的研究。儒家到了《大学》《中庸》时代,已从外务的儒学进入内观的儒学。《大学》的重要心理学说,在于分别"心"与"意"。《中庸》的人生哲学只是要人喜怒哀乐皆无过无不及①。

二 《论语》《孟子》《大学》《中庸》向经的转化及二程对"四书"的初构

《辞源》对"经"的解释是:"常道,指常行的义理、法制、原则等。"对"经学"的解释是:"研究经书,为诸经作训诂,或发挥经中的义理之学。"在中华文化系统中,经学之经是被尊奉为思想典范的著作体制。《说文解字注》说:"三纲五常、六艺谓之天地之常经。"

儒家思想如何由平民文化走向经的地位?划时代的节点是孔子删定"六经"。《庄子·天运篇》中记载:"孔子谓老聃曰:'丘治《诗》《书》《礼》《乐》《易》《春秋》六经,自以为久矣。'"庄子是战国时代的人,远在孔子之后,其载述可信度高。其实,将儒家经典尊奉为经,并用作对民众教化的教材,是到了汉代的事。孔子删定"六经",是出于其树"万世之教"的使命意识。"士不可以不弘毅,任重而道远。仁以为己任,不亦重乎?死而后已,不亦远乎?"(《论语·泰伯》)曾经理想的政治和文化模式式微,周制出现了"室微、礼乐废和《诗》《书》缺"的危机。

"孔子曰:'天下有道,则礼乐征伐自天子出;天下无道,则礼乐征伐自诸侯出。'"(《论语·季氏》)这是孔子对春秋前后的中国古代社会政治生活中"有道"与"无道"现象混生状况的描绘。孔子删定先典成经,目的在于行世教,为后王立法。《论语》《孟子》是儒家自著述典籍。在官方钦定条件下,后创典籍得以向经典晋级。"汉武帝采纳董仲舒建议,颁令以儒学为国家正统之学。但是,儒学要取得'独尊'地位,不是仅靠一纸法令便能够奏效的,还需要一段很长的时间;在这个过程中,儒学吸收了不少其他各家的思想,由此树立起来的儒学和东周时孔子自己的思想,两者之间有了很大的差

---

① 胡适:《中国哲学史大纲》,商务印书馆2011年版,第226-232页。

异。儒家由于政府的支持，占据了比其他学派更有利的地位。"①

二程对"四书"的初构所起的作用，可以从朱熹的《大学章句序》和《中庸章句序》中得到解答。朱熹说："天运循环，无往不复，宋德隆盛，治教休明。于是河南程氏两夫子出，而有以接乎孟氏之传，实始尊信此篇而表章之，既又为之次其简编，发其归趣，然后古者大学教人之法、圣经贤传之指，粲然复明于世。"（《四书集注·大学章句序》）即朱熹认为，天的运行循环往返，大宋德行隆盛，政治教化优良而清明，于是二程出现，才有可能接续孟子的传授，然后使古代大学教育学生的方法、圣人之经和贤人之传的要义重新显现于人世。关于《中庸》，朱熹认为："故程夫子兄弟者出，得有所考，以续夫千载不传之绪，得有所据，以斥夫二家（佛、老）似是之非。盖子思之功于是为大，而微程夫子，则亦莫能因其语而得其心也。"（《四书集注·中庸章句序》）

在朱熹看来，二程对《四书集注》的论文中有三个方面，还差方面②：一是道统的传绪者；二是"四书"的考订者和倡导者；三是读书门径的指导者。关于二程是道统的传绪者，朱熹在《大学章句序》和《中庸章句序》中已有论及，前文已有所涉及，这里不再赘述。但应指出的是，两篇序都提出传道统者有三种人：一种是圣君，即有道明君；一种是圣臣；第三种是不得其位的圣人，如孔子。道失传于孟子之后，出现了日新月盛的异端之说，于是程夫子兄弟出，得继千载不传之绪。朱熹的这种见解，出现在《四书集注》末，即《孟子》末章。朱熹高度赞扬二程，认为他们于孔子一千四百年之后，从遗留的经典中得到了孔子已经失传的学问，以振兴"斯文"为己任，辨别排斥异端邪说，使圣人之道重放光明。关于"四书"的倡导者，《宋史·程颐传》载，程颐认为，学者应"以《大学》《论语》《孟子》《中庸》为标指，而达于'六经'"。对《大学》中"亲民"二字，程颐校语为"当做新民"，"新民"一词，被朱熹采用。关于《论语》，《二程集》中有伊川的《论语解》，其

---

① 冯友兰：《中国哲学简史》，新世界出版社2004年版，第178页。
② 本部分参考王国轩：《二程与〈四书集注〉研究》，《中州学刊》1989年第1期，第66—71页。

中相当多的条目,被朱熹所采用。例如,二程对"天命""孝悌""忠恕"等范畴的探讨,都为朱熹所采用并发挥。关于读书门径的指导者,二程认为,读《论语》《孟子》是治经的阶梯,此说对后世很有影响。二程强调读书要"将圣人之言语切己",即联系自己的思想实际,学做圣人。二程还提出了"博学、审问、慎思、明辨、笃行"的完整学习方法。

二程对"四书"的初构工作主要是对《大学》文篇的次序作调整,以"解"诠释《论语》《中庸》《孟子》,并列"四书",为其理学思想组建了一个系统载体,也为义理之学的生长开辟了概念的范畴领域,最终促使了朱熹《四书章句集注》的诞生。

三 朱熹《四书集注》的成书及其修订

朱熹从丁酉年(1177年)开始序定《四书集注》,其间没有停止过对《大学章句》《中庸章句》《论语集注》与《孟子集注》的修改。南宋淳熙九年(1182年),完成了对四书的通加注释,形成了《四书章句集注》。这个在婺州的刻本,是将《论语》《孟子》《大学》《中庸》在各自思想倾重关系上的意思接通的基础上,组成的儒家经典的又一个新的群体系统,经学史上与"五经"相对的"四书"第一次出现。

朱熹《四书集注》的版本甚多,在版本的不断变化过程中,朱熹对《四书章句集注》的内容也不断进行着修改与完善。在淳熙十二年(1185年)与十三年(1186年),朱熹对《四书集注》作了两次大的修改。淳熙十三年修订的版本,集中对《大学》和《中庸》进行了修订,分别由詹仪之、赵汝愚刻于广西静江(桂林的古称)和四川成都。朱熹认为,《大学》是学问的大纲,而他所补写的《格物章》又是纲中之纲。在《格物章》中,他强调"即物穷理",反对"离物穷理"。否则会导致将"道理当作一个悬空的物",而流于佛老的空道空理。他强调"即物穷理",也就是要通过"分殊"以求"理一",同时也同陆氏心学划清了界限。与此相对应,在对《中庸章句》的修改中,加入了一段对"十六字心传"的经典解释,高度概括了他"主敬守心"的人本主义思想体系。如果说《格物章》贯彻了朱熹的"进学则在致知"思想,突出强调了"分殊";那么,《中庸章句序》所贯彻的"涵养需用敬"思想,便是对"理一"的突出强调。

淳熙十五年(1188年),朱熹对《四书集注》作了一次决定性的大修订,这次大修改他把自己成熟的理学思想注入《四书集注》之中。对这一定本他感到十分满意,因此他在淳熙十六年(1189年)二月与三月正式序定了《大学章句》和《中庸章句》。束景南先生认为:"淳熙十六年的序定正式标志着朱熹《四书集注》的四书学体系的正式诞生。他从淳熙十三年来的生平第二次学问著述的总结,也就以淳熙十六年的序定《四书集注》作为完成的标志了。"① 这一版本的《四书集注》成了朱熹弟子传习的最主要版本。

朱熹前后用四十余年时间,构建了一个以《四书集注》为灵魂的"四书"学体系,这个体系的内在结构有如下特点:第一,整个体系以小学为逻辑起点,其内在理路是自小学到大学直至整个"四书"学,在《大学章句序》中朱熹说:"人生八岁,则自王公以下至于庶人之子弟皆入小学,而教之以洒扫、应对、进退之节,礼乐、射御、书数之文。及其十有五年,则自天子之元子、众子,以至公卿、大夫、元士之适子,与凡民之俊秀,皆入大学,而教之以穷理、正心、修己、治人之道。此又学校之教、大小之节,所以分也。……而此篇者,则因小学之成功,以著大学之明法,外有以极其规模之大,而内有以尽其节目之详者也。"② 以小学为起点,也就是以"主敬"的道德涵养为起点,把理学教育贯穿于人的一生,以实现从"主敬养心"到"格物致知"进而达到"存理灭欲"的人性复归。第二,确立了"四书"的逻辑顺序。朱熹说:"学问需以《大学》为先,次《论语》,次《孟子》,次《中庸》。……某要人先读《大学》,以定其规模;次读《论语》,以立其根本;次读《孟子》,以观其发越;次读《中庸》,以求古人之微妙处。"③ 这一逻辑顺序构成了朱熹以复性为旨归的理学体系的内在结构,归根结底都是讲一个复归天理的善性。例如在《大学章句序》中,明确提出"使之治而教之,以复

---

① 束景南:《朱熹研究》,人民出版社2008年版,第198页。
② [宋]朱熹撰,陈立校点:《四书章句集注》,辽宁教育出版社1998年版,第1页。
③ 黎靖德:《朱子语类》,中华书局1986年版,第249页。

其性"①。《大学》是入"德"之门,《大学》中的"三纲领""八条目"是复归人性本初的大纲目,所以把《大学》放在"四书"之首,称《大学》为"大坯模""是修身治人的规模""圣人做天下根本"②。而《论语》和《孟子》,一个讲"仁",一个讲"心",是对《大学》中复性实现的具体展开。朱熹说:"《论语》之书,无非操存、涵养之要;《七篇》之书,莫非体验、扩充之端……如《论语》所言'居处恭,执事敬,与人忠','出门如见大宾,使民如承大祭','非礼勿视听言动'之类,皆是存养的意思。《孟子》言性善,存心,养性,孺子入井之心,四端之发,若火始然,泉始达之类,皆是要体认得这心性下落,扩而充之。"③故次之以《论语》《孟子》。朱熹认为,《中庸》是为"子思子忧道学之失传而作"④。"中庸"之道在于指示人们通过十六字心法以道心克服人心,达到天理善心的复归。

朱熹的《四书章句集注》的核心,是一个复归人性的"理一分殊"体系。这一体系中包含了其理学本体论、天理人欲的人性论、格物致知的认识方法论、仁政爱民的政治伦理观、"明人伦"的教育观。"集注"乃集义之精髓。钱穆先生说:"朱子为集注,乃积数十年心力之不断改定。集义所收,乃北宋理学诸儒阐发孔孟义理之精髓,而集注又为集义之精髓。盖使北宋理学获得论定,归于一是,以上承孔孟义理传统,实为集注之功。朱子乃集宋儒理学与自汉以下经学之大成而绾于一身,而集注则其最高之结晶品也。"⑤可见朱熹《四书集注》在中国思想史上历史地位之重要。

---

① [宋]朱熹撰,陈立校点:《四书章句集注》,辽宁教育出版社1998年版,第1页。
② 黎靖德:《朱子语类》,中华书局1986年版,第250页。
③ 黎靖德:《朱子语类》,中华书局1986年版,第444-445页。
④ [宋]朱熹撰,陈立校点:《四书章句集注》,辽宁教育出版社1998年版,第15页。
⑤ 钱穆:《朱子新学案》(第四册),九州出版社2011年版,第214页。

第二节　朱熹《四书集注》的著作理念

朱熹于南宋淳熙年间（1174—1189年）完成了《四书章句集注》，这标志着朱熹将《论语》《孟子》《大学》《中庸》在各自思想上的接通，从而组成了儒家经典又一个新的文本群体系统，使各书的思想内容与集注者的价值理念实现了逻辑的契接和新整合，使儒家早期经典理念焕发出新的理性精神，同时也使宋代理学思想与先秦文化建立起渊源、传承和载体条件。《四书集注》饱含着集注者的价值取向和著者的著作理念。

一　《四书集注》的教育理念

自先秦开始，儒家就十分重视让自己的思想为社会所接受，儒家既不关注外在的自然的探寻，也不关注向上、向天国的追踪，而是进入现实社会，即"入世"。古人云："思以其道易天下。"就是说中国古人思考着用他们的思想、观念来改变天下，这说明它是一种具有使命责任的文化理论意识。《四书集注》是儒家思想和理学思想的集大成者，其中渗透着著作者的教育理念。

儒家学说深层关切的问题是人的主体道德——人格的培养问题。冯友兰说："根据中国哲学的传统，哲学的功能不是为了增进正面的知识（我所说的正面知识是指客观事物的信息），而是为了提高人的心灵，超越现实世界，体验高于道德的价值。"① 可以说，儒家全部思想就是论述如何成人的学说。孔子说："德之不修，学之不讲，闻义不能徙，不善不能改，是吾忧也。"（《论语·述而》）

儒家理想人格具有多层次性。圣人是最高的理想人格。孟子尊奉孔子为"人伦之至"和"百世之师"，而孔子生前自谦："若圣与仁，则吾岂敢！抑为

---

① 冯友兰：《中国哲学简史》，新世界出版社2004年版，第5页。

之不厌，诲人不倦，则可谓云尔已矣。"（《论语·述而》）现实生活中有没有圣人？孔子也持否定态度："圣人吾不得而见之矣，得见君子者，斯可矣。"（《论语·述而》）君子是可以实现的理想人格。《论语》中对君子在思想上和政治上提出了诸多要求。如："君子坦荡荡，小人长戚戚。"（《论语·述而》）"修己以敬。""修己以安人。""修己以安百姓。"（《论语·宪问》）贤人在《论语》中是指德才兼备的人。孔子主张向有贤才的人学习，"见贤思齐焉，见不贤而内省也"（《论语·里仁》）。同时孔子主张贤人和达人应该在社会政治中担任重要角色。实现圣人、君子、贤人的过程也就是儒家主体性资质的实践过程，也就是体认和践履"大人之学"的纲领和条目的内容的过程。

朱熹在《大学章句》开宗明义强调大学是"教人之法"。其中的教育理念首先是国民的精神气质教化。朱熹看到天赋予人的本性是善的。由于气聚为形质以成为人，气所聚成之质遮蔽了本善之性。人的禀气清浊不同，对本性障蔽的程度也不同，所以人不能够都有条件知道自己本性的内涵从而加以保全。这就迫切要求对国民予以教化，以恢复他们的本性，使先天不纯的气质之性在后天的道德义理之教下发生改变。其次是人的常规性知识教育。《四书集注》十分强调教育的常规性知识传授，展望前典贤传复明于世的局面。寄希望于"古者大学教人之法、圣经贤传之指，粲然复明于世"①。这也是朱熹强调的自己的历史使命，希望自己对"国家化民成俗之意，学者修己治人之方"② 有所补益。

《中庸章句》中的教育理念主要体现为"中庸"的思维方式教育。"中庸"作为一个词的出现，始见于《论语·雍也》："中庸之为德也，其至矣乎！民鲜久矣。""中庸"是一种最高的美德，"民鲜久矣"的感慨所指向的是周代礼制在春秋末期的衰微，即对缺乏中庸之德的哀叹。显而易见，道德作为社会规范，具有供人们遵守和践履的性质。同时，也需要社会组织机构以教化的方式使人们去体认和实践它。朱熹将"中庸"诠释为："中庸者，不偏不倚，无过不及。而平常之理，乃天命所当然，精微之极致也。惟君子为能体之，

---

① ［宋］朱熹撰，陈立校点：《四书章句集注》，辽宁教育出版社1998年版，第2页。
② ［宋］朱熹撰，陈立校点：《四书章句集注》，辽宁教育出版社1998年版，第2页。

小人反是。"①

"中庸"观念从《论语·雍也》中孔子所赋予的最高美德进展到二程和朱熹的认识和实践原则，经历了漫长的范畴演进和扬弃过程。"中庸"对一个民族的思想活动起着潜移默化的教育作用，在中华民族的思维系统中，它一直起着培养民族成员哲学理性意识的作用，如"中和""中正""允执其中"等都反映了"中庸"的方法论和行为准则。

朱熹在《论语序说》中引程子之言曰："如读《论语》，未读时是此等人，读了后又只是此等人，便是不曾读。"② 他还高度评价孔子关于为学目的的名言："古之学者为己，今之学者为人。"（《论语·宪问》）认为"古之学者为己，其终至于成物；今之学者为人，其终至于丧己。圣贤论学者用心得失之际，其说多矣，然未有如此言之切而要者"③。在《孟子序说》中，朱熹指出："《孟子》一书，只是要正人心，教人存心养性，收其放心。至论仁、义、礼、智，则以恻隐、羞恶、辞让、是非之心为之端。论邪说之害，则曰：'生于其心，害于其政。'论事君，则曰：'格君心之非，一正君而国定。'千变万化，只说从心上来。"④ 朱熹的这些言论足以凸显朱熹《四书集注》的教育理念。

一 《四书集注》的道统的传承理念

朱熹在继承孟子、韩愈、程颐等思想家理论的基础上，建立了道统。而这种道统论思想，集中表现在《四书集注》中。《四书集注》的完成，标志着朱熹道统观的确立。所谓"道统"，即儒家传道的基本脉络系统。"子畏于匡，曰：'文王既没，文不在兹乎？天之将丧斯文也，后死者不得与于斯文也；天之未丧斯文也，匡人其如予何？'"（《论语·子罕》）孔子自命为中华文化遗产的继承人、传承人。孟子继承孔子学说，认为孔子的学说上接尧、舜、汤、周文王，并自命是继承孔子的正统。韩愈在其《原道》中正式提出了"尧、

---

① ［宋］朱熹撰，陈立校点：《四书章句集注》，辽宁教育出版社1998年版，第19页。
② ［宋］朱熹撰，陈立校点：《四书章句集注》，辽宁教育出版社1998年版，第47页。
③ ［宋］朱熹撰，陈立校点：《四书章句集注》，辽宁教育出版社1998年版，第167页。
④ ［宋］朱熹撰，陈立校点：《四书章句集注》，辽宁教育出版社1998年版，第217页。

舜、禹、汤、文、武、周公、孔、孟"关于道的传授系统说，韩愈称自己继承了正统的孔孟子道。朱熹明确提出"道统"概念，认为孔、孟之后，儒家道统的继承人是周敦颐和二程，而自己又继周、程为儒家正统。

早期中国古典文明发展可以分为三个阶段：一是"二帝"时期，这是中华文明的开端，即传说中的五帝时代的尧舜；二是"三王"时期，即夏商周三代；孔子之后的时代是中华文明的第三阶段。在这三个时期的圣人治天下政教类型的历史发展中，所贯穿的基本理念为"中道"，后来被表述为"道统"。

《论语·尧曰》说："尧曰：'咨！尔舜，天之历数在尔躬，允执其中，四海困穷，天禄永终。'舜亦以命禹。"这里"天之历数在尔躬，允执其中"实际上是一种治天下的政治方法论的交代。"历数"概念主表早期帝政及其相继的先后时间。朱熹注说："历数，帝王相继之次第，犹岁时气节之先后也。"① 帝王相继是一种次序，这种次序有自然传承的性质。然而，"天之历数"运行的承接者为"尔躬"，而"尔躬"的主体自我践履须是"允执其中"，即朱子所注："允，信也。中者，无过不及之名。四海之人困穷，则君禄亦永绝矣，戒之也。"② 强调承接当事人要取信于民，同时要戒除"过与不及"的偏颇，才能终止"四海困穷，天禄永终"的命运可能。

被认为传自孔子《尚书》的《大禹谟》中，也可以找到与《论语》相对应的叙述，即被宋明儒者称为"十六字心传"的"人心惟危，道心惟微，惟精惟一，允执厥中"。可见，中道在《尚书》中具有十分重要的意义。孔子对上古文明的理解，即是以尧、舜、禹授受内容的"中"为核心的，这实际上也是在确立"中国"的起源。正是基于对帝、王、孔子三个文明史分期的连续性的理解，出现了道统意识，而这种道统意识在《孟子·尽心下》中得到了扩展。孟子以"五百年必有王者兴"的术数观念，提出"见而知之"与"闻而知之"两种构筑道统的方式。"由孔子而来至于今百有余岁，去圣人之世若此其未远也，近圣人之居若此其甚也，然而无有乎尔，则亦无有乎尔。"

---

① ［宋］朱熹撰，陈立校点：《四书章句集注》，辽宁教育出版社1998年版，第210页。
② ［宋］朱熹撰，陈立校点：《四书章句集注》，辽宁教育出版社1998年版，第210页。

朱熹注说："此言虽若不敢自谓已得其传，而忧后世遂失其传，然乃所以自见其有不得辞者，而又以见夫天理民彝不可泯灭，百世之下，必将有神会而心得之者。"①

先秦时期的道统论，从思想和教化层面说，是建立以中道为核心的"大一统"，这为后来的政治上的大一统提供了思想前提。其真正意义在于奠定了"中国"成立的精神基础，这就是中庸之道。而所谓历代圣贤，则是中庸之道的践履者和实践者或诠释者。从这个意义上说，中道也就是中国之所以为中国之道，是中国的精神理念所系。

朱熹的道统论，是在儒、道、佛三教并存的格局下发生的。朱熹的道统学说从圣人形象转移到了观念方面，这就是南宋朱熹创新的"中庸"之道的观念形态道统。

从上文可以看出，孟子只是提出了类似于道统的传承谱系，但并没有明确指出这种圣圣相传的谱系是什么。至唐代，韩愈不满佛道思想日益严重的影响，致力于恢复儒家的正统地位，他在《原道》中提出的传道谱系为尧→舜→禹→汤→文→武→周公→孔子→孟子。明确指出此道是儒家之道，而非佛老之道。后来，李翱继承韩愈之说，在《复性书》中将颜回、子路、曾子、子思添入道统之中。直到北宋时期，程颐提出"圣人之道"与"圣人之学"，这一提法实际上与后来朱熹提出的"道统"与"道学"观念相近。按照程颐的解释，"圣人之道"包含"圣人之学"。传承"圣人之道"者，唯有"德""位"兼备者，孔子有"德"无"位"，因此孔子与后来所传的都是"圣人之学"。另外，程颐进一步提出他的兄长程颢就是孟子以后唯一得到失传已久的"圣人之学"的人。

程颐的理论已经具备了比较明确的道统，但他并没有明确提出"道统"一词。朱熹在继承孟子、韩愈的道统谱系思想的基础上，以继承程颐思想为基础，建立了道统。朱熹道统观的提出在《中庸章句序》中有十分清楚的表述。朱熹认为，《中庸》之作的目的在于"子思忧道之失传"，道统传授的源头在于"上古圣人继天立极"。同时，朱熹还提出了"道心"与"人心"的区

---

① ［宋］朱熹撰，陈立校点：《四书章句集注》，辽宁教育出版社1998年版，第409页。

别,"人心"或产生于属于个人的形体、气质,或根源于纯正的天命,它危险而不安分,隐蔽而难以呈现;"道心"为义理所生,是一身的主宰。"人心"听命于"道心",才能使危险者安宁,隐微者显著,以免过与不及的偏差,做到"允执厥中"。实际上,朱熹在这里已经意识到了人的自然属性与社会属性的区别,这是朱熹对儒家道统说的创新。

在《中庸章句序》中,不仅明确提出了道统论,而且建立了一套道统谱系,即上古圣神(伏羲→神农→黄帝→尧→舜)→禹→汤→文、武→伊尹、皋陶、周公、召公→孔子→颜子、曾子→子思→孟子→程颢、程颐。朱熹的道统观,在尧、舜以上追溯到伏羲。根据陈荣捷的看法,朱熹上溯伏羲是为其道统观建立哲学基础。这种哲学性既要建立在《尚书》的"十六字心传"上,也要基于《易经》中的太极说。此外,朱熹在传道谱系中,将颜子、曾子和子思加在孔子与孟子之间,也是对程颐传道谱系的继承和创新。

三 《四书集注》"经邦国、治官府"的经世致用理念

经世致用是指一种学问要对国家、国事具有意义与价值。这在早期儒家经典中是以基本原则的精神得到贯彻的。以下将从人的主体性与社会生活关系的视角来看待儒家学说经世致用的内容。儒学本身是以"推己及人"的方式来处理个人与社会的关系的,通过自我修养的提升,来实现对人心世道的匡救。《尚书·周官》中说:"论道经邦,燮理阴阳。"《周礼·天官·大宰》中也说:"以经邦国,以治官府。"都体现了儒家以经世致用为做学问的基本原则。

首先,从教育原则上看。儒家思想的创始人孔子就十分重视人的主体性的培养。《论语》的开篇是《学而》。朱熹认为此篇为"入道之门,积德之基",是求学者首先要致力的事。阐发"学而时习之,不亦说乎"之义,朱熹把"学"的概念定义为"言效",即仿效先觉者的所作所为,明白什么是善,而复归本性的原初。这样的学习就会使主体心生喜悦,时时练习,不断进步。朱熹的阐释深刻挖掘了孔子原典的内涵,更为受教育者指出了自觉而乐行的

尽善途径。《论语·泰伯》中说："士不可以不弘毅，任重而道远。仁以为己任，不亦重乎？死而后已，不亦远乎？"朱熹注释说："非弘不能胜其重，非毅无以致其远。仁者，人心之全德，而必欲以身体而力行之，可谓重矣。一息尚存，此志不容少懈，可谓远矣。"①《论语·学而》中说："曾子曰：'吾日三省吾身：为人谋而不忠乎？与朋友交而不信乎？传不习乎？'"朱熹解释说：尽自己的心叫做忠；用真实对人叫做信；传习，指熟练掌握从老师那里接收来的知识。

其次，从道德教化上看。道德教化是儒家更为广泛的社会实践活动，其教化的对象是整个民族成员。《大学》中的"三纲领""八条目"创设了民众通过道德修养提升道德人格的基本目标。朱熹注文加深了"三纲领"的道德教化力度，使其更具有可遵循性："明德"，指人从天那里禀受的虚灵光明。人具备了所有的理来应接一切事物，只是由于被禀气局限，被人欲所障蔽，人有时会发昏。"明明德"，指求学者借着"明德"所发出的光辉而去将它发扬光大，以恢复它的本来面目，以具众理而应万事。"亲民"，在于使民众克除旧的习染，自己发扬光大自身的明德之后，还要推广到别人。"止于至善"，专注进取并达到事物的当然之极。"八条目"是对"三纲领"的具体贯彻，"三纲领"是主体成人的境界，"八条目"是对主体成人的培养过程，是个别主体成人的社会责任践履。

再次，从儒家学者的自善意识上看。经世致用体现了儒家对社会责任的担当。它集中体现为对人的主体性的资质培养和对社会的道德教化。这一应用向度至少会导致两种结果：被君主接受或不被接受。这在一定程度上阻滞着儒家思想的言路效应，例如孔子不士，退而修《诗经》《尚书》《礼记》《乐经》；孟子"才有英气"不见用而退与万章之徒序《诗经》、《尚书》，作《孟子》七篇。

中国思想史上的学者，当其经世思想主张受到时世阻限时，他们仍关注社会世运，退而序经著述，将他们的经世观念渗透到学术实践中，孔、孟的人生实践给后世儒家学者树立了光辉典范。《孟子·尽心上》说："故士穷不

---

① [宋]朱熹撰，陈立校点：《四书章句集注》，辽宁教育出版社1998年版，第109页。

失义，达不离道。穷不失义，故士得己焉；达不离道，故民不失望焉。古之人，得志，泽加于民；不得志，修身见于世，穷则独善其身，达则兼善天下。"

君子之仕，穷达有节、有义，不以富贵利达或贫穷困厄而丧失道义。得志时不离开道，穷困时不失掉义，保持自己的品格。得志时施恩惠于百姓，不得志时注重修养个人品格，以显示于世人。穷困时修养完善自身，得志时使天下普遍完善。朱熹认为此段话"言内重而外轻，则无往而不善"①。"内重"，朱熹点明的是士者处身之道的表里相符，即内在德性与外在德行的一致性。"士穷不失义，达不离道"，朱熹释谓："言不以贫贱而移，不以富贵而淫，此尊德乐义见于行事之实也。"② 为什么会"民不失望"于士呢？"得己，言不失己也。民不失望，言人素望其兴道致治，而今果如所望也。"③ 士的人生得失与民众所寄密切相关，也体现了儒家学者立身治学以为公众和社会利益的经世致用的价值追求。

第三节　朱熹《四书集注》的政治伦理精神

中华文明能够源远流长，其基本原因之一，在于思想家们积极探索治世理民的方法，也可以说中国哲学、中国传统伦理在本质上是一种以治世理民为目的的学问。从这个意义上说，中国传统伦理本质上是一种政治伦理。时代不同，历代思想家的政治伦理思想也各有特色，其社会影响也不尽相同，其中朱熹的政治伦理思想是我国封建社会后期影响最大的政治伦理思想。实际上，朱熹政治伦理思想在我国封建社会后期始终是官方意识形态，起到了维护社会和谐和规范人们行为的作用。

---

① ［宋］朱熹撰，陈立校点：《四书章句集注》，辽宁教育出版社1998年版，第380页。
② ［宋］朱熹撰，陈立校点：《四书章句集注》，辽宁教育出版社1998年版，第380页。
③ ［宋］朱熹撰，陈立校点：《四书章句集注》，辽宁教育出版社1998年版，第380页。

一 知识与道德：《四书集注》诠释的二重进路

对于朱熹而言，他的《四书集注》与理学指的是同一个对象，即一种以复兴先秦孔孟精神为宗旨的新儒学形态。"四书"是以孔子为主的先秦思想家根据春秋战国时代需要而倡扬的一套包括政治、伦理道德、教育、艺术等在内的思想学说，而理学则是宋儒在特定历史条件下建构起来的一整套以理气、道器、阴阳、体用、有无、知行、理欲、义利等为主的哲学体系。如何沟通两者的关系呢？朱汉民认为，朱熹对"四书"的诠释使得两个时代的学术思想能够得以融通，诠释活动是使古老经典具有时代光彩的根本原因。而诠释活动又是由诠释者、诠释对象和诠释方法三者构成的。对于本书的论域来说，"四书"是诠释对象，朱熹是诠释主体，即理学思想体系的建构者。朱熹能够从"四书"中获得理学思想的经典依据，其诠释方法需要引起我们的关注。

朱熹所诠释的对象是儒家经典"四书"，朱熹是儒者，那么，其诠释方法也应该体现出儒者的特点。孔子以"志于道"来定义儒士，可见，古代的儒者不单单是指读书人，不只是能诵习经书的书生，而且是一个力图变革现实的、抱有文化理想的知识群体。从理想层面说，他们的文化使命就是"仁以为己任"，从而实现"天下有道"的社会；从现实层面说，他们总是通过"成己""成物"的实践活动来成就自己作为儒者的身份认同。从这个意义上说，"儒学"也就是包括一系列如何去实现"天下有道"的社会理想、实践途径的学说。基于此，朱熹对"四书"的诠释方法也有两方面内涵：一方面是通过阅读"四书"文本建构一种历史学、语言学、文献学、哲学知识体系的方法；另一方面他要从"四书"中寻找到成就"内圣外王"、建构理想社会的思想理论依据。

朱熹在许多地方，都论述到自己诠释经典的方法，而这些方法从大的方面着眼，仍包括知识体系的建构与价值层面的实践体悟两个方面。《论语·学而》记载："子贡曰：'贫而无谄，富而无骄，何如？'子曰：'可也。未若贫而乐，富而好礼者也。'子贡曰：《诗》云：'如切如磋，如琢如磨。'其斯之谓与?"朱熹注释说:"常人溺于贫富之中,而不知所以自守,故必有二者之病,无谄无骄,则知自守矣,而未能超乎贫富之外也……乐则心广体胖而忘其贫,好礼则安处善,乐循理,亦不自知其富矣……言治骨角者,既切之而复磋之。治玉石者,既琢之而复磨之。治之已精,而益求其精也。子贡自以无谄无骄为至矣,闻夫子之言,又知义理之无穷。"① 在这里,朱熹一方面强调立足于文献、语言方面的诠释方法,注重对文献语言的阅读、理解,另一方面又注重挖掘其中所蕴含的义理。也只有这样,才能完成一个"儒者"的文化使命,即通过对圣人之道的诠释,实现成己、成人的价值理想。朱熹的这种诠释路径所体现出的治学态度,可以从以下三个方面考察。

首先,对待经典的历史主义态度。朱熹在对"四书"进行诠释时,强调逐字、逐句、逐段理会经典,从而熟练掌握经典,而且要求深入思考原典中的道理;要参读历代各种经解、经传,在阅读经典的同时对历史文本能玩味贯通。故而他在训释"四书"时,能够坚持一种对经典的历史主义态度,尽可能避免因现实需要而曲解经典。也就是说,朱熹本人所获的义理,不是自己强加给经典的,而是来自经典的文本自身。朱熹对待经典的态度,一方面使先秦时期的"四书"能够成为其理学思想的经典文本依据;另一方面,又能使其理学思想的创新活动不损害原典的历史性文献地位,从而使理学成为儒家经学发展的一个历史阶段、一种学术形态,有利于帮助我们理清儒家思想在中国思想史上的发展脉络。朱熹所倡导的诠释方法,亦是一种要求能更真切、更深入地探讨原典的"道理",即所谓"圣人之心"的方法。

其次,还原历史经验与时代创新相结合的治学态度。朱熹说:"为学之初……凡遇一事,即当且就此事反复推寻,以究其理,待此一事融释脱落,然后循序少进,而别穷一事,如此即久,积累之多,胸中自当有洒然处,非文字言语之所及也。"② 朱熹诠释"四书"时,还要求学者将理解、诠释经典建立在"体验乎操存践履之实"的基础之上,体现出经典诠释活动是一种与现实社会相关联的创造性活动,经典中的道理本来就来源于现实生活、实践

---

① [宋]朱熹撰,陈立校点:《四书章句集注》,辽宁教育出版社1998年版,第54页。
② [宋]朱熹:《四书或问》,上海古籍出版社2001年版,第28页。

中人的"著切体认"。由于朱熹是生活在两宋时期的儒家学者,受这个时期的社会政治背景、思想文化观念、社会风尚的影响,他在理解、诠释经典时就必然带有那个时代的问题、观念、旨趣。事实上,朱熹在诠释"四书"的过程中"体认"出的许多问题,例如人心与道心、已发未发、格物致知,以及他在诠释"四书"的过程中所提出的新概念、范畴和思想观念,完全是那个时代的重大问题和主要思想,体现出朱熹重建新的思想体系的学术创造。

最后,体现出朱熹"学贵自得"的治学态度。《孟子·离娄下》云:"君子深造之以道,欲其自得之也。自得之,则居之安。居之安,则资之深。资之深,则取之左右逢其原。故君子欲其自得之也。"朱熹注说:"言君子务于深造而必以其道者,欲其有所持循,以俟夫默识心通,自然而得之于己也。自得于己,则所以处之者安固而不摇。处之安固,则所藉者深远而无尽。所藉者深,则日用之间,取之至近,无所往而不值其所资之本也。"① 陈荣捷先生在《朱子新探索》一书中,指出朱子解《孟子·离娄下》第十四章中的"自得"为"自然之得"。需要指出的是,陈先生侧重于阐明朱子解孟子之"自得",而并没有揭示朱子关于"自得"的全部意蕴②。朱子认为,孟子的"自得"强调了"自然而得",而"得于己"则是"自得"的应有之义。朱子认为,在儒家前贤那里,治学与做人是统一的。因而,朱子主张,无论是治学还是做人,都要以提高自己的道德人格为目标,将自己天赋的德与能充分发掘与发挥,实现人作为万物之灵的最大价值,亦即实现由"明明德"而"亲民",至"止于至善"的《大学》之道。

二 "为学"亦"为政":以《大学章句》为例的解读

为学与为政的关系,犹如"内圣"与"外王"之关系,二者不可偏废。在传统儒家话语体系中,政治("外王")虽为儒学的价值取向之一,但在儒家思想的正统理解和前提预设中,道德("内圣")永远优先于政治("外

---

① [宋]朱熹撰,陈立校点:《四书章句集注》,辽宁教育出版社1998年版,第316页。
② 陈荣捷:《朱子新探索》,华东师范大学出版社2007年版,第220页。

王")。基于为学亦为政的认知前提,以《大学章句》为例,可以窥见朱熹《四书集注》的政治伦理意蕴。

在《大学章句序》中,朱熹开宗明义提出:"大学之书,古之大学所以教人之法也。"接着在开篇表达了逐渐递进的三个方面的思想:"为什么要学""学什么"和"学的目的是什么"。第一,自从天降下民众之后,莫不给他们一个仁义礼智的本性。然而由于他们的禀气往往不能相同(人们禀气清浊不同,对本性障蔽的程度也不同),所以不能够都有条件知道自己的本性的内涵从而加以保全。一旦有聪明睿智并能穷尽自己本性的人出现,天必命"能尽其性"者帮助"未尽其性"者"复其性",从而产生了"为什么要学"(道德教化的必要性)的问题。第二,与"为什么要学"相关的问题是"学什么"的问题。朱熹区分了小学与大学的不同内容,小学的施教对象是八岁后的王公以下直到庶人的子弟,教学内容为"洒扫、应对、进退之节,礼乐、射御、书数之文";而大学之教是"大人之学",是一种精英教育,教学对象是天子之元子、父子,直到公、卿、大夫、元士的嫡长子,以及普通民众的优秀子弟,教他们穷理、正心、修己、治人之道。第三,明确了前面两点之后,"学的目的是什么"就成了最为关键的问题。儒家"精英教育"的目的在于使人以某种方式知道自己本性天分中所固有的内涵、自己职责本分中所应该做的事情,从而各自埋头尽自己的力量。这就是政治上兴隆,社会风气和美的原因,这便是"治隆于上,俗美于下"。从朱子《大学章句序》中的这三点内容,我们可以看出其"为学"包含着"为政"的思想,两者是相辅相成的。

我们再从《大学章句》的内容来看,朱子将《大学》分为经文和传文。在"经文"中,朱熹在对《大学》"三纲领"的诠释中体现出"为学"与"为政"相互渗透的思想。"三纲领"中的"明明德"与"亲民"是就个体道德实践层面而言的,"止于至善",则是就精神实践层面而言的,所以"三纲领"的逻辑起点是"明明德"与"亲民"。朱熹在注"物有本末"时说:"明德为本,新(亲)民为末……本始所先,末终所后。"①

在此,"明明德"即是"为学"之过程。"天道流行,发育万物,其所以

---

① [宋]朱熹撰,陈立校点:《四书章句集注》,辽宁教育出版社1998年版,第1页。

为造化者，阴阳五行而已。而所谓阴阳五行者，又必有是理而后有是气，及其生物，则又必因是气之聚而后有是形。故人物之生必得是理，然后有以为健顺仁义礼智之性；必得是气，然后有以为魂魄五脏百骸之身。……惟人之生乃得其气之正且通者，而其性为最贵，故其方寸之间，虚灵洞彻，万理咸备，盖其所以异于禽兽者正在于此，而其所以为尧舜而能参天地以赞化育者，亦不外焉，是则所谓明德者也。"①"亲民"即是自己心明而推广之，即是"为政"的过程。

在"经文"中，朱熹将"八条目"解释为"大学之序"，朱熹说："格物、致知、诚意、正心、修身者，明明德之事也。齐家、治国、平天下者，新（亲）民之事也。"②"修身"及以上的诸条目，是己之"为学"的功夫，"齐家"以下的诸条目，是己之"为政"的外在实践过程。此处也是朱熹"为学"与"为政"相统一思想的例证。

朱熹在对"传文"的诠释中，特别强调"尽己"的重要性。朱熹说："富则能润屋矣，德则能润身矣，故心无愧怍，则广大宽平，而体常舒泰，德之润身者然也。""盖是四者（忿懥、恐惧、好乐、忧患），皆心之用，而人所不能无者。然一有之而不能察，则欲动情胜，而其用之所行，或不能不失其正矣。……心有不存，则无以检其身，是以君子必察乎此，而敬以直之，然后此心常存而身无不修也。"③"尽己"是穷理、诚意、正心的前提。

朱熹在解释"齐家"以下之事时，强调了"推己"的重要性，"推己"可以齐家、治国、平天下。自己具有善行，然后才可以责成别人向善。自己没有恶行，才可以纠正别人的恶行。"皆推己以及人，所谓恕也。"不这样做，"则所令反其所好，而民不从。……是以君子必当因其所同，推以度物，使彼我之间各得分愿，则上下四旁均齐方正，而天下平矣"④。朱熹曾注："尽己之谓忠，推己之谓恕。""忠恕之道"是君子追求的价值目标，同时也体现了朱子在《大学章句》中"为学"与"为政"相统一的思想。

---

① [宋] 朱熹：《四书或问》，上海古籍出版社2001年版，第3页。
② [宋] 朱熹：《四书或问》，上海古籍出版社2001年版，第7页。
③ [宋] 朱熹撰，陈立校点：《四书章句集注》，辽宁教育出版社1998年版，第6页。
④ [宋] 朱熹撰，陈立校点：《四书章句集注》，辽宁教育出版社1998年版，第8-9页。

《大学章句》是研究朱熹的入门之书，然而关于《大学章句》的主旨思想是"为学"还是"为政"这个问题，学术界有争论。笔者认为，朱子《大学章句》中的"为政"思想是对古本《大学》"为政"思想的补充与发展。古本《大学》脱胎于《礼记》，其所代表的思想为先秦时期儒家学者对时代社会的一种高远政治理想的期求与呼唤。朱熹的《大学章句》，尤其是补传，完全是从理学诠释出发，因而不可能科学地恢复《大学》的本来面目。简言之，《大学章句》的理论创新不仅仅体现在补充与完善了儒家修身理论，还体现在对儒家政治理论的高扬与彰显。任继愈先生说：朱熹对中国传统文化，如《大学》《中庸》的诠释，给以新内容，虽未必完全符合古代曾子、子思的原旨，但却适应宋明社会的需要，所以能维持八九百年不衰。朱熹的结论，今天未必可采，但朱熹走的道路、继承和创新的方法值得借鉴①。窃以为任先生所言是也。

三 "王道"政治：《四书集注》对理想社会治理模式的伦理诉求

在先秦儒家思想中，政治生活历来都是思想家们所关注的主题之一，而"王道"则是儒家学者所努力追寻的一种理想政治状态。一般说来，"王道"就是符合道义原则的政治，是先秦儒家对优良政治的崇高道德诉求。先秦儒家代表人物孔子、孟子、荀子对于"王道"理想甚为推崇，并基本确立了儒家"王道"理想的理论框架、价值理念与操作方案。宋代朱熹作为儒学的集大成者，一改先秦两汉儒家对"王道"就是"先王之道"的理解，用形而上学的方式理解和把握"王道"，认为"王道"即符合"天理"的政治，将传统儒家的道义论政治哲学推进到了一个新的阶段。

"王道"一词最早见于《尚书·洪范》，其曰："无偏无党，王道荡荡；无党无偏，王道平平；无反无侧，王道正直。"意指"王道"大公无私，政治无偏。按照"王道"那样处事公正、坦坦荡荡，国家治理自然就会井然有序。

---

① 任继愈：《朱熹格物说的历史意义》，《南昌大学学报（人文社会科学版）》2001年第1期，第1—3页，第17页。

"王道"一说在上古时期已经开始出现，后被先秦诸子所认同，儒家对其甚为推崇，并将其视为上古先王、先圣的美德传统。

孔子在《论语》中对尧舜的赞美使用了"大哉""巍巍乎""荡荡乎"等词汇，并明确表达了"从周"的立场，并认为自己是尧舜、文武、周公传统的倡导者和继承者，他说："周监于二代，郁郁乎文哉！吾从周。"（《论语·八佾》）"甚矣，吾衰也！久矣，吾不复梦见周公！"（《论语·述而》）正因如此，《礼记·中庸》说："仲尼祖述尧舜，宪章文武。"这无疑是孔子思想传统的一个真实写照。可见，孔子所青睐的"王道"就是尧、舜、禹、汤、文、武、周公所行之道，几乎等同于"先王之道""先圣之道"。

战国时期的孟子、荀子把"王道"理解为符合道义原则的政治治理。孟子谈"王道"也是追溯到先王，《孟子·滕文公上》说："孟子道性善，言必称尧舜。"较之孔子，孟子对实施"王道"的必要性进行了更为细致的论证，《孟子·公孙丑上》说："以德行仁者王，王不待大。……以德服人者，中心悦而诚服也，如七十子之服孔子也。"孟子还认为，只有"道义"才是政治追求的根本目标，《孟子·梁惠王上》说："王！何必曰利，亦有仁义而已矣。"孟子还对尧舜的事迹进行了细致描述。在孟子看来，上古时代人们的生存环境十分恶劣，尧、舜、禹等贤君相继禅让，大行利民之道，最终使先民安居乐业。孟子还认为，天下的兴衰取决于圣贤之君，《孟子·滕文公下》说："尧、舜既没，圣人之道衰，暴君代作……使民不得衣食。"荀子对"王道"的理解与孟子大体相同，《荀子·王制》说："仁眇天下，义眇天下，威眇天下。仁眇天下，故天下莫不亲也。义眇天下，故天下莫不贵也。威眇天下，故天下莫敢敌也。以不敌之威辅服人之道，故不战而胜，不攻而得，甲兵不劳而天下服，是知王道者也。"孟子和荀子都是"法先王之道"，只是孟子掺杂了"以古讽今""厚古薄今"的意涵，荀子则是在历史的张力中探讨"王道"。

先秦儒家的"王道"理想是上古至殷周政治文明演进和积淀的自然结果，尧、舜、禹、文、武、周公的美德传说直接构成了先秦儒家"王道"理想的思想素材。在中国文化中，存在着诸多有关上古政治事件的记载以及神话传说，尽管稀奇古怪，但是未曾直接脱离现实生活。透过这些神话故事与传说，我们可以看到对"人"的关照的政治伦理思维，这种宗教情节到了殷代更加浓郁，任继愈先生将这种现象称为"宗教政治伦理观"。但是，后来随着周代政治氛围的变化，敬德保民、以德配天的思想日益被认可，政治生活中的宗教情节渐渐淡化，人文精神日益增长，从而助长了先秦儒家"王道"思想的形成。

先秦儒家"王道"思想已经把道义作为评判的标准，但是，由于历史条件和思维水平的限制，他们并没有把对"王道"的探讨当作一个纯粹的形而上学问题，而是一直把有关"王道"的理念与某种历史存在联系在一起进行讨论，也把它看作一个历史概念，看成三代以上的圣王治理国家的统治之术与所施行的政治制度和治国方法。总之，在先秦儒家的认识中，"王道"即"先王之道"，其所应遵循的道义原则都来源于三代以上圣王治国的历史经验。

我们应该看到，先秦儒家把"王道"等同于"先王之道"也具有一定的历史局限性。"王道"作为一种政治理想，是人凭借理性对应然政治生活的结果的追求，因此不可能等同于任何历史时期的现实政治。其原因在于，不同历史阶段所面临的人类的现实生活状况是千差万别的，不同历史时代各有其特殊性，特定时代的统治方法，对以后的人类社会来说，只可能有借鉴意义却不可能成为普遍的指导原则，更不可能成为任何历史时期都普遍适用的政治理想。宋代二程已经意识到作为道德法则的"道义"不是来自先王以及圣王的历史经验，而是先验地存在于人类社会之外。程颐说："圣贤德业久大，得易简之道也。天下之理易简而已。……以幽明之故，死生之理，鬼神之情状观之，则可见天地之道。"① 程颢说："道，一本也。或谓以心包诚，不若以诚包心；以至诚参天地，不若以至诚体人物。是二本也，知不二本，便是笃恭而天下平之道。……天地万物之理，无独必有对，皆自然而然，非有安排也。"②

---

① 北京大学哲学系中国哲学史教研室：《中国哲学史教学资料选辑》（下册），中华书局1982年版，第76-77页。
② 北京大学哲学系中国哲学史教研室：《中国哲学史教学资料选辑》（下册），中华书局1982年版，第72-73页。

朱熹进一步发展了二程的思想，他联系自然法则论证人类社会的道德法则，在形而上学的本体论层面上论证了政治所必须遵守的道义原则，使其成为独立不变的绝对价值准则。由此，朱熹已经不再把先王的政治经验理解为"王道"，而是在形而上意义上认为"王道"是普遍法则（即天理），它指导着人类社会的政治和精神生活。"王道"不是对历史经验的服从，而是对先验的普遍法则的服从，是对"天理"的服从。这一变化体现了思想家政治伦理思维水平的提高和中国传统政治伦理思想哲理化程度的深化。

朱熹对"王道"的理解，主要得益于他对于"理"与"气"问题的讨论。在朱熹的思想体系中，"理"或"道"是事物所以然和本原，是形而上的存在。"气"是形而下的存在，可以由感性来把握。"问：'先有理，抑先有气？'曰：'理未尝离乎气，然理形而上者，气形而下者，自形而上下言，岂无先后？'……或问：'必有是理然后有是气，如何？'曰：'此本无先后之可言，然必欲推其所从来，则须说先有理。然理又非别为一物，即存乎是气之中。无是气，则是理亦无挂搭处。气则为金、木、水、火，理则为仁、义、礼、智。'"① 朱熹认为，形而上之"理"与形而下之"气"的先后并不等同于时间的先后，他说："先有理，只不可说是今日有是理，明日却有是气也，须有先后，且如万一山河大地都陷了，毕竟理却只在这里。"② 在朱熹的哲学中，天理具有本体意义，它派生了人类生活所应遵循的所有伦理道德原则，对于任何时期的人来说都具有普遍性。这表明朱熹已经在更抽象的水平上把握了人类社会的道德法则。

朱熹用形而上学的方法把握了"天理"和"道"，同时也对"王道"这一概念做出了不同于先秦两汉思想家的理解。"天理"是人类社会政治生活所必须遵守的普遍法则，即使是圣人也必须绝对地遵守，他说："道者，古今共由之理。……尧所以修此道而成尧之德，舜所以修此道而成舜之德。"③ 在朱熹

---

① 北京大学哲学系中国哲学史教研室：《中国哲学史教学资料选辑》（下册），中华书局1982年版，第106页。
② 北京大学哲学系中国哲学史教研室：《中国哲学史教学资料选辑》（下册），中华书局1982年版，第107页。
③ 黎靖德：《朱子语类》，中华书局1994年版，第231页。

看来，三代以上圣王的统治符合了作为普遍法则的天理，所以三代以上圣王的治理才具有理想的意义。朱熹把"王道"理解为符合天理的政治，就是要以道义为标准衡量古往今来的一切政治，从而把"王道"理论提升到哲学本体的高度。

第三章

天理论：朱熹《四书集注》政治伦理思想的基本原则

天理论在朱熹政治伦理思想中居于核心地位，它贯穿朱熹整个政治伦理体系。朱熹说："孔子所谓'克己复礼'，《中庸》所谓'致中和'，'尊德性'，'道问学'，《大学》所谓'明明德'，《书》曰'人心惟危，道心惟微，惟精惟一，允执厥中'。圣贤千言万语，只是教人明天理，灭人欲。"① 上一章已述及，朱熹与先秦两汉思想家的一个重要不同点，就在于他在形而上的本体论高度上理解和把握了社会政治生活的道德准则，这在很大程度上得益于他对"天理"这一概念的认识与把握。在朱熹的思想体系中，天理是客观物质世界的本原，是支配客观世界万事万物规律，乃至人类社会发展规律的根本法则，即人类社会生活所必须遵循的普遍原则的终极合理性总根源。在此意义上说，朱熹的天理论是理解其整个政治伦理思想体系的关键所在。

第一节 20世纪以来的朱熹"存天理，灭人欲"研究

天理和人欲是我国古代哲学史上十分重要的一对对立概念，也是中国伦理思想史上的重大理论问题之一。宋明理学讨论最多的是天理人欲之辨，南宋朱熹是理学中有关该问题的集大成者。朱熹认为"天理存则人欲亡，人欲

---

① 北京大学哲学系中国哲学史教研室：《中国哲学史教学资料选辑》（下册），中华书局1982年版，第111页。

胜则天理灭"①，其理学思想也主要体现在"存天理，灭人欲"这一观点上。天理人欲之辨是朱熹哲学的一个核心问题，在中国经学思想史上占有非常重要的地位，对宋元以降的中国社会乃至整个东亚社会都产生了深刻的影响。

朱熹的理欲观，早在民国时期就备受国内学者关注。20世纪下半叶以来，随着国内学界对宋明理学研究重视程度的不断提高，国内有越来越多的学者对朱熹的理欲观进行研究。研究成果涉及朱熹理欲之辨的背景、内涵、特点、历史影响与当代价值等方面。本节拟对20世纪以来国内关于朱熹天理人欲之辨的现状予以梳理与述评。

一 民国时期对朱熹理欲观的讨论

民国时期，对于朱熹的"存天理，灭人欲"的提法，既有辩护者，又有批评者。具有代表性的学者主要有胡适、冯友兰和张岱年等。讨论的内容主要涉及以下几点。

（一）"推崇理性"的进步作用与"排斥情欲"的消极作用

1924年，胡适在《戴东原的哲学》中对程朱理学和朱熹的"存天理，灭人欲"做出了深入分析。胡适认为："理学的运动，在历史上有两个方面，第一是好的方面。学者提倡理性，以为人人可以体会天理，理附着于人性之中；虽贫富贵贱不同，而同为有理性的人，即是平等。"②胡适还阐述了理学对当时社会的积极作用，"颂赞理学运动的光荣"，认为理学深入人心之后，会不知不觉地提高个人的价值，人就不羡慕富贵利禄，不畏惧威武刑戮。"理既是不生不灭的，暂时的失败和压制终不能永远把天理埋没了，天理终有大白于天下的一日。我们试看这八百年的政治史，……就可以知道理学家在争自由的奋斗史上占的重要地位了。"③

---

① 黎靖德：《朱子语类》，中华书局2011年版，第224页。
② 洪治纲主编：《胡适经典文存》，上海大学出版社2004年版，第80页。
③ 洪治纲主编：《胡适经典文存》，上海大学出版社2004年版，第80-81页。

与此同时，胡适还阐述了理学的"坏的方面"：一是将主观臆说视为天理而强人服从，二是视人的情欲为仇敌。制定了许多不近人情的礼教，来以理杀人、吃人。胡适列举了"饿死事极小，失节事极大"，指出"这分明是一个人的私见，然而八百年来竟成为天理，竟害死了无数无数的妇人女子"①。胡适认为，戴震把"情、欲、知，三者一律平等看待，都看作'血气心知之自然'。这是对那些排斥情欲，主静、主无欲的道学先生们的抗议。……因为有知，欲才遂得，情才得达。又因为有知，人才能推己及人，才有道德可说。理想的道德是'使人之欲无不遂，人之情无不达'"②。

继胡适对朱熹的理欲观进行批评之后，1935年，李石岑的《中国哲学十讲》也批评了朱熹的理欲论。李石岑认为，朱熹的天理人欲说，来源于其绝对观念。在朱熹的绝对观念中，世界被分为真实界和迷妄界，因而在他的修养方法里，就有天理人欲说。李石岑高度评价戴震对朱熹理欲观的批评，指出："戴东原（戴震）的哲学，则为针对宋代一般学者的思想而发，其对晦庵攻击之处，更为鞭辟近里。晦庵主张存天理、去人欲，东原则明目张胆地认天理和人欲并非两事，因而揭起理欲一元论的旗帜。……东原认血气是就欲的方面而言，心知是就理的方面而言，都是属于一种自然状态。但是必定先有血气之欲，然后才能有心知之理。'有血气则有心知'一语，是东原理欲一元论的中心思想。"③应当说，李石岑对朱熹理欲观的批评，也是从理欲不可分的角度展开的，与胡适是一致的。

（二）"存天理，灭人欲"中的"人欲"亦称"私欲"

1934年，冯友兰在其《中国哲学史》中，根据朱熹关于"人心"与"道心"的区分，特别强调朱熹"存天理，灭人欲"中所谓的"人欲"为"恶欲"。冯友兰指出："性为天理，即所谓'道心'也。因人之有气禀之形而起之情，其'流而至于滥'者，则皆人欲，即所谓'人心'也。人欲亦称私

---

① 洪治纲主编：《胡适经典文存》，上海大学出版社2004年版，第81页。
② 洪治纲主编：《胡适经典文存》，上海大学出版社2004年版，第77页。
③ 李石岑：《中国哲学十讲》，江苏教育出版社2005年版，第259页。

欲。"① 冯友兰认为，朱熹把欲比喻为水流至于滥者，而"不滥者"，不能名为欲。这就说明朱熹把"人欲"名为"恶之欲""私欲"。1939年，冯友兰的《新理学》出版。该书认为，戴震以及其他反对朱熹的理欲之辨的人，都误解了宋儒关于"人欲"的含义，"宋儒并未说过'凡饥饿愁怨，饮食男女，常情隐曲之感'都是欲或人欲。只有其中之所谓反乎人之所以为人者方是欲或人欲。……在宋儒中，欲或人欲亦称私欲"②。

冯友兰将朱熹"存天理，灭人欲"中的"人欲"解说为"私欲"，为当时的范寿康、张岱年所接受。范寿康在1937年出版的《中国哲学史通论》中指出戴震对宋儒的理欲之辨的攻击是错误的。其实宋儒所讲的"人欲"，"实即欲之失于私的那种私欲，并非指一切的欲望而言"③。张岱年于同年撰写的《中国哲学大纲》中，也否定了戴震对宋儒理欲论的批评，他把朱熹的"人欲"分为"公共之欲"和"私意之欲"。他说："饥食渴饮，本都是欲；但这种欲是公共的，故谓之天理。……将欲之一词，专限于非基本的有私意的欲。"④

（三）"存天理，灭人欲"的适用对象

民国时期的学者们还讨论了朱熹的"存天理，灭人欲"的适用对象问题。1932年，冯友兰发表的《朱熹哲学》一文认为，在朱熹看来，要实现圣贤之君的"王道"，就必须要有"惟精惟一"的功夫，"以不使天理得以流于人欲"，"若英雄豪杰之君，本无此修养，其行事往往出于人欲之私"⑤。显然，冯友兰认为，朱熹的"存天理，灭人欲"也适用于统治者。周谷城在1939年出版的《中国通史》中认为朱熹的"存天理，灭人欲"不但适用于统治阶级，也适用于人民、知识分子。"君主用此以统治天下，为令主；人民以此守以秩序，为顺民。……知识分子依据着'存天理，灭人欲'之原则以保种族，以

---

① 冯友兰：《中国哲学史》，上海商务印书馆1934年版，第918页。
② 冯友兰：《新理学》，长沙商务印书馆1939年版，第155页。
③ 范寿康：《中国哲学史通论》，上海开明书店1937年版，第431页。
④ 张岱年：《中国哲学大纲》，中国社会科学出版社1982年版，第415页。
⑤ 冯友兰：《朱熹哲学》，《清华学报》1932年第2期，第15-18页。

辅君主，以导人民。"①

从以上所述可以看出，民国时期对朱熹"存天理，灭人欲"的讨论，具有不同的观点。胡适推崇朱熹理学对理性的倡导和其中的平等观念，批评朱熹把"天理"与"人欲"对立起来。冯友兰批评戴震对朱熹哲学的误解，指出朱熹所"灭"之"欲"为"私欲"，同时从政治哲学的视角解读朱熹的理欲观。这些观点对当今朱子学的研究，乃至对当今处理"天理"与"人欲"的关系，仍具有重要的学术价值。

二 当代学者对朱熹理欲之辨的研究与争鸣

20 世纪 80 年代之后，当代学者进一步深化和拓展了民国时期对朱熹理欲观的研究，这一时期对朱熹"存天理，灭人欲"的研究，内容涉及朱熹理欲之辨的内涵，朱熹理学中"天理"与"人欲"的关系，朱熹理欲观的历史作用与当代价值等问题。

（一）"天理""人欲"的含义

1981 年，张立文在其《朱熹思想研究》一书中，根据朱熹的论述，认为"天理"有三层含义：第一，"天理"就是"三纲五常"，即封建道德伦理；第二，"天理"是"心之本然"；第三，"天理"是"善"，即"天命之性""道心"。与天理相对立的"人欲"也有三层含义：第一，"人欲"是心之"疾疢"，即心的病态；第二，"人欲"是"恶底心"；第三，"人欲"是为"嗜欲所迷"，即被物质欲望所迷惑或蒙蔽而产生的恶念。张立文认为，朱熹对二程"人心"即是"私欲"的观念，作了两点修正和补充：其一，"人心"不完全是"人欲"，因"人心"有善有恶，圣人亦具有，"人欲"则是"恶"的，是圣贤所不具有的。其二，"人欲"又不尽同于"欲"。例如，饮食"合当如此"，是"欲"，但不是"人欲"，因为它是合理的，包含着"天理"；"合不当

---

① 周谷城：《中国通史》（下册），上海开明书店 1939 年版，第 957 页。

如此",是"人欲",便是所谓"要求美味",是不合理的,与"天理"对立的①。

熊吕茂认为,朱熹所说的"天理"除指"三纲五常",即封建伦理道德之外,还有两种重要含义:其一,"天理"指合乎规律的自然法则,即形而上之道;其二,"天理"指人的思维规律,有理性思维之义。朱熹所说的"人欲"应包括两层含义:一是指人为不正常的违反自然法则的无节制的欲望;二是指符合"天理"之欲,如饥食渴饮都是欲,是正常的不得不满足的②。

张锡勤就学界以基本的欲与非基本的欲来界定朱熹的"天理"和"人欲",即人们基本的欲求属于正当的欲,为"天理",超过基本需求的则是非正当的,属于恶的人欲的说法提出疑问,认为这种界定至少存在两方面的问题:其一,它与不平等的封建等级制的基本精神不符合。其二,它与儒家所向往的理想社会、理想生活蓝图以及儒家的人生态度不相符合。张锡勤认为,理学家所讲的天理、人欲之辨,所要辨明的乃是人们行为动机的正确性、合理性。在中国古代社会,判断所谓正确、合理的标准自然是封建道德准则。因此,朱熹所肯定的正当的欲即"天理",系指符合封建道德和自己等级地位的欲求,与之相反的则是"人欲"③。

(二)"天理"与"人欲"的关系和理欲之辨的实质

谭承耕认为,朱熹所讲的"天理"和"人欲"是互相关联的,二者互为前提,"天理"和"理"一样,必须寄搭安顿在一个地方,这个处所,就是人的一般正常欲望。如果寄搭安顿得好,这个欲望就成为"天理"的一部分;如果安顿得不好,那欲望就会走向反面,成为不符合"天理"的"人欲"了。同时,"天理""人欲"不相容:"天理"存,则"人欲"亡;"人欲"胜,则

---

① 张立文:《朱熹思想研究》,中国社会科学出版社1981年版,第524-529页。
② 熊吕茂:《"存天理,灭人欲"思想的现代启示——重评朱熹的理欲观》,《湖南科技大学学报(社会科学版)》2004年第2期,第11-14页。
③ 张锡勤:《"天理"、"人欲"小议》,《道德与文明》2005年第1期,第28-30页。

"天理"灭①。

韩东屏、潘红霞认为，首先，"天理"与"人欲"相互对立。这种对立的性质是公与私、是与非的对立。这种对立有三种外在表现形式：其一是胜败进退的形式。此胜则彼退，彼胜则此退。其二是消与克的形式。在知识缺乏时，人心被私欲所冲塞；获得丰富的知识时，"天理"就克服了"人欲"。其三是多少、消长的形式。即"天理""人欲"由各自所占比例的多少而出现此消彼长的现象。其次，"天理"与"人欲"又是统一和谐的。其一是两者相辅相成，互为关照。"天理"必须依托在"人欲"中，否则就只是虚无。其二是两者相互融合，难以分离，"人欲"中自有"天理"。其三是"天理人欲，同行异情"。两者划分标准是相对的，两者在统一中是可以相互转化的②。

关于朱熹理欲之辨的实质问题，江雪莲认为，理欲之辨的落脚点是公私之辨。"如果说，义利之辨侧重于从社会关系的角度来反映公私之辨，那么也可以说，理欲之辨侧重于从个体的理性与感性欲望的关系的角度来反映公私之辨。"③吴长庚认为，朱熹的"存天理，灭人欲"这一命题是对中国古圣先贤人文教化要旨的高度概括，"'存天理'就是向善，'灭人欲'就是去恶。'存天理灭人欲'就是防范个人欲望的过度膨胀，追寻维护社会道德政风和民风的和谐与美好。所以，'存天理，灭人欲'说归根结底还是人性修养问题"④。徐公喜认为："'存天理，灭人欲'是以朱熹为代表的宋明理学理治社会核心价值的经典总结。'存天理，灭人欲'是道统圣人之言的体现，是人与自然、社会、万物的和谐统一，也是社会合理性的反映。'存天理，灭人欲'是政治警示批评性与平民世俗约束性的统一。"⑤

---

① 谭承耕：《"存天理，灭人欲"命题新评——朱熹理欲观之现实价值》，《船山学刊》1996年第1期，第40-50页。
② 韩东屏、潘红霞：《朱熹理欲观新释》，《朱熹理学与晋江文化学术研讨会论文集》2007年。
③ 江雪莲：《宋明道学义利理欲之辨的实质》，《华南师范大学学报（社会科学版）》1998年第4期，第69-73页。
④ 吴长庚：《朱熹"存天理灭人欲"理论的重新认识》，《江西社会科学》2009年第12期，第7-13页。
⑤ 徐公喜：《朱熹理治社会核心价值论》，《江淮论坛》2011年第3期，第88-91页。

(三) 朱熹理欲之辨的历史作用和当代价值

关于朱熹理欲之辨的适用对象问题，吴长庚认为："朱熹'存天理灭人欲'……一是对皇上说的，二是对上层统治者说的，三是对学者士人说的，'天理人欲'说不属于平民、世俗文化，不是对平民大众说的。"① 任吉悌认为，朱熹"存天理，灭人欲"的基调包括两个方面："一方面是竭力维护封建阶级的纲常名教，以维护其统治；另一方面是遏止被统治阶级的物质欲望与要求。"②

关于朱熹理欲之辨的当代价值。史少博认为，"存天理，灭人欲"给我们的启迪就是遵循一定的准则，节制不合理的欲望，建立人与人、人与自然的和谐友好关系，构建"节约型"、可持续发展的和谐社会③。

黎昕认为，朱熹的理欲观是以理为至真至善，以伦理来主宰物欲的理欲观，把人的道德自律、社会责任感、使命感提高到了本体的高度，体现了儒家理性主义的特征。它作为中国历史上数百年来统一人们行为的思想范式，对于稳定社会秩序，对于中华民族注重气节、重品德、重自我节制的文化传统的形成，具有不可否定的历史作用。即使在今天的现实生活中，我们对物质生活的追求，也应建立在符合社会道德规范的理性的指导和支配上。因此，在今天的现实生活中，人的发展和自我价值的实现，必须以社会主义的道德规范来指导，这应当成为我们反思朱熹理欲观的共识④。

杨达荣认为，朱熹存理灭欲理论中的合理成分主要有：第一，强调为公，重视道德教育。天理人欲的矛盾，是公与私的矛盾，也是当前道德建设的根本。第二，欲要合理，不能徇情欲。社会主义也要遵守社会主义的政治、法

---

① 吴长庚：《朱熹"存天理灭人欲"理论的重新认识》，《江西社会科学》2009 年第 12 期，第 7 - 13 页。
② 任吉悌：《关于朱熹"存天理去人欲"的问辩》，《学术界》2001 年第 1 期，第 192 - 196 页。
③ 史少博：《朱熹"存天理、灭人欲"的当代解读与启示》，《中国石油大学学报（社会科学版）》2006 年第 1 期，第 68 - 71 页。
④ 黎昕：《朱熹理欲观评析》，《福建论坛（文史哲版）》1990 年第 5 期，第 26 - 32 页。

律、道德规范。没有一定的规范约束人们的行为，就根本谈不上社会的发展和进步。第三，当权者要带头克制私欲。强调领导带头，正人先要正己，社会主义社会依然适用①。

熊吕茂认为，朱熹的理欲观，对于我们如何正确处理国家、集体和个人三者之间的利益关系以及公与私的矛盾，具有积极的借鉴意义；对于规范人们的社会行为，保持人与自然和谐、人与人和谐的良好生存环境，是十分有益的；对于反腐倡廉，具有十分重要的警示作用②。

三 几点检讨：三种视角下的"存天理，灭人欲"

以上即是 20 世纪以来国内学者对朱熹"存天理，灭人欲"的讨论和争鸣情况的大概呈现。如何处理理欲、义利和公私关系，是中国哲学史上乃至当今理论界争论不休的话题之一。我们认为，根据朱熹的有关思想，结合学界相关讨论，从以下三个视角解读朱熹的"存天理，灭人欲"，或许更有利于理解朱子这一思想的内涵和当代意义。

（一）伦理视角下的"存天理，灭人欲"

伦理道德意义上的"天理"是"人伦之本"，即道德意义上的公义、道义，也就是社会的伦理法则与道德规范，因此"理"与"欲"的关系，就是伦理法则、道德规范与个人欲望的关系。在伦理意义上，为什么要讲"存天理，灭人欲"？我们可以从朱熹关于生与欲的关系、"道心"与"人心"的关系上来理解。

朱熹指出："饮食者，天理也；要求美味，人欲也。"③ 饥食渴饮都是欲，但这是不得不满足的欲，故称这种欲为"天理"。朱熹所说的"灭人欲"，是要遏制人的"私意之欲""贪欲"和"纵欲"。人生而有欲，生命的维持有待

---

① 杨达荣：《朱熹的天理人欲辨析》，《甘肃社会科学》1996 年第 3 期，第 9—12 页。
② 熊吕茂：《"存天理，灭人欲"思想的现代启示——重评朱熹的理欲观》，《湖南科技大学学报（社会科学版）》2004 年第 2 期，第 11—14 页。
③ 黎靖德：《朱子语类》，中华书局 2011 年版，第 224 页。

于基本欲望的满足。但是纵欲过度，必然戕害生命。生与欲二者存在着既统一又矛盾的关系，在生与欲的关系中，生重于欲。

在伦理视角下，朱熹还从"道心"与"人心"的关系上阐释"存天理，灭人欲"。在《中庸章句序》中，朱熹说："心之虚灵知觉，一而已矣。"朱熹认为，心的虚灵知觉只有一个，但它却有"人心"和"道心"的区分。"人心"根源于人的"形气之私"，是从人的"气质之性"发出的可善可不善之心；而"道心"是至善之心，是从纯粹的"天命之性"发出的。无论"上智"或"下愚"、"天子"或"庶人"，都毫无例外地具有"人心"和"道心"，但如果不用"道心"对"人心"加以控制和指导，就会使"人心"流于不善，危害社会。无私的天理就无法战胜自私的人欲。朱熹的这种以"道心"统帅"人心"的思想，从侧面反映了他的扬理抑欲的理欲观，即"存天理，灭人欲"。所以，伦理视角下的朱熹的"存天理，灭人欲"思想的实质就是引导人们用"道心"改造"人心"，就是坚持以"天理之公"战胜"人欲之私"。

（二）政治视角下的"存天理，灭人欲"

政治视角下的"存天理，灭人欲"具有上层建筑和意识形态的色彩，即"存天理，灭人欲"是封建地主阶级思想统治的工具。这里的"天理"的内涵就是"三纲五常"。由于封建等级制度的存在和阶级利益的不同，政治视角下的"存天理，灭人欲"必然出现形式和内容、理论和实践的矛盾。

路德斌、赵杰在《论程、朱天理、人欲之辨的合理内核及其价值嬗变》一文中认为，朱熹的天理、人欲之辨在实践操作层面表现出来的对人的尊严和权利的冷漠和无知，恰恰是儒家理论体系的固有缺陷所致。儒家思想家一方面高举"人皆可以为尧舜"的旗帜，以唤醒人性的自觉、人格的尊严和平等；另一方面，他们又自觉不自觉地为不平等的现实政治提供冠冕堂皇的理论说教，充当了君主专制制度的卫道士。朱熹为了确立其天理、人欲之辨在逻辑上或理论上的合理性，在内涵上对"存天理，灭人欲"作出圆融的解释，但在外延和实践层面上，不平等的社会现实，使他们无法把这种合理性真正落实下来。于是，在他们这里，善与恶、道德与非道德之间便失去了统一的价值标准而变得似是而非、价值混乱①。我们认为，这种矛盾现象的存在，并不是儒家理论体系固有缺陷所致，而是封建的剥削制度和等级制度使然。张锡勤针对学术界以基本的欲与非基本的欲来界定天理、人欲的偏差，提出以封建道德准则和等级地位来界定天理和人欲②，正是对这种矛盾的自觉认识的结果。

恩格斯在《反杜林论》中指出，任何道德都不可能是永恒的、终极的、不变的伦理规律，不可能有凌驾于历史和民族差别之上的不变的道德原则。"一切以往的道德论归根到底都是当时社会经济状况的产物。而社会直到现在是在阶级对立中运动的，所以道德始终是阶级的道德。"③ 恩格斯的论述对我们正确理解政治视角下的"存天理，灭人欲"具有十分重要的意义。

（三）社会历史观下的"存天理，灭人欲"

天理在朱熹那里具有规律、自然之意，即事物的所以然之故和当然之则。由此，我们可以引申出在社会历史领域也应有"存天理，灭人欲"。这里的"天理"指历史发展的总趋势，即时代之潮流、大势所趋、人心所向；这里的"人欲"指背离历史发展总趋势的欲望或私欲。

历史上的一定阶级对历史发展所起推动作用的大小，主要是看其在多大程度上顺应了历史发展总趋势，推动了生产力的发展和社会进步。马克思指出："无论哪一种社会形态，在它所能容纳的全部生产力发挥出来以前，是决不会灭亡的；而新的更高的生产关系，在它的物质存在条件在旧社会的胚胎里成熟以前，是决不会出现的。"④ 这就客观上要求我们既唯物又辩证地对待社会历史，科学处理人与社会历史的关系。

同时，正确理解和运用社会历史观下的"存天理，灭人欲"，还需要我们正确对待"恶"在历史发展中的作用。恩格斯指出："在黑格尔那里，恶是历

---

① 路德斌、赵杰：《论程、朱天理、人欲之辨的合理内核及其价值嬗变》，《东岳论丛》1997年第2期，第79-82页。
② 张锡勤：《"天理"、"人欲"小议》，《道德与文明》2005年第1期，第28-30页。
③ 《马克思恩格斯选集》（第3卷），人民出版社1995年版，第435页。
④ 《马克思恩格斯选集》（第2卷），人民出版社1995年版，第33页。

史发展的动力和表现形式。……关于这方面，例如封建制度和资产阶级的历史就是一个独一无二的持续不断的证明。"① 资本主义原始积累的历史，是用血和火的文字写成的，是对农民和殖民地残酷掠夺的结果，是滴着血和充满肮脏的东西的，应该说是恶的。但是，资产阶级却依靠它创造了比过去一切时代还要多、还要大的生产力，从而大大推动了人类社会生产力的发展和文明的进步。

第二节　朱熹天理观的理论内涵和价值取向

朱熹哲学尽管有其思辨哲学色彩，但实际上是一种为当时的社会结构、政权合法性、社会伦理、政治伦理及个人伦理提供合理性形而上论证的政治伦理体系。作为朱熹整个政治伦理思想体系的本体的天理论，其基本内涵和价值取向是什么？本节试以《四书章句集注》为主要文献予以探讨。

一　朱熹关于天的三层内涵：宇宙之天、主宰之天、天理之天

杨伯峻先生认为：《论语》中的"天"有三个意义："一是自然之天，一是主宰或命运之天，一是义理之天。"② 关于自然之天，《论语·阳货》曰："天何言哉？四时行焉，百物生焉，天何言哉？"《论语·泰伯》曰："巍巍乎唯天为大。"关于命运之天或主宰之天，《论语·雍也》曰："予所否者，天厌之！天厌之！"《论语·述而》曰："天生德于予，桓魋其如予何？"《论语·子罕》曰："吾谁欺？欺天乎！"关于义理之天，《论语·八佾》曰："获罪于天，无所祷也。"朱熹在《朱子语类》中对"天"有明确的定义："有说苍苍者，

---

① 《马克思恩格斯选集》（第4卷），人民出版社1995年版，第237页。
② 杨伯峻：《论语译注》，中华书局1980年版，第10页。

也有说主宰者，也有单训理时。"① 可见，朱熹仍然延续了《论语》中对"天"的解释，朱熹关于"天"的三层含义：一是指宇宙之天，二是决定万物的主宰之天，三是"天地万物之理"的天理之天。

宇宙之天，即指苍穹，即天空。对于天的宇宙论意涵，朱熹也有一定的阐述。"天运不息，昼夜辊转，故地㧜在中间。使天有一息之停，则地须陷下。惟天运转之急，故凝结得许多渣滓在中间。地者，气之渣滓也，所以道'轻清者为天，重浊者为地'。天以气而依地之形，地以形而附天之气。天包乎地，地特天中之一物尔。天以气而运乎外，故地㧜在中间，颓然不动。"② 可见，朱熹在阴阳之气运行、转换中观察天地。同时，我们也可看到朱熹哲学体系中独特的宇宙观，即天在外，地在中心，天围绕在地的周围，包围着地。朱熹的宇宙观不仅描绘了宇宙的基本格局，还涉及对阴阳五行等问题的探讨："天地统是一个大阴阳。一年又有一年之阴阳，一月又有一月之阴阳，一日一时皆然。……阴阳是气，五行是质。有这质，所以做得物事出来。五行虽是质，他又有五行之气做这物事，方得。然却是阴阳二气截做这五个，不是阴阳外别有五行。"③

主宰之天的含义，在朱熹关于"天"的论述中是非常突出的。朱熹所讲的天人关系，往往蕴含着"天"主宰着人的意味。但是，主宰者和被主宰者都被根本的理所决定。"心固是主宰底意，然所谓主宰者，即是理也，不是心外别有个理，理外别有个心。"④ 天主宰着世间万物，但是它"主宰"万事万物的方式是自然而然的，正如朱熹所言："天地之常，以其心普万物而无心；圣人之常，以其情顺万事而无情。"⑤ 朱熹所讲的主宰之天，是通过天理循环、气运盛衰来决定世间万物盛衰兴亡、新旧更替的。"气运从来一盛了又一衰，一衰了又一盛，只管恁地循环去，无有衰而不盛者。所以降非常之祸于世，

---

① 黎靖德：《朱子语类》，中华书局2011年版，第5页。
② 黎靖德：《朱子语类》，中华书局2011年版，第6页。
③ 黎靖德：《朱子语类》，中华书局2011年版，第9页。
④ 黎靖德：《朱子语类》，中华书局2011年版，第4页。
⑤ 黎靖德：《朱子语类》，中华书局2011年版，第5页。

定是生出非常之人。"① 朱熹将天、地与人的关系，表述为："天有春夏秋冬，地有金木水火，人有仁义礼智，皆以四者相为用也。"②

天理之天的含义，我们可以从朱熹对"获罪于天，无所祷也"的诠释中得到答案，朱熹说："天，即理也，其尊无对，非奥灶之可比也。逆理则获罪于天矣，岂媚于奥灶所能祷而免乎？言但当顺理，非特不当媚灶，亦不可媚于奥也。"③ 天理之天与宇宙之天、主宰之天既有联系，又有区别。天理贯穿于天地万物之中，是万象万物运行周转的终极原因，朱熹将其表述为"太极"。在朱熹哲学中，太极即是最高范畴。什么是"太极"？朱熹说："太极只是一个理字。"④ 并在《太极图说解》中认为太极为"形而上之道""动静阴阳之理"。道与理又有密切的关系，朱熹说："道是统名，理是细目。……理是有条瓣逐一路子。以各有条，谓之理；人所共由，谓之道。……道便是路，理是那文理。"⑤ 可见，太极、理、道具有相同的地位和内涵。

较之宇宙之天和主宰之天，朱熹的天理之天更具有形而上色彩、本体内涵和意识形态内涵，同时凸显了朱熹政治伦理思想的主体性。太极是天理或理的同义语。太极是"天地万物之理"，正说明太极是天地万物的秩序。在现实世界中，太极表现为贯穿于自然界的自然法则和社会政治伦理中的道德规范、人生准则等等。

二 朱熹天理观的主要内容

一般意义上说，"天理"是指自然界和人类社会的"应然"，即客观规律性，"天理"的存在是不以人的意志为转移的。我们从朱熹"存天理，灭人欲"这一伦理主张来看，可以发现朱熹更多的只是从一种对立的角度来强调天理的重要性，其根本目的在于"存天理"，而非"灭人欲"。由此可以看出，朱

---

① 黎靖德：《朱子语类》，中华书局2011年版，第5页。
② 黎靖德：《朱子语类》，中华书局2011年版，第11页。
③ [宋]朱熹撰，陈立校点：《四书章句集注》，辽宁教育出版社1998年版，第67页。
④ 黎靖德：《朱子语类》，中华书局2011年版，第2页。
⑤ 黎靖德：《朱子语类》，中华书局2011年版，第2页。

熹的天理观是一个复杂的思想体系，其内容无疑是非常丰富的。朱熹"天理观"的基本内涵也是一个见仁见智的问题，这里我们试从宇宙、道德和人性的角度予以分析。

（一）从宇宙角度来看，天理是宇宙的根源、根本

"宇宙之间一理而已，天得之而为天，地得之而为地，而凡生于天地之间者，又各得之以为性，其张之为三纲，其纪之为五常，盖皆此理之流行，无所适而不在。若其消息盈虚，循环不已，则自未始有物之前，以至人消物尽之后，终则复始，始复有终，又未尝有顷刻之停也。"①可见，理是宇宙的根本。理是天地化育的原因，是人与自然万物产生的原因。有理必有气。气化流行，化育了天下万物。总之，天地万物，就是一个理。理无所不包、无所不在。同时，理是本然的存在，不随天地、时间、自然万物而变动。理无始无终，无边无际。一言以蔽之，理不依赖天地万物的存在而存在，理是独立存在的、永恒的。

（二）从道德价值论角度来看，天理为善

在朱熹看来，天理具有先天的善性，它具有一系列特性。首先，天理指的是社会的应当，是当然之则。天理是社会伦理行为中的"合当然者"，是一种应当，是一种浑然未分时的应当，它同时又具有一种本体的作用，可以在各种事物上表现出来，朱熹说："天理既浑然，然既谓之理，则便是有个条理的名字。故其中所谓仁、义、礼、智四者，合下便各有一个道理，不相混杂。"② 钱穆先生说："人心在内，日用动静在外。内外相接，天理自见。并不是凭空有一天理在那里，教人去凑合。……其实天理非如有一物，悬空在此宇宙间，可指可摸，可识可辨。"③ 其次，天理代表的是社会的公共利益和规

---

① 北京大学哲学系中国哲学史教研室：《中国哲学史教学资料选辑》（下册），中华书局1982年版，第94页。
② 朱杰人等：《朱子全书》（第22册），上海古籍出版社2002年版，第1838页。
③ 钱穆：《朱子新学案》（第1册），九州出版社2011年版，第450页。

范要求。"凡一事便有两端：是底即天理之公，非底乃人欲之私。"① 朱熹进而认为，只要天理流行，社会的善也因此有了保障，社会的道德规范要求和公共利益便自然地得到体现，他说："以其公而善也，故其发皆天理之所行。"② 再次，天理本身是纯粹的至善，是一切具体之善的本体。在朱熹看来，天地间只有一个天理，这一天理体系在万事万物中，朱熹举例说："如父之慈、子之孝，君仁、臣忠，是一个公共的道理。"③ 慈、孝、仁以及忠都是不同的德目，然而它们都是天理在不同领域里的体现，都来源于一个最高的天理。慈、孝、仁、忠等无疑都是善的德目，所以说天理就是一切善的本体。天理是一切善的本体，是纯粹的善，是具有一定超越性的善；而分有在具体事物身上具体的善，由于受到气的影响，可以是不纯粹的，他说："形而上者全是天理，形而下者只是那渣滓。"④ 天理是无形体的、形而上的，它不可能夹杂有任何的渣滓，没有受到事物气质的污染，它对于一切具体之善都具有一种超越性，因而是个纯粹至善的东西。最后，天理是人类社会所应该追求的永恒价值。在朱熹看来，天理具有永恒性、普适性，他说："天理云者……不为尧存，不为桀亡。"⑤ 天理不会因为尧的英明而存在，也不会因为桀的残暴而不存在，无论在天下有道或天下无道时，它都是一个普适的、永恒的存在。当然，我们也应当看到，在朱熹看来这永恒的、普适的天理便是封建社会的伦理纲常，此点我们后面再做讨论。另一方面，朱熹在维护封建伦理纲常的同时，试图满足人们对超越有限走向永恒的需求，为人们提供一种精神归宿。朱熹说：人死亡后，其躯体"随当与形气俱亡，性之理则与天地古今周流而无间"⑥。在朱熹看来，人的肉体生命不可能永远存在下去，但人所禀得的天理却是永恒的。因而，人们可以通过依循天理、追寻天理而使自身获得某种价值与意义，这样人也就有了自己的精神家园。

---

① 朱杰人等：《朱子全书》（第22册），上海古籍出版社2002年版，第390页。
② 朱杰人等：《朱子全书》（第22册），上海古籍出版社2002年版，第390页。
③ 朱杰人等：《朱子全书》（第14册），上海古籍出版社2002年版，第397页。
④ 朱杰人等：《朱子全书》（第14册），上海古籍出版社2002年版，第233页。
⑤ 朱杰人等：《朱子全书》（第7册），上海古籍出版社2002年版，第751页。
⑥ 朱杰人等：《朱子全书》（第23册），上海古籍出版社2002年版，第2943页。

（三）从人性的角度来看，天理为天命之性

从总体上来看，朱熹天理观的心性论指的是天理以天命之性入主人心，起主宰作用，然而这种主宰只是潜在的。性由于禀自天理而具有先天的善质，因此性是善的，但就现实性而言，这种善只是一种潜在的东西，为善还需要心的自觉把握。

性（即人性）是人的生命之所以为生命的道理。朱熹认为，人性是对天理的秉承，天理为人所禀得便转化为人的性，所以从本原上来看，性和天理事实上是同一所指，朱熹说："天地间只是一个道理，性便是理。"① 由于性即理，所以性也是一种形而上的存在。现实之人的产生不是性的单独作用，现实之人的产生是性与气共同作用的结果。朱熹认为，天地之间，理是形而上之道，生物的本体；气是形而下之器。所以人和万物必禀此理和气之后才会有性和形。人与万物的产生是形而上的性（天命之性）与形而下的气（气质之性）互相作用的结果，形而上的天理与性是同一的，具有先天的善性，是人的生命之所以为生命的道理；形而下的气构成人的感性肉体，赋予人以具体的存在。天地之性作为人的本性，是纯然至善的，是人的气质之性的本体状态。而气质之性是天命之性受气质熏染而发生的形态转化，是人的气质之性的现实状态，因而是有善有恶的。现实的人性，都是受到气质熏染的气质之性。这种气质之性中的偏塞、浑浊，造成了人的恶的品质、情感和欲望，"人欲"即是这样产生的，也正是在这个意义上，朱熹提出了"存天理，灭人欲"。

三 朱熹天理观的政治伦理意蕴

自先秦以来，儒家就试图将他们所理解到的道德原则推向绝对。但是，如前所述，两宋以前的思想家在这方面所取得的成就十分有限。他们或是诉诸圣王的经验，或是借助神化意义的天，但都没有能在更抽象的水平上对道

---

① 朱杰人等：《朱子全书》（第14册），上海古籍出版社2002年版，第196页。

德法则的绝对性做出合乎逻辑的哲学论证。两宋以后，随着思想家思维水平的提高，朱熹得以在形而上学层面上理解和把握天理的概念，进而将儒家对于道德法则的理解提高到了新的境界。

首先，朱熹将天理理解为宇宙本体的同时，也实现了自然法则与伦理原则的有机统一。"天理"成为政治伦理的形而上根据。在朱熹建构起来的理学本体论结构中，"理"是天地、万物乃至于人类社会生活的本原，理是一切事物产生发展的原因，具有绝对的本体地位，是整个宇宙得以如此的"终极原因"。作为普遍的法则，理是自然、生命、社会伦理道德产生和存在的依据，朱熹说：为君臣者，为父子者，为夫妇、为兄弟、为朋友以至于出入起居，应事接物，无不各有理①。"理"落实在现实世界，即是自然界表现出来的自然法则和社会政治伦理中表现出来的社会道德规范、人生准则等等。根据朱熹这一理解，天地万物的自然法则与人类社会政治生活的普遍法则具有一致的属性，正如李泽厚先生所说：万事万物及人们所必须崇奉、遵循、服从的规律、法则、秩序，即"天理"②。既然自然法则和伦理原则都以本原于先验的天理为本原，那么本原意义上的道就不再是相互分离的天道和人道。

中国古代的思想家，特别是儒家有着"知其不可而为之""思以其道易天下"的情怀，所以都试图将道德法则与自然法则联系起来进行理解，以说明道德原则具有与自然法则一致的普遍属性。在两宋以前的思想家那里，天道与人道在某种程度上是相互分离的，例如《国语》记载"子产曰：'天道远，人道迩，非所及也，何以知之？灶焉知天道'"③，认为天道与人道是不相干的。有的思想家也朦胧地意识到了二者之间的统一性，但他们尚无法对这种统一性做出系统明晰的表述。例如，董仲舒用"天人感应"的观点来说明"天命"与人事的关系："天覆育万物，既化而生之，有养而成之，事功无已，终而复始，凡举归之以奉人。察于天之意，无穷极之仁也。人之受命于

---

① 朱杰人等：《朱子全书》（第20册），上海古籍出版社2002年版，第668-669页。
② 李泽厚：《中国古代思想史论》，天津社会科学出版社2003年版，第361页。
③ 北京大学哲学系中国哲学史教研室：《中国哲学史教学资料选辑》（上册），中华书局1982年版，第12页。

天也，取仁于天而仁也。"① 朱熹用形而上学的方法从哲学层面把握了天理之后，也就把天理从以往思想家分而论之的人道与天道中抽象出来，从根本上把握了天命与人事。

其次，朱熹用永恒的观点理解了"天理"，因而在根本上否定了宋以前思想家对于道德法则的相对性理解。朱熹认为，道德法则是先验的，在人类社会实践产生之前就已经存在了，理存在于超验的层面。"天下之理，至虚之中，有至实者存；至无之中，有至有者存。夫理者，寓于至有之中，而不可以目击而指数也。"② 也就是说，天理是一种永恒的"绝对"，对人类的社会政治生活来说是普遍的道德法则。从朱熹的相关论述来看，可以从两方面来说明天理的永恒属性：一方面，理存在于事物之先，没有此物，已经有了此物之理。另一方面，即使没有了现实的事物，理也存在，天理不会随着经验世界的变化而发生变化。

两宋以前的思想家在论证人类社会政治生活的道德原则时，经常借用的是"天"的概念。汉代的董仲舒以"天道"解释道德原则，并且说"天不变，道亦不变"，意即"道"具有如天一样恒常的属性，二者都不会发生变化。但是，根据朱熹理学思想，具有先验和本体属性的理在任何情况下都不会随着物质意义上的天地的变化而变化。"道者，古今共由之理，如父之慈，子之孝，君仁，臣忠，是一个公共底道理。……尧所以修此道而成尧之德，舜所以修此道而成舜之德，自天地以先，羲黄以降，都即是这一个道理，亘古今未尝有异，只是代代有一个人出来做主。……不是尧自是一个道理，舜又是一个道理，文王周公孔子又别是一个道理。"③ 即使是天变了，理（道）也不应该变。可以说，到朱熹这里，道德法则已经真正成为人的理性思维的产物，不会由经验世界所决定。

再次，朱熹用形而上的方法把握"天理"和"道"，提高了儒家政治伦理学说的哲理化程度。自先秦两汉以来，性、命、善、仁、义、理等，是历代

---

① 北京大学哲学系中国哲学史教研室：《中国哲学史教学资料选辑》（上册），中华书局1982年版，第297－298页。
② 黎靖德：《朱子语类》，中华书局2011年版，第232页。
③ 黎靖德：《朱子语类》，中华书局2011年版，第231页。

儒家常常使用的概念，可是，历代儒家始终未能对这些概念及其相互关系做出合乎逻辑的说明。如，孟子说："心之所同然者何也？谓理也，义也。圣人先得我心之所同然耳。故理义之悦我心，犹刍豢之悦我口。"（《孟子·告子上》）这实际上是用人的后天感觉来证明先验的义理。《论语·述而》记载："孔子曰：'仁远乎哉？我欲仁，斯仁至矣。'"朱熹注曰："仁者，心之德，非在外也。放而不求，故有以为远者。反而求之，则即此而在矣，夫岂远哉？"显然，孔子是用人的心的活动来讲仁。在朱熹看来，性、命、义、理、仁、善这些概念，是不能用人们后天的现实生活中的具体感觉或行为来说明的，而应该在抽象的水平上加以把握。而且，朱熹把天理作为政治哲学核心概念的同时，也把天理理解为统摄仁、义、心、性、善等诸多伦理概念的"终极原因"。于是，"天理"也就成了宋代思想家理解和把握社会生活的伦理原则的门径。"天理"是一个无条件的形而上标准，任何历史时代政治的善恶，都应该以"天理"来度量。所以，理解和把握"天理"的过程，也就是把握政治合理性的过程。在这一意义上，朱熹对于政治合理性的理解也达到了新的境界。

第三节　理一分殊：天理外化为政治伦理的转接机制

"理一分殊"是一个复杂的哲学命题，具有多重含义，贯穿于朱熹的整个思想体系之中。从朱熹的哲学体系来看，这一命题的运用是为了满足形而上层面的理论建构的需要，同时又具有政治伦理学的意义。"理一分殊"是天理外化为政治伦理的转接机制，朱熹把本体论与伦理学巧妙地结合在一起，使儒家的伦理纲常原则有了本体论依据。

一　"理一分殊"的基本内涵

"理一分殊"最早来源于程颐。"理一分殊"是程颐在解说《西铭》时第一个明确提出来的，"《西铭》明理一而分殊，墨氏则二本而无分。分殊之弊，私胜而失仁；无分之罪，兼爱而无义"①。他认为《西铭》既讲仁体，又讲仁用，体用的统一便是"理一分殊"。在程颐看来，"理一分殊"一般是就伦理学的意义来讲的，即"理"指道德原则，"一"和"殊"分别指共同性和差别性，"分"则指本分和等分。朱熹接受并进一步丰富了程颐的这一思想，如他说："周子谓'五殊二实，二本则一，一实万分，万一各正，大小有定'，自下推而上去，五行只是二气，二气又只是一理。自上推而下来，只是此一个理，万物分之以为体，万物之中又各具一理。所谓'乾道变化，各正性命'，然总又只是一个理。此理处处皆浑沦，如一粒粟生为苗，苗便生花，花便结实，又成粟，还复本形；一穗有百粒，每粒个个完全，又将这百粒去种，又各成百粒，生生只管不已，初间只是这一粒分去。物物各有理，总只是一个理。"② 这里的"分"应该是赋予的意思，是天理作为本体和主体的赋予，从这个意义上讲，现实的人的具体行为规范所具有的道德意义是由天理赋予的。"事事物物，皆有其理；事物可见，而其理难知。"③ "事事物物"是指个别具体事物，所以是可见的；而"事事物物"之"理"则是一般，所以"难知"。可见一般与个别的联系，一般存在于个别之中，一般之"理"不能离开个别事物。朱熹在回答"天命之谓性，率性之谓道，修道之谓教"内涵的时候，也阐述了其"理一分殊"思想，他说："天命之谓性，言天之所以命乎人者，是则人之所以为性也。盖天之所以赋与万物而不能自已者，命也；吾之得乎是命以生而莫非全体者，性也。故以命言之，则曰元、亨、利、贞，而四时五行，庶类万化，莫不由是而出；以性言之，则曰仁、义、礼、智，而四端五典，万物万事之理，无不统于其间。盖在天在人，虽有性命之分，而其理则未尝不一；在人在物，虽有气禀之异，而其理则未尝不同，此吾之性，所

---

① 北京大学哲学系中国哲学史教研室：《中国哲学史教学资料选辑》（下册），中华书局1982年版，第78页。
② 北京大学哲学系中国哲学史教研室：《中国哲学史教学资料选辑》（下册），中华书局1982年版，第113-114页。
③ 黎靖德：《朱子语类》（第五册），中华书局2011年版，第1935页。

以纯粹至善，而非若荀、扬、韩子之所云也。"①

朱熹"理一分殊"在宋代儒学中有着重要位置。该思想所具有的现代价值，近年来也逐渐为时贤所重视。早在1984年，陈荣捷先生在香港新亚书院作讲座时，就特别指出朱子的"理一分殊"之说可以对世界哲学有所增益②。成中英认为："朱子最大的贡献就是提出'理一分殊'这个概念，这是一个哲学上的创见。'理'就全体来看是一，是太极，是本体；可是就它的分殊面来看，是特殊的知的对象，是要透过个别的认知与分离来确定的，人不能否定有这样一个世界。所以，朱子对'理'的世界的认识，以及对'理'的哲学提示是由于他认识了这个世界同时具有特殊与一般性。这说明了一个事实，那就是：这个世界显示着一个由一元整体到多元分殊的现象。"③

二 "理一分殊"的多重视角解读

朱熹的"理一分殊"作为一种理学的本体论模式，具有多重思想逻辑层次的关系，可以从不同的视角去解读，笔者吸取学术界对这一问题的看法，归纳如下几点④：

第一，从道与理的关系层次说（理本论），"理一分殊"即"道一理殊"。"理一分殊"规定了本体之理（道）与万物之理（理）的统一关系，也就是普遍性与特殊性的关系。朱熹将理、道、太极视为万物本体，一道摄万理，万理归一道，构成了"理一分殊"最本质的本体论哲学内容：天道流行于天地之间，即"道一"；一理表现在万物上，使万物各具其理，即"理殊"。作为本体的"道"与万物之"理"有两个方面的关系。其一，从"分"上说，万物各具之理是分和全的统一、特殊和普遍的统一、个别与一般的统一。朱熹

---

① ［宋］朱熹：《四书或问》，上海古籍出版社、安徽教育出版社2001年版，第46页。
② 参见刘述先：《理想与现实的纠结》，台湾学生书局1993年版，第161页。
③ 成中英：《合外内之道——儒家哲学论》，中国社会科学出版社2001年版，第283-284页。
④ 参见束景南：《朱熹的"理一分殊"及其认识论指向》，《四川师范大学学报（社会科学版）》2006年第2期，第8-13页。

认为每一物之"理"都是全体之"道"的体现:"本只是一太极,而万物各有禀受,又各自全具一太极尔,如月在天只一而已,及散在江湖,则随处而见,不可谓月已分也。"① 其二,从"殊"上说,万物各具之理,既与"一理"相同,又与"一理"相异,是同与异的统一。万物之理都取足于"一理",这是"同";但物物所具之理同本体之"一理"有异,而且物与物之理也各有特点,相互有别。

第二,从理与气的关系层次说(理气论),"理一分殊"即"理一气殊"。朱熹认为,理与气是不能分离的,天下既没有无理之气,也没有无气之理。因此万物理不同的根源就在于气殊,禀"气"有殊,则分"理"有异,"有是理而后有是气,有是气则必有是理。但禀气之清者为圣为贤,如宝珠在清冷水中;禀气之浊者为愚为不肖,如珠在浊水中"②。因此"理一分殊"又规定了作为本体之理与作为万物之气的统一关系,即理一而气殊。朱熹在人性论上提出"性即理",并区分出"天地之性"与"气质之性",是具体运用"理一气殊"而得出的结论。

第三,从理(道)与物(器)的关系层次说(道器论),"理一分殊"就是"理一物殊"(道一器殊)。"理一分殊"又规定了本体之理与万事万物的统一关系。朱熹根据程颐说的"万物皆是一理,至如一物一事虽小,皆有是理"③ 和《中庸章句》中"其书始言一理,中散为万事,末复合为一理"④,认为"一理"贯穿于万事万物之中,而事事物物千差万别,有形有象,因此"理一分殊"又体现为理一物殊(道一器殊):"自万物而观之,则万物各一其性,而万物一太极也。盖合而言之,万物统体一太极也;分而言之,一物各

---

① 北京大学哲学系中国哲学史教研室:《中国哲学史教学资料选辑》(下册),中华书局1982年版,第115页。
② 北京大学哲学系中国哲学史教研室:《中国哲学史教学资料选辑》(下册),中华书局1982年版,第109页。
③ 北京大学哲学系中国哲学史教研室:《中国哲学史教学资料选辑》(下册),中华书局1982年版,第80页。
④ [宋]朱熹撰,陈立校点:《四书章句集注》,辽宁教育出版社1998年版,第17页。

具一太极也。"①

第四，从体与用的关系层次说（体用论），"理一分殊"就是"体一用殊"。"理一分殊"还可以从体用关系上进行考察。在"体用一源"的原则之下，"理一"是本，而"分殊"则是末，两者是本原和派生的关系，理一与分殊的关系也就成了"物物各具此理"与"物物各异其用"的关系。他从两个方面建立了自己的体用说。一是体用有定说。朱熹认为，从宇宙总原则上说，道体器用是永恒的，道体是本，器用是末，两者的地位不可变易。他说："理未尝离乎气，然理形而上者，气形而下者，自形而上下言，岂无先后？"②这就是说：道为形而上，为体，为先；器为形而下，为用，为后。两者的关系体现了宇宙最根本的法则。二是体用无定说。朱熹说："天是体，万物资始处便是用；地是体，万物资生处便是用。就阳言，则阳是体，阴是用；就阴言，则阴是体，阳是用。"③这样，从整个宇宙说是一大体用：万物为一道之用；从事事物物说，又各是一小体用。

第五，从性与气的关系层次说，"理一分殊"即"性一气殊"。朱熹提出"性即理"，于是从性论的层次上，"理一分殊"也就自然转化为"性一气殊"。在他看来，人性即天理，人性皆善，即"理一"，但因气禀不同，故人性又异，即"分殊"；人物虽有气禀之不同，而理则是相同的。"天地性"是"性一"，是太极之本然之，万殊之一本；"气质之性"由二气交运而生，是"气殊"。朱熹明确说：以理而言之，则万物一原，无人物贵贱之区别，"自一气而言之，则人物皆受是气而生。自精粗而言，则人得其气之正且通者，物得其气之偏且塞者。惟人得其正，故是理通而无所塞；物得其偏，故是理塞而无所知"④。

---

① 北京大学哲学系中国哲学史教研室：《中国哲学史教学资料选辑》（下册），中华书局1982年版，第93页。
② 北京大学哲学系中国哲学史教研室：《中国哲学史教学资料选辑》（下册），中华书局1982年版，第106页。
③ 黎靖德：《朱子语类》（第一册），中华书局2011年版，第101页。
④ 北京大学哲学系中国哲学史教研室：《中国哲学史教学资料选辑》（下册），中华书局1982年版，第107页。

第六，从天地之心与人物之心的关系的角度来说，"理一分殊"即"心一分殊"。朱熹反对陆九渊的"心即理"，认为心含万理，"一心具万理，能存心而后可以穷理。心包万理，万理具于一心"①。于是从心论的角度分析，作为本体论的"理一分殊"又自然可以转化为"心一分殊"。朱熹说："心之全体湛然虚明，万理具足，无一毫私欲之间；其流行该遍，贯乎动静，而妙用又无不在焉。"② 天地一心，即"心一"；万物得天地之心而为心，即"分殊"。朱熹说："天地以生物为心，天包着地，别无所作为，只是生物而已。亘古亘今，生生不穷，人物则得此生物之心以为心。"③

第七，从仁与义的关系层次说，"理一分殊"也就是"仁一义殊"。朱熹认为，仁是"天理流动之机"，义是天理"各有定体处"，全部人道即"仁义"二字。于是从仁学的层次上，本体论的"理一分殊"又自然转化为"仁一义殊"。仁者爱人，即"仁一"；爱有差等，即"义殊"。钱穆先生对朱子之"仁"解释说："仁为天心，亦即天道，盈天地皆在仁之孕育中。"④ 朱熹说："天命之性流行发用，见于日用之间，无一息之不然，无一物之不体。其大端全体即所谓仁。而于其间事事物物，莫不各有自然之分，如方维上下，定位不易，毫厘之间不可差谬，即所谓义。立人之道不过二者，而二者则初未尝相离也。是以学者求仁精义，亦未尝不相为用。"⑤

第八，从忠与恕的关系层次说（忠恕论），"理一分殊"即"忠一恕殊"。朱熹认为："尽己之谓忠，推己之谓恕。"⑥ "主于内为忠，见于外为恕。……忠因恕见，恕由忠出。……忠是本根，恕是枝叶。非是别有枝叶，乃是本根中发出枝叶，枝叶即是本根。……忠者天道，恕者人道。天道是体，人道是用。……我之所得者忠，诚即此理，安顿在事物上则为恕。无忠则无恕，盖

---

① 北京大学哲学系中国哲学史教研室：《中国哲学史教学资料选辑》（下册），中华书局1982年版，第110页。
② 黎靖德：《朱子语类》（第一册），中华书局2011年版，第94页。
③ 黎靖德：《朱子语类》（第四册），中华书局2011年版，第1280页。
④ 钱穆：《朱子新学案》（第1册），九州出版社2011年版，第377页。
⑤ 郭齐、尹波点校：《朱熹集》（第3册），四川教育出版社1997年版，第1731页。
⑥ ［宋］朱熹撰，陈立校点：《四书章句集注》，辽宁教育出版社1998年版，第75页。

本末、体用也。"① "忠"是对自身的规定，"恕"是对他人外在的要求。故"忠"是"理一"，"恕"是"分殊"。

三 "理一分殊"的政治伦理意义

朱熹"理一分殊"的核心是处理天理与万理的关系，朱熹首先承认两者的合理性，两者共同形成了一组合题。朱熹说："一实万分，万一各正，便是理一分殊处。"② 在朱熹看来，总体意义上的天地万物之中有一个太极，它支配着整个宇宙，此为理一；一切万物都享受此理以为性，成为自身之本体，所以说万物之中又各有一太极。万物都以"理"为本体，作为具体事物的本体的虽是分理，却与万物总体的天理具有相同的属性，并不因为具体之理统摄的范围缩小而使其理的内涵和属性有所欠缺。

"理一分殊"这一命题在朱熹的哲学中运用广泛，使得程朱理学大大超越了先秦儒学关于万物统一性和宇宙生成的论述，使理学成为更缜密、完善的哲学思想体系。借助于对"理一分殊"这一命题的阐述，朱熹把宇宙万物都统摄在天理之下，既然万物都是理的特殊形态，那么各具差别的事物具有必然性的根据便都来源于天理的规定。

"理一分殊"这一命题首先运用于伦理学的层面，随着历史的发展，这一命题又容纳了较最初本意广泛得多的含义，由最初的伦理学命题发展成为一个形而上学的哲学问题，并逐渐将内容扩展到本体论、人性论甚至是认识论领域。但我们还应看到，朱熹"理一分殊"更关注人的实践生活，所以他绝不会使"理一分殊"的意义仅仅停留在抽象的理论思辨层面，而是要为他所主张的政治伦理原则提供更完备的哲学论证。

（一）"理一分殊"为社会生活中的伦理规范提供了理论依据

朱熹的《西铭解义》继承了二程所阐述的伦理思想，认为天地之间只是

---

① 黎靖德：《朱子语类》（第二册），中华书局2011年版，第671－679页。
② 黎靖德：《朱子语类》（第六册），中华书局2011年版，第2409页。

一理。乾道与坤道分别成男、成女,"二气交感,化生万物,则其大小之分,亲疏之等,至于十百千万而不能齐也。……而人物之生,血脉之属,各亲其亲,各子其子,则其分亦安得而不殊哉!"这里的"分"就是指责任、义务或等分。《朱子语类》又说:"知其理一,所以为仁;知其分殊,所以为义。……仁只是流出来的便是仁;各自成一个物事或便是义。仁只是那流行处,义是合当做处。仁只是发出来的;及至发出来有截然不可乱处,便是义。且如爱其亲,爱兄弟,爱亲戚,爱乡里,爱宗族,推而大之,以至于天下国家,只是这一个爱流出来;而爱之中便有许多等差。且如敬,只是这一个敬;便有许多合当敬的,如敬长、敬贤,便有许多分别。"① 他又说:"理只是这一个,道理则同,其分不同。君臣有君臣之理,父子有父子之理。"② 在社会有机体中,每个人处于不同的社会地位,所面对的关系不同,在这种情况下,他们所遵守的伦理规范与道德准则也就不同,这就是所谓的"分殊"。按照"理一分殊"的伦理观念,每一个人都处于特定的社会地位中,对他人具有相应的义务。由于地位和身份的区别,每个人对他人承担着不同的义务,其行为准则也不同。

(二)"理一分殊"为社会政治生活中的伦理规范提供了先验依据

"理一分殊"肯定了仁、义、礼、智、信、忠、慈、孝、悌、恭等社会政治伦理之间所存在的差异性,但同时也肯定了它们所具有的共同本体。如朱熹认为"三纲五常"即是天理在社会政治伦理生活中的具体表现和要求,"三纲五常"的内容不同,但其理则一。正是因为伦理规范的多样性,社会生活中的每一个人都可以在其中找到自己的位置。每一个人在日常生活中,违反伦理规范,即是违反了天道;遵循伦理规范,即是遵循天道。这样,朱熹就为个人行为、社会秩序设置了无法抗拒的天理原则。

朱熹认为,从国家与社会治理的角度上讲,"三纲五常"是天理的规定,如果每个人在其中各安其分、毫不乱秩,就会实现天下之治。我们可以肯定,

---

① 黎靖德:《朱子语类》(第七册),中华书局2011年版,第2527页。
② 黎靖德:《朱子语类》(第一册),中华书局2011年版,第99页。

任何一个社会都离不开伦理与道德的调节，一个优良的社会也必须是伦理规范和道德法则受到普遍尊重与遵守的社会，思想家对符合道德的社会政治生活的追求体现出他们良好的道德诉求。

（三）"理一分殊"为社会政治伦理规范的稳定提供了天理保证

朱熹认为，"三纲五常"是治道之根本，天理又是"三纲五常"的根本。而在现实的政治实践中，君是天理的体现者和代表者，臣民要维护君的至高无上地位，国君对臣民具有统辖权。天理广大，万物容纳其中，君臣父子也不例外。家庭伦理要上升到政治伦理，最终达到维护社会制度和君主统治的目的。

既然天理与万理具有一致性，儒士就可以根据所明之理来干预政治，影响君主，进而达到得君行道，以至达到治国平天下。而在另一方面，朱熹在天理的伦理原则下，承认了人的身份、地位的不同，正如天理赋予万物的理之不同一样。"耳目口鼻之在人，尚各有攸司，况人在天地间，自农商工贾等而上之，不知其几，皆其所当尽者。小大虽异，界限截然。本份当为者，一事有阙，便废天职……但必知夫所处之职，乃天职之自然，而非出于人为，则各司其职以办其事者，不出于勉强不得已之意矣。"① 因此，"理一分殊"的意涵，为形上天理向现实政治伦理的实现提供了合理的逻辑论证与转接机制。

怎样评价朱熹"理一分殊"所表达的伦理思想？有学者只是从维护封建制度的上层建筑来理解，认为"理一分殊"为社会安排了一个人人等级不同、地位不同的秩序，要求人人安于所得的地位，各守其分②。强调人与人之间的等级差别显然有悖于现代社会中的平等观念，在理论上也侵犯了人的平等权利。但是，根据历史唯物主义的观点，评判一种理论不应仅仅注意它的时代内容，而应该对其进行具体的、历史的分析。我们从"理一分殊"这一命题的理论形式来分析，首先，分殊与平等具有相通之处。在现代的民主政治生活中，平等不是一种事实，只是一种理念。追求平等是人们的良好愿景，但

---

① 黎靖德：《朱子语类》（第一册），中华书局2011年版，第235-236页。
② 张立文：《朱熹思想研究》，中国社会科学出版社2001年版，第203页。

是在现实生活中是不能等齐划一的,现实社会政治生活中的差别是具有一定的合理性的。一个公正社会的基本要求是公平地对待每一个人,杜绝任何形式的特权,这是普遍道德法则的平等要求。因此我们可以这样来理解"理一分殊":"分殊"是指应当"合理"地对待社会中的各种差异的存在,"理一"则要求在普遍的道德法则面前不允许有特例的出现。其次,"理一分殊"强调"理"的客观存在和本体地位,以及人尽其分、事尽其则,重点不在于僵化地理解每个人的社会分工和地位。理论上,一个人的社会权利和义务,与他所承担的不同的社会角色和所处的不同的社会地位是相对应的。与此相对应,无论是谁处于这种关系或社会地位当中,所承担的伦理义务都是相同的。所以说,为君之道、为臣之道、为父之道、为子之道,这种角色的伦理义务并不因个体的转换而发生变化。再次,亚里士多德在谈到公正时认为,平等、公正是一种适度,"在过度与不及里,不能有适度。正如在节制和勇敢里不能有过度和不及一样。因为中道或适度的东西,在某种意义下,就是一种极端。在不公正、放荡这一类的行为里,也有此意义,也不能再有所谓适度或过度与不及"①。公正不是形式上的绝对同一,而是意味着每个人都获得与自己相匹配的相应比例的份额。可见,问题在于差异的具体内容是什么,而不在于承认具体伦理规范的差异。现代民主政治在赋予一种伦理原则以合理时,首先承认每个人都是独立平等的个体,人与人之间的差别是客观的,但却不存在等级上的高低贵贱之分。然而与此相反,朱熹"理一分殊"在伦理问题上常常强调的恰是等级上的差异,这表现了他的政治伦理的历史局限性。

---

① 周辅成:《西方伦理学名著选辑》(上卷),商务印书馆1996年版,第298页。

第四章

格物致知：社会政治生活臻于完善的前提

"格物致知"是中国哲学史上一个重要命题，这一命题出自中国先秦时期的儒学典籍《礼记·大学》篇。《大学》说："致知在格物，物格而后知至，知至而后意诚。"北宋司马光和程颐、程颢对这一问题作了很多论述。朱熹作为宋代儒学的集大成者，在二程对"格物致知"诠释的基础上，在其《大学章句集注》中，根据二程的意见，按照他自己的理学观作了一篇《补传》，对"格物致知"进行了详尽的诠释和全面发展。朱熹认为：所谓"致知在格物"，意思是要把我们的认识推广到极点，在于就事物本身穷尽它的理。因为人心没有不具备认识能力的，而天下的事物没有不具备理的，只有对理未曾穷尽的时候，他的认识才不完全。所以必须使求学者就天下的一切事物，全都要在已经认识的理的基础上而进一步探究，以达到穷尽的程度。"此谓物格，此谓知之至也。"① 钱穆先生认为，在朱熹理学思想体系中，论格物穷理思想是最为后人所争论的，也是最受后人所重视的思想②。

在朱熹的哲学中，格物致知属于认识论的范畴，是认识天理的方法，但同时也有着重要的政治伦理意义。根据朱熹思想，天理作为道德法则是先验的，也是人类社会政治生活所必须遵守的。只有人认识并把握了天理，天理对于人才会有意义，优良的社会政治生活的形成才成为可能。从这一意义上说，格物致知作为认识天理的途径，同时也是社会政治生活臻于完善的前提。我们从《大学》的"八条目"，即"格物、致知、诚意、正心、修身、齐家、治国、平天下"政治模式的顺序来看，"格物致知"无疑处于

---

① ［宋］朱熹撰，陈立校点：《四书章句集注》，辽宁教育出版社1998年版，第5页。
② 钱穆：《朱子新学案》（第2册），九州出版社2011版，第621页。

基础的地位,"修齐治平"的政治理想之所以能实现,是因为人可以通过"格物致知"的方法获得对于天理的认识,进而确立起整个社会政治生活的全部法则。《四书集注》为学与为政相统一的思想,在朱熹"格物致知"论中得到充分体现。

第一节 事实与价值:朱熹的"格物致知"论及其德育启示

学术界对朱熹"格物致知"论的研究,大多侧重于在理学、哲学、科学意义上的解读,本节拟侧重于研究"格物致知"论的道德教育价值。笔者认为,朱熹的"格物致知"论不仅在于完善了《大学》的文本结构,更重要的是发展了儒家的知识论传统,为解决道德教育中的事实与价值、知识与道德、形而上与形而下、下学与上达如何贯通的问题提供了重要启示,同时对解决当前道德教育低效性问题也具有重要的借鉴意义。

一 学术界对朱熹"格物致知"论基本内涵的讨论

事实与价值的关系,即"是"与"应当"的关系,还可以表述为科学与人文、求真与向善、知识与道德等关系。这两者的关系问题,早在古代中西方哲学史上就备受思想家们的关注,近代英国哲学家休谟首先将二者区分开来,史称"休谟问题"。休谟认为,事实知识由经验来证明,有真假之分,而价值知识是不可由经验来证明的,且无真假可言,两者不具有内在统一性①。尽管学术界对朱熹"格物致知"论的讨论存在一些分歧,甚至出现相互抵牾的结论,但主要还是围绕事实与价值问题展开的,下面就此略加梳理、考证。

---

① [英]休谟著,关文运译:《人性论》,商务印书馆1980年版,第509-510页。

(一)"在物之理"与"在己之理":朱熹"格物致知"论的认识对象

有学者认为,朱子所讲之"理"包括"在物之理"与"在己之理",与之相适,格物也就包括向外用功,以揭示在物之理,以及向内用功,以揭示在己之理。由于朱熹潜心研究人的道德修养问题,忽视对外在客观事物的探索,因而朱子更注重对后者的认识①。

也有学者主张朱子所讲之"理"为"在物之理"。束景南认为,朱熹的"格物致知"论"突出强调了向外即事即物穷理的思想,不能不说是对儒家封闭内向认识论的一个突破。……所谓'理'也具有规律的意义,而即以穷理也就具有了深入事物内部探求规律的真正认识论意义"②。

还有学者主张朱熹的格致论浑然一致,不分内外。蔡方鹿认为:"朱熹格物致知论所谓的格物,是指要就这形而下之器,穷得那形而上之道理。……朱熹把认识论与天理论相联系,其最终目的是通过认识物理达到认识吾心之天理。"③

(二)"知在我,理在物":朱熹"格物致知"论的主体与客体的关系

不少学者通过对《补传》的阐释得出结论,朱熹言格物是基于主客二分来讲的。其依据是朱熹讲过:"致知,是自我而言;格物,是就物而言。"④ 束景南则强调主体与客体和谐一体,认为格物致知与道德修养是达到天人合一,主客和谐的中介。"朱熹虽然强调'格物',而同陆九渊发明本心的'格心'相对立,然而他却从天本体与心本体的统一出发,把格物穷理看成是事物之理与吾心之理内外印证的过程。从'天本体'的方面说,理在物中,'天下之物,莫不有理',必须即事即物穷理;但从'心本体'的方面说,理又居吾心,'心之全体,湛然虚明,万理具足',但因受到私欲的掩蔽,心之全理不

---

① 唐鑫:《朱熹和颜元格物致知思想之比较》,《文教资料》2007 年第 11 期,第 99 - 101 页。
② 束景南:《朱熹研究》,人民出版社 2008 年版,第 15 页。
③ 蔡方鹿:《朱熹经学与中国经学》,人民出版社 2004 年版,第 283 - 284 页。
④ 黎靖德:《朱子语类》(第一册),中华书局 2011 年版,第 292 页。

能大明,也唯有通过事事物物的穷理,所格的外物之理积累多了,内心也就豁然贯通,'吾心之全体大用无不明矣'。"①

(三)"科学之真"与"道德之善":朱熹"格物致知"论的考察限阈

这一问题主要考察朱子的"格物致知"论是局限于伦理道德修养范围,还是兼涉及自然事物、自然科学,这里争议尤多。

有学者认为,朱熹"格物致知"论,不在于求科学之真,而在乎明道德之善。王健认为:"'格物'作为'道德性命'内圣之学的理论逻辑起点,它最终要通向的是合理社会的外王理想。朱熹的'格物致知'系统而概括地论述了从'格物'至'吾心之全体大用无不明'的理论路数,而'明体达用'正是宋代儒家知识群体追求的社会价值理念。"②詹建志、周学英认为:"朱熹的'格物致知'论讲的是道德修养问题,是围绕理想人格这一宋明理学核心而进行的。"③

与此观点不同,乐爱国、高令印认为,"朱熹基于对当时科学发展状况的把握,把科学研究纳入他的格物致知的范畴,在中国古代学术的发展中,为科学争得了一席之地"④。黄保万认为,"朱熹格物致知论,是以道器统一为前提,坚持理在物中,而其'即物穷理',归结为对客观事物客观规律的探求"⑤。

笔者最为服膺的观点是从科学与伦理、自然之理与人文之理相统一的角度理解朱熹的"格物致知"论。任继愈认为,"朱熹创立的'格物说'丰富了中国哲学史,它成功地把天下万物众理归结为一个天理。众物之表里精粗

---

① 束景南:《朱熹研究》,人民出版社2008年版,第16页。
② 王健:《在现实真实与价值真实之间——朱熹思想研究》,华东师范大学出版社2007年版,第81-82页。
③ 詹建志、周学英:《朱熹"格物致知"说述评》,《江西社会科学》2002年第12期,第70-71页。
④ 乐爱国、高令印:《朱熹格物致知论的科学精神及其历史作用》,《厦门大学学报(哲学社会科学版)》1997年第1期,第54-58页,61页。
⑤ 黄保万:《朱熹格物致知论与文化结构——从物理系统看朱熹格物致知的合理性》,《福建论坛(文史哲版)》1988年第6期,第63-67页,72页。

（关于自然、社会、历史之理）与人类的全体认识过程的认识范围融合为一体。这个理既有自然之理（物理），也有人心之理（伦理），从而构成了相当完整的哲学体系"①，体现了他对自然之理和人伦之理的双重关切。下面，本书拟以朱熹相关经典论述为依据，探讨其"格物致知"中事实与价值、知识与道德相统一的思想。

二 事实与价值的统一：朱熹"格物致知"论中的知识与道德

中国先秦儒家早期思想体系的基本的价值取向是修德成圣，而其思想体系中的知识与道德问题，集中体现于在修德成圣的过程中需要什么样的知识的问题。"子曰：'弟子入则孝，出则弟，谨而信，泛爱众，而亲仁。行有余力，则以学文。'"（《论语·学而》）而朱熹则在围绕"格物致知"所进行的探讨和思考中，延续了早期儒家对知识与道德关系的看法，其论说更加全面、系统和精密，从中我们也可以看到朱熹在解决事实与价值、下学与上达、科学与人文的矛盾问题上所作的探索。

（一）"是"与"应当"：朱熹"格物致知"论的基本内涵

在《大学章句集注》中，朱熹说："致，推极也。知，犹识也。……格，至也。物，犹事也。穷至事物之理，欲其极处无不到也。……物格者，物理之极处无不到也。知至者，吾心所知无不尽也。"② 也就是穷尽事物之理，以使我们的认识达到极点。在《大学或问》中，朱熹对"格物致知"作了进一步解释，朱熹认为："致者，言推之而至于尽也。至于天下之物，则必各有所以然之故，与其所当然之则，所谓理也，人莫不知，而或不能使其精粗隐显、究极无余，则理所未穷，知必有蔽，虽欲勉强以致之，亦不可得而致矣。故致知之道，在乎即事观理，以格夫物。格者，极至之谓。如'格于文祖'之

---

① 任继愈：《朱熹格物说的历史意义（人文社会科学版）》，《南昌大学学报》2001年第1期，第1-3页，第17页。
② ［宋］朱熹撰，陈立校点：《四书章句集注》，辽宁教育出版社1998年版，第2页。

格，言穷之而至其极也。"① 从朱熹的表述中我们可以看出：格物，也就是探索事物的"所以然之故"，事物的内在本质，即"是"；致知，也就是探究事物的"所当然之则"，事物的发展规律，社会的伦理道德规范，即"应当"。

"格物"与"致知"，即"是"与"应当"如何贯通？或怎样做到"格物致知"？朱熹在《大学或问》中提出了以下两条路径：一是"一物格而万理通"的"类推"法，即由个别上升到一般的方法。朱熹说："致，尽也。格，至也。凡有一物，必有一理，穷而至之，所谓格物者也。……格物，非欲尽穷天下之物，但于一事上穷尽，其他可以类推。……譬如千蹊万径，皆可以适国，但得一道而入，则可以推类而通其余矣。盖万物各具一理，而万理同出一原，此所以可推而无不通也。"② 二是"扞去外物之诱"，"明本然之善"的方法，即"存天理，灭人欲"的方法。朱熹说："格犹扞也，御也，能扞御外物，而后能知至道也。……人生而静，其性本无不善，而有为不善者，外物之诱也，所谓格物以至其知者，亦曰扞去外物之诱，而本然之善自明耳。……若曰所谓外物者，不善之诱耳，非指君臣父子而言也，则夫外物之诱人，莫甚于饮食男女之欲，然推其本，则固亦莫非人之所当有而不能无者也，但于其间自有天理人欲之辨。"③ 在这里，朱熹认为"格物致知"，就是一个"存天理，灭人欲"的过程，这里的"人欲"是指违反"天理"的"私欲"。

可见，在朱熹的"格物致知"论中，"是"与"应当"是相互贯通的，两者具有同一性。在《朱子语类》中，朱熹还明确表述了其"是即道"的思想。朱熹认为："道，只是事物当然之理，只是寻个是处。"④ 我们探究一事一物当然之理，事事物物当然之理，乃至天下万事万物当然之理，都是在寻求其是。"将平日学问积累，便是格物，如此不辍，终须自有到处。"⑤ 朱熹提出"是即道"，表现了人对社会和自然主体性的自觉，朱熹说："学者工夫只求一个是。

---

① [宋] 朱熹：《四书或问》，上海古籍出版社2001年版，第8页。
② [宋] 朱熹：《四书或问》，上海古籍出版社2001年版，第21页。
③ [宋] 朱熹：《四书或问》，上海古籍出版社2001年版，第25页。
④ 黎靖德：《朱子语类》（第二册），中华书局2011年版，第660页。
⑤ 黎靖德：《朱子语类》（第四册），中华书局2011年版，第1529页。

天下之理，不过是与非两端而已。从其是则为善，徇其非则为恶。……所谓道，不须别去寻讨，只是这个道理，非是别有一个道，被我忽然看见，攫拿得来，方是见道。只是如日用的道理，恁地是，恁地不是。事事理会得个是处，便是道也。"①

（二）"求科学之真"与"明道德之善"：朱熹"格物致知"论中的科学理性与价值理性的统一

从朱熹对"格物致知"内涵的揭示与路径的诠释中，我们可以发现，朱熹"格物致知"论中所"格"之"物"包括自然之"物"与社会之"物"；所"致"之"知"，所穷之"理"，包括自然之"理"与社会之"理"。朱熹并没有仅仅将所"格致"的对象限制在伦理道德范围内，而是转向了身外的世界，即天下之物，包括自然之物和社会之物，万事万物皆有其理。"天道流行，造化发育，凡有声色貌象而盈于天地之间者，皆物也。既有是物，则其所以为是物者，莫不各有当然之则，而自不容已，是皆得于天之所赋，而非人之所能为也。……君臣父子夫妇长幼朋友之常，是皆必有当然之则，而自不容已，所谓理也。"②朱熹对"格物致知"的诠释中，体现了"求科学之真"与"明道德之善"的统一，打破了传统天人合一思路格局，以"即物穷理"为沟通主体与客体之间的认知桥梁，为古今科学文化的发展和延续，提供了坚实的交合点。

从朱熹对"格物致知"的解释中我们可以看出，要"格物"首先不能离物空谈，而要到具体事物上去考察；其次，要"穷理"，即以道器统一为前提，坚持理在物中，研究自然和社会中的事物之理，探讨每一事物的内在规律性；再次，"至极"，钱穆先生指出："惟格物求能至乎其极，乃可以望一旦之豁然而贯通。苟不然，一知半解，不尽不实，亦终无贯通可言。……格物须能逐项求至乎其极，积累后乃可豁然而贯通也。"③朱熹强调要把事物之理推到极致，研究事物的一般规律。"万物庶事，莫不各有当止之所。……故为人君，则其所当止者在于仁；为人臣，则其所当止者在于敬；为人子，则其

---

① 黎靖德：《朱子语类》（第一册），中华书局2011年版，第229页。
② ［宋］朱熹：《四书或问》，上海古籍出版社2001年版，第22-23页。
③ 钱穆：《朱子新学案》（第2册），九州出版社2011版，第634-635页。

所当止者在于孝;为人父,则其所当止者在于慈;与国人交,则其所当止者在于信。"① 通过求真务实的科学态度,对事物的格致,才能了解现实的自然、社会、人生本来面目的真理性。

朱熹"格物致知"论,体现了科学理性与价值理性的内在统一。"朱熹把格自然之物包含于进入'圣贤之域'的起点的格物之中,他实际上已经看到科学对于为学成人、道德修养的价值。"②

(三)"涵养须用敬,进学在致知":朱熹"格物致知"论中的知识与道德

朱熹说:"涵养须用敬,进学则在致知。""致知在乎所养,养知莫过于寡欲。""格物者,适道之始,思欲格物,则固已近道矣,是何也?以收其心而不放也。"③ 朱熹在《孟子集注》中说:"学问之事,固非一端,然其道则在于求其放心而已。盖能如是,则志气清明,义理昭著,而可以上达。不然则昏昧放逸,虽曰从事于学,而终不能有所发明矣。"④ 朱熹在《中庸章句序》中,提出其"人心""道心"说,朱熹认为,心的虚灵知觉只有一个,但它却有"人心"和"道心"的区分。"人心"根源于人的"形气之私",是从人的"气质之性"发出的可善可不善之心;而"道心"是至善之心,是从纯粹的"天命之性"发出的。无论"上智"或"下愚"、"天子"或"庶人"都毫无例外地具有人心和道心,但人心如果不以道心加以控制和指导,就会流于不善,危害社会。因此,作为学问之道的"求放心"也就是引导人们用"道心"改造"人心",就是坚持以"天理之公"战胜"人欲之私"⑤。

朱熹主张,"天理"是体现在每一个人在身心性命之中的安身立命之本,不仅仅是一种外在的客体。"天理"是超越的终极存在,是人类社会的最高原则。朱熹主张,对天理要持"敬"的态度。"察天行以自强,察地势以厚

---

① [宋]朱熹:《四书或问》,上海古籍出版社2001年版,第15页。
② 乐爱国、高令印:《朱熹的科技伦理思想》,《孔子研究》1998年第3期,第89-92页。
③ [宋]朱熹:《四书或问》,上海古籍出版社2001年版,第22页。
④ [宋]朱熹撰,陈立校点:《四书章句集注》,辽宁教育出版社1998年版,第359页。
⑤ [宋]朱熹撰,陈立校点:《四书章句集注》,辽宁教育出版社1998年版,第15页。

德,……求其所以然与其所以为者之妙也。"①

朱熹在《大学或问》中,建立了以天理为核心的道德信仰体系,在此基础上所论及的知识与道德的关系包括两个方面:一方面,知识以道德为依据。朱熹主张"持敬观理"。他说:"'格之之道,必立志以定其本,居敬以持其志,志立乎事物之表,敬行乎事物之内,而知乃可精'者,又有以合乎所谓'未有致知而不在敬'之旨,但其语意颇伤急迫,既不能尽其全体规模之大,又无以见其从容潜玩、积久贯通之功耳。"② 在这里,朱熹强调"格物致知"活动之前,应有居敬的涵养工夫。另一方面,道德以知识为基础。朱熹认为,"上达天理"的信仰本体的体悟的实现,必须通过"下学人事"的致知工夫的不断积累。如果没有"内圣",即对基础知识的把握和修身的具体实践,也就无法实现儒家的信仰。《大学》中"八条目"——"格物、致知、诚意、正心、修身、齐家、治国、平天下",就是强调"内圣外王",即以知识为基础进而实现儒家的道德信仰。

三 朱熹"格物致知"论与道德教育

朱熹的"格物致知"论的根本目的是维护和巩固封建统治阶级的利益,巩固封建统治秩序。但其"格物致知"论中蕴涵着一些具有普遍性、永久性的价值因素,对格物、致知的强调,可以说是朱熹对中国哲学乃至整个中国传统文化最重要的贡献之一。朱熹的"格物致知"论的基本思路,是要通过对自然界和社会中事物的认识,去拓展与扩充道德知识,通过把握道德总原则,"明明德","止于至善",实现人的自我价值。这里实现了知识目的与价值目的有机统一,有助于避免在"格物致知"问题上的工具主义与价值主义的对峙,有利于实现知识与价值的有机统一。吸取朱熹"格物致知"论中的合理因素,对我们当代的道德教育,尤其是大学的德育教育的良性发展具有重要意义。

---

① [宋]朱熹:《四书或问》,上海古籍出版社2001年版,第27页。
② [宋]朱熹:《四书或问》,上海古籍出版社2001年版,第27页。

(一)"明人伦":大学教育的最终目的

朱熹把"明明德、新民(亲民)、止于至善"三者确定为大学的"纲领"。朱熹曾批评违反大学教育的宗旨的乱象,"自孟子没而道学不得其传,世之君子,各以其意之所便者为学。于是乃有不务明其明德,而徒以政教法度为足以新民者;又有爱身独善,自谓明其明德,而不屑乎新民者;又有略知二者之当务,顾乃安于小成,狃于近利,而不求止于至善之所在者。……其能成己成物而不谬者鲜矣。"①

人才培养、科学研究、服务社会和文化传承是现代大学的四大功能。道德是文化的基础,大学正是通过"明人伦""明明德",即通过求善与明德的引领和示范作用,来促使一个民族文化基础的形成。著名教育家唐文治先生指出:"须知吾人欲成学问,当为第一等学问;欲成事业,当为第一等事业;欲成人才,当为第一等人才。"②

著名教育家梅贻琦先生认为,西方大学教育的本源是希腊人生哲学,其精髓即"'一己之修明'是已"③。他还借用孔子《论语·宪问》中孔子对君子的诠释和《大学》中的"大学之道",提出"儒家思想之包罗虽广,其于人生哲学与教育理想之重视明明德与新民二大步骤,则始终如一也"④。著名教育家潘光旦认为:"教育的对象是一个囫囵的人,所谓囫囵或整体指的当然是人的性格。"⑤一言以蔽之,大学教育的最高境界,就是培养学生的道德情操,丰富、提升他们的知识和能力。大学之"大",主要在于它为社会提供道德理想,而不仅在于它要产生知识与思想。

(二)知性取向:道德教育的边缘化

在现代社会,由于市场经济的冲击,大学服务社会的功能日益凸显,服

---

① [宋]朱熹:《四书或问》,上海古籍出版社2001年版,第27页。
② 杨东平:《大学精神》,辽海出版社2006年版,第366页。
③ 杨东平:《大学精神》,辽海出版社2006年版,第68页。
④ 杨东平:《大学精神》,辽海出版社2006年版,第69页。
⑤ 杨东平:《大学精神》,辽海出版社2006年版,第251页。

务经济发展成为大学的主要目标，大学教育的主要目的也已经演变成为经济和科技进步生产知识，为市场培养劳动力。倡导教育产业化、商业化的人士认为，大学是社会的职业训练机构，大学中的教师与学生的关系是商业关系，教师向"顾客"（学生）售卖产品（教育服务），以获取利益和相应的回报。诸如此类，不一而足。由于工具理性的泛滥和大学教育的知性取向，从根本上弱化了道德教育的地位，造成了道德教育的危机，导致了道德教育的异化——工具化的道德教育。工具化的道德教育营造的道德世界和道德生活是缺乏人文精神与人文关怀的，是不利于德性生成的。教育的对象是人，教育作为塑造人的社会性活动，不仅仅要教人以知识和技能，更要注重培养学生高尚的品德，以及对国家和社会的奉献精神和责任感。

科学理性是真、善、美的统一，不是单纯求真的片面的技术理性，而是包含着"善"与"美"理念的健全理性。学者、知识分子和科学家固然各有其"长技"和专门的知识，但关键在于"载道"与"弘道"。真正意义上的科学理性是包含着"德性"和"操守"的，绝不是纯工具性学问。朱熹曾指出教育的目的就是"复其性"。我们认为，今天要回复科学的人文性，首先要回复科学内在的道德功能、良知和社会责任感。教育，特别是道德教育，必须处理好事实判断与价值判断的关系问题。

（三）道德教育：事实与价值、求真与向善的统一

从朱熹"格物致知"论的表述中，我们可以窥见朱熹已注意到了知识与道德、事实与价值、下学与上达、科学与人文的矛盾，强调了它们的内在统一性，并为解决这些矛盾作了不懈的探索。

道德教育与知识技能的教育两者并不会发生必然冲突。然而，在中国古代的道德教育中，由于理想成分过重，所以排斥知识和技能的教育。现代社会，工具理性、科技理性的泛滥，又导致了价值理性、道德理性被边缘化。事实上，"求真"与"趋善"是相互匹配、相得益彰的。如果失去道德本身应具有的"是"，也就同时失去了道德本身所具有的"应当"，其道德价值也将会大打折扣。因此，在道德教育中，"求真"与"趋善"也具有内在统一性。道德价值的科学阐释是建立在道德事实的基础之上的，在现实的人类实践活

动中，既不存在纯粹表达事实的语言系统或概念体系，也不存在纯粹表达价值的语言系统或概念体系。

总之，朱熹的"格物致知"论启示我们，在当今大学越来越变为"知识工厂"的趋势之下，大学还应该在培养具有较高道德水平的人这一方面承担起自己的责任。在道德教育实践中，应注重培养学生的道德行为选择能力，即具备把事实判断与价值判断相统一起来的意识和能力。社会也应当提倡这种事实与价值相统一的价值观和道德智慧，并以此来评价人们的道德思维方式和道德行为方式，从而提高道德教育的实效性。

第二节 "朱陆之辩"：关于道德法则认识途径的不同解读

"朱陆之辩"是中国思想史上的一桩公案。20世纪以来，学者从不同的角度对这场辩论进行了解说，也阐述了多种见仁见智的观点和结论。如果我们以政治伦理为视角进行考察，就会发现其实朱陆之辩所涉及的核心问题实际上是关于道德法则从何而来的问题，即对道德法则认识途径的不同解读。

一 "朱陆之辩"的由来和基本内容

"朱陆之辩"，目前学界一般认为是指南宋理学代表人物朱熹与心学代表人物陆九渊（被称为"象山先生"，学者常称其为"陆象山"）之间的学术辩论。另一学术名词是"朱陆之辨"，又称"朱陆异同之辨"（朱陆异同）。历代学者在研究朱陆异同时，多以"朱陆之辩"为核心。朱陆之辩与朱陆异同并不只是朱熹与陆象山两位哲学家之间的事情，由他们讨论哲学问题的性质所决定，他们的辩论所引发的思考，对中国学术乃至整个社会产生着深远的影响。

朱熹与陆九渊论辩的公开化始自于陆九渊在鹅湖之会上所作的"支离"

与"简易"诗:"墟墓兴哀宗庙钦,斯人千古不磨心。涓流积至沧溟水,拳石崇成泰华岑。易简工夫终究大,支离事业竟浮沉。欲知自下升高处,真伪先须辨只今。"① 诗的意思是说,人道德之"本心"是始终同一,千古不变,本来就有的。他认为古今圣人,心同此心,理同此理,因而发明本心是成就一切事业的基础。"心学"的治学方法,简单容易,并申明心学是宜知宜行的"易简工夫",它必将弘扬光大,而朱子的学说,繁琐零碎,是不得要领的支离事业。陆九渊认为,自己开创的心学可以永恒长久,是"易简工夫",是直指人心的真"工夫";而朱熹主张的则会疏远根本而陷于繁琐之末节,是只会浮沉不定的伪"工夫"。象山认为,既然"本心"或者"理"是每个人平等拥有的,那么道德功夫只能是个体自身努力的结果。

鹅湖之会为朱陆之辩的公开化,学术界一般把朱陆之辩称为"程朱"与"陆王"的门派对立。笔者吸取学术界观点,将他们的对立概括为以下几点:

(一)本体论不同:外在的"理"与内生的"本心"

朱子说"即物穷理",陆象山说"心即理"。朱子的"理学"以形而上本体之"理"为核心,陆九渊的"心学"虽然以"心"为标识,但是同样以本体"理"为核心,因为陆九渊提出"心即理"。不同点在于,朱子的"理"是外在于人的先验存在,并且对人具有绝对的支配性和约束性,而陆象山所说的"理"是内在于人们"心"中,因而主体的人对于"理"具有充分的能动性和自主性。朱子认为,"理"的存在独立于人之外,是宇宙的本原,他超越时空,同时,也是人类社会和自然的最高法则,天地万物都受"理"的制约和支配,自然界和人类社会都统一于"理"。陆象山也把"理"作为形而上的本体。他说:"四方上下曰宇,往古来今曰宙。宇宙便是吾心,吾心即是宇宙。千万世之前,有圣人出焉,同此心同此理也。千万世之后,有圣人出焉,同此心同此理也。东南西北海有圣人出焉,同此心同此理也。"② 陆象山通过

---

① 陆九渊:《陆九渊集》,中华书局1980年版,第427-428页。
② 北京大学哲学系中国哲学史教研室:《中国哲学史教学资料选辑》(下册),中华书局1982年版,第129页。

"心即理"的命题，把"理"与主体人进行了关联，为人积极追寻"理"的道德实践打开了能动性之门。

此处需要指出的是，陆象山提出"心即理"的命题并不是说人心产生了"理"，也不是指宇宙之理是人心的产物。理既存在于人心之中，又普遍存在于天地之间，他说"万物森然于方寸之间，满心而发，充塞宇宙，无非此理"，这都是强调宇宙普遍之理与内心的道德准则的同一性，理具有客观性、必然性、普遍性。朱子把心分为道心与人心，提出合乎天理者为道心，落于人欲者为人心。对此，陆象山评论说："《书》云：'人心惟危，道心惟微。'解者多指人心为人欲，道心为天理，此说非是。心一也，人安有二心？"①

（二）工夫论不同：道德修养路径的内求与外索

谢无量将这一不同界定为"讲学法之异"："晦庵说'即物穷理'，象山说'心即理'。陆王偏重此心，故特有心学之名。而晦庵之学，则求之于知者较多也。朱学为经验的、归纳的，故学者力量不足，或流于支离灭裂；陆王之学，为直觉的，为演绎的，其流或入于禅。"② 如何进行道德修养？朱子和象山提出了不同方法的"内圣"工夫。朱子主张格物致知、知先行后，象山主张发明本心；朱子主张向外探索，进行量的积累，知众多分殊之理而最终明一理；象山坚持向内寻求，通过逐层剥落而直达本心。

朱子的工夫论以知识论为基础和前提，他认为道德工夫首先在于通过格物达到致知，然后再去行，即知先行后，应该由知来判定、分辨行是否正确，应该在合于"理"之知的指导下去行，进行道德实践。"知行常相须，如目无足不行，足无目不见。论先后，知为先；论轻重，行为重。"③ 如前文所述，朱子所主张的格物对象非常广泛，包括自然界和社会中的一切客观对象。格物的目的在于明"理一分殊"中之"一理"。只有不停地格物，不断积累"分

---

① 北京大学哲学系中国哲学史教研室：《中国哲学史教学资料选辑》（下册），中华书局1982年版，第130页。
② 谢无量：《谢无量文集》（第3卷），中国人民大学出版社2011年版，第310页。
③ 北京大学哲学系中国哲学史教研室：《中国哲学史教学资料选辑》（下册），中华书局1982年版，第111页。

殊"之理，才有可能豁然贯通，达到对"一理"的认识，最终体认到万物普遍之理。

由于双方本体论上的分歧，朱子主张的向外寻理的道德修养工夫受到了陆象山的批评。朱子认为，"理"外在地支配主体人，因而人须"格物穷理"，向外寻"理"；陆象山认为，本体为"本心"，为主体人所固有，道德修养自然应该向内探索，达到心、理合一的目标。他说："心只是一个心，某之心，吾友之心，上而千百载圣贤之心，下而千百载复有一个圣贤，其心亦只如此。心之体甚大，若能尽我之心，便与天同。"① 因此，象山主张的道德工夫不是格物致知、知先行后，而是"切己自反""发明本心"，是不断剥落遮蔽"本心"的外在事物，而非不断积累与道德修养并无关联的知识。"学者须是打叠田地净洁，然后令他奋发植立。若田地不净洁，则奋发植立不得。古人为学即读书，然后为学可见。然田地不净洁，亦读书不得。若读书，则是假寇兵，资盗粮。"② 因此，象山把朱子的方法称为"支离事业"，称自己的道德修养方法为"易简工夫"。

（三）文化观不同：对佛教身份的不同判定

两汉以降，释、道学说的兴盛，对以儒家为核心的中国传统伦理产生了极大的冲击和破坏。为此，宋明理学的一个根本任务，就是吸收释、道两家的理论成果和思辨方法，重建以儒学为核心的传统伦理，这也是朱、陆所处时代的儒家学者所面临的最重要课题。如何对待佛教的文化就成为他们所必须面对的一个重要问题，朱、陆二人对佛教的态度存在着差异。

朱熹对于佛教持反感的态度，他立儒学为正统，把与儒家价值伦理相异的佛教定位为异端。如果仅从语言判断的角度而言，相异即指不相同，把相异者称为异端本没有价值层面的善恶和褒贬之意。但是，我们从朱熹的相关论述中发现，他把"异"归之于"邪"，把"同""异"的事实之别上升为

---

① 北京大学哲学系中国哲学史教研室：《中国哲学史教学资料选辑》（下册），中华书局1982年版，第136页。

② 北京大学哲学系中国哲学史教研室：《中国哲学史教学资料选辑》（下册），中华书局1982年版，第138-139页。

"正""邪"的价值对立，坚决地反对和排斥包括佛教在内的异质文化。他说："若夫释氏则自其因地之初，而与此理已背驰矣。乃欲其所见不差，行之不缪，则岂可得哉！盖其所以为学之本心，正为恶此理之充塞无间，而使己不得一席无理之地以自安；厌此理之流行不息，而使己不得一息无理之时以自肆也。是以叛君亲，弃妻子，入山林，损躯命，以求其所谓空无寂灭之地而逃焉，其量已隘而其势已逆矣。……虽自以为直指人心，而实不识心；虽自以为见性成佛，而实不识性。是以殄灭彝伦，堕于禽兽之域，而犹不自知其有罪。"①

与朱熹把佛教归于"邪说"的观点不同，陆象山较为客观地从认知层面把佛教划归为与儒学不同的"异"，表现了他对佛教文化的尊重与平等对待的意识。象山在理性分析的基础上，对佛教予以辩证分析，取舍多是依理而非情感之喜好。象山说："盖异与同对，虽同师尧舜，而所学之端绪与尧舜不同，即是异端，何止佛老哉？"可以看出，象山只从学理上区分儒学与佛学。同时，儒学与佛学的社会功用和价值是平等的。事实上，文化是人类在历史上共同创造的财富，在多元文化中，不同的文化主体在地位上应该是平等的。唯有不同民族所创造的差异性文化的存在，世界文化才会充满生命活力和丰富多彩。因此，对待异质文化应该有一种包容的心态，通过有选择地吸取和扬弃的过程实现不同文化的共同发展。

二 学术界关于"朱陆之辩"的实质的讨论

从哲学史角度分析，朱子与象山究竟在争论什么问题？或者从哲学上说朱陆之辩的实质是什么？对此，以往学者的研究多侧重于对儒家伦理的知与行、认识与实践以及对世界本原是什么问题的认识上。

1929年，钟泰的《中国哲学史》指出："朱陆异同，盖宋以来一大学术争端也。陆门以朱为支离，朱门以陆为狂肆。……盖子静所说，是尊德性事；

---

① 北京大学哲学系中国哲学史教研室：《中国哲学史教学资料选辑》（下册），中华书局1982年版，第94页。

晦翁之谈，则道问学为多。此则晦翁自言之，象山自认之。其持论之异，即其所从入之途异也。而晦翁既以为：'义理天下之公。人之所见，有未能尽同者，正当虚心平气，相与熟讲而徐究之，以归于是。'象山亦谓：'道一而已，不可不明于天下后世。'于是朱必强陆从朱，陆必强朱从陆。……《中庸》言'诚则明，明则诚'。诚则明，先尊德性而后道问学也；明则诚，先道问学而后尊德性也。然则两先生之异，何伤于两先生之同乎？两先生惟必不欲人之异于我，而必以我同以律人，于是门户不得不分，而是非不得不起，是则两先生皆不能无过者也。"① 显然，钟泰是从尊德性与道问学相统一的视角解读朱陆之辩。

1934年冯友兰在《中国哲学史》一书中对钟泰的观点提出疑问，冯友兰指出："一般人之论朱陆异同者，多谓朱子偏重道问学，象山偏重尊德性。此等说法，在当时即已有之，然朱子之学之最终目的，亦在于明吾心之全体大用。此为一般道学家共同之目的。故谓象山不十分注重道问学可；谓朱子不十分注重尊德性不可。且此点亦只就二人之为学或修养方法上言之。……朱陆之不同，实非只其为学或修养方法之不同，二人之哲学，根本上实有差异之处。此差异于二程之哲学即已有之。伊川一派之学说，至朱子而得到完全的发展。明道一派之学说，则至象山慈湖而得到相当的发展。若以一二语以表示此二派差异之所在，则可谓朱子一派之学为理学，而象山一派之学则心学也。朱子言性即理，象山言心即理。此一言虽一字之不同，而实代表二人哲学之重要的差异。"②

唐君毅对于朱陆异同的解读，与冯友兰一样，反对所谓朱熹主道问学、陆象山主尊德性之说，但又与冯友兰所谓"朱子言性即理，象山言心即理"不同，落在了工夫论的差异上。唐君毅在《中国哲学原论·原性篇》中说："朱陆自有同异。此同异固不在一主尊德性一主道问学，二家固同主尊德性也。此同异……在二贤之所以尊德性而学圣贤之工夫上。"③ 所以，朱陆之异，

---

① 钟泰：《中国哲学史》（下），台湾商务印书馆1967年版，第58-59页。
② 冯友兰：《中国哲学史》，商务印书馆1934年版，第928-929页。
③ 唐君毅：《中国哲学原论·原性篇》，中国社会科学出版社2005年版，第349页。

不在于是否讲"心即理",讲"心与理一",而在于如何达到"心与理一"。唐君毅认为,陆象山讲"心即理"实际上可以说是继承和发展了二程所谓的"理与心一,而人不能会之为一",而朱熹则继承了二程之言,"心性理之关连于气质之昏蔽,而心与性理不一"①。唐君毅又认为,求心合乎理,以使心与理一,是朱陆都赞同的。不同的是,陆九渊讲"心即理",以心与理为一,"乃要在自象山之视'满心而发,无非是理',而教人自发明此即理即心之本心上说。朱子果有以心与理为二之言,则初是自人之现有之心,因有气禀物欲之杂而恒不合理;故当先尊此理,先有自去其气禀物欲之杂之工夫,方能达于心与理一上说"②。唐君毅进一步解释说:"在第一义上,朱陆之异,乃在象山之言工夫,要在教人直下就此心之所发之即理者,而直下自信自肯,以自发明其本心。而朱子则意谓人既有气禀物欲之杂,则当有一套内外夹持以去杂成纯之工夫,若直下言自觉自察识其心之本体,则所用之工夫,将不免于气质之昏蔽,夹杂俱流。"③可见,在唐君毅看来,朱陆之异最根本的点在于陆九渊强调"发明其本心",而朱熹则强调"去其气禀物欲之杂"和相应的一套主敬涵养之工夫。谢无量的《中国哲学史》一书指出:"陆学尚简易直截,朱学重学问思辨;朱学在即物穷理,陆学言心即理。一主于经验,一主于直觉,一主于归纳,一主于演绎,此其所以卒异也。"④

三 "朱陆之辩"的政治伦理解读

从哲学本体上说,朱熹认为,真正永恒和绝对的存在是人之外的先验存在的天理;而陆九渊却说"千古不磨心",即"心"才是真正的永恒存在。接下来,陆象山又提出朱熹教人每物必格会增加人的认识负担,使人不能获得对天理的认识,而自己教人直接认识本心的方法简单易行,是正确的为学之方和认识方法。"天下之理无穷,若以吾平生所经历者言之,真所谓伐南山之

---

① 唐君毅:《中国哲学原论·原性篇》,中国社会科学出版社2005年版,第360页。
② 唐君毅:《中国哲学原论·原性篇》,中国社会科学出版社2005年版,第349页。
③ 唐君毅:《中国哲学原论·原性篇》,中国社会科学出版社2005年版,第349页。
④ 谢无量:《中国哲学史》,中华书局1916年版,第400页。

竹，不足以受我辞。然其会归，总在于此。"①

如果我们从政治伦理和本体论的视角来分析，尽管朱熹和陆九渊的为学之方和认识论有所区别，但最终都是为了为社会提出一个应然的道德法则，用以指导人的社会生活。朱熹从外在规范上讲道德，认为人的伦理原则和道德法则都是外在于人的天理，现实生活中伦理原则的可靠性，根源于作为客观存在的天理的可靠性。但是，陆九渊却不认为外在的天理是道德上的法则，而是认为人心本来就是天理，道德是人们内在的价值追求，道德法则先验地存在于人的内心之中，不需要再去追求一个外在的天理。即是说，天理是靠人们在自己的主观意识中去体认的，即使是像程朱所说的那样，天理是天地万物存在和变化的终极原因，但如果离开了人们的主观把握，这个原因也就失去了意义。这样看来，道德原则是否可靠，根源于体认这个道德原则的主体，即"人心"是否可靠。

朱熹和陆象山的分歧还表现在认识论层面。朱熹已经认识到理是独立的客观存在，是外在于人的。所以必须不断地接触外在事物才能获得对天理的认识，按照朱熹所说的"理一分殊"模式，要获得对普遍天理的认识，就必须不断增多"积习"，达到"脱然有贯通处"。按照人的认识规律，人对于具体事物的认识达到一定程度之后，就会将其融会贯通，获得对普遍天理的认识。但是，我们应该看到，朱熹的这一观点实际上存在着逻辑上的矛盾。如前所述，在朱熹的哲学中，天理是形而上的超验的存在，如此，人们如何可能通过现实的、感性的、实体的体验去求得超验的知识呢？按照康德理论，客观世界分为现象界与物自体，人对于具体事物的认识只能停留在作为经验世界的现象界，是永远无法达到物自体本身的，天理作为对于超验世界的认识是无法在经验的世界获得的。因此可以说，朱熹经验主义的认识论和先验主义的本体论在逻辑上存在严重背离。朱熹的认识论，被陆九渊指责为最终使人无法获得对于整个世界的认识，更无法获得伦理道德的知识。陆九渊认为，穷理尽性的方法应该是"先立乎大者"，他说：

---

① 北京大学哲学系中国哲学史教研室：《中国哲学史教学资料选辑》（下册），中华书局1982年版，第132页。

"千古圣贤若同堂合席，必无尽合之理。然此心此理，万世一揆也。"① 因此，返还人的本心才是穷理的最根本途径。

我们还可以从伦理与道德的关系上解读"朱陆之辩"。黑格尔说："意志从外部定在出发在自身中反思着，于是被规定为与普遍物对立的主观单一性。这一普遍物，一方面作为内在的东西，就是善，另一方面作为外在的东西，就是现存世界；而理念的这两个方面只能互为中介，这是在它的分裂中或在它的特殊实存中的理念；这里我们就有了主观意志的法，以与世界法及理念的法（虽然仅仅自在地存在的理念）相对待。这就是道德的领域。……被思考的善的理念在那个在自身中反思着的意志和外部世界中获得了实现，以至于作为实体的自由不仅作为主观意志而且也作为现实性和必然性而实存；这就是在它绝对地普遍的实存中的理念，也就是伦理。"②

伦理与道德的关系问题，在朱子与象山这里有了多方面、多层次的新内涵。其一，朱子哲学侧重于对儒家伦理纲常及其德目作出形而上的论证，象山对于伦理本身却很少涉及，对于道德则甚为专注。准确地说，朱子哲学的特色在于对儒家伦理所作的本体论的论证，但其哲学思想兼备伦理、道德；而象山对伦理涉及太少，多注重于道德。其二，在道德的根源问题上，朱陆对立表现为道德源于"理"还是源于"心"。细言之，道德是源于外在的"理"或"道"，还是源于人的内心；是源于宇宙的普遍公理，还是源于人的本性。在道德修养上，是"格物致知"还是"发明本心""致其良知"，均源于对道德根源问题的不同认识。孟子只是从人性上讲，认为道德根源于人的道德良心。而朱子与象山对于道德根源问题的争论比孟子只是讲"四端"与"良心"更深刻，更有思想价值。其三，朱陆之辩使得伦理与道德的关系作为一个道德哲学的普遍问题被提了出来。个体道德或社会伦理存在着的不同程度的差异，成为伦理与道德之间紧张关系与相互冲突的根源。而伦理与道德之间的这种内在紧张又是儒家伦理和一切伦理学说在道德实践中所共有的普

---

① 北京大学哲学系中国哲学史教研室：《中国哲学史教学资料选辑》（下册），中华书局1982年版，第132页。
② [德]黑格尔著，范扬、张企泰译：《法哲学原理》，商务印书馆1979年版，第41页。

遍现象，因而这一问题本身具有哲学上的意义。由此，朱子与象山所讨论、辩论的伦理与道德的关系问题，就不仅仅是基于他们的时代的一个特殊性问题，而是具有普遍理论意义的哲学问题。

第三节　格君心之非：实践政治伦理思想的起点

朱熹认为，《大学》为大人之学，《大学》是圣人做天下之根本。"自天子以至于庶人，一是皆以修身为本。""一是"，一切也，一切以修身为本。在修身问题上，把作为天子的"君"与一般的人放在同等地位作要求，是当时朱熹独到的地方。所有的人，都以"修身"为起点，整个社会都以"修身"为本，所有人的社会政治理想，都以"治国平天下"这一政治伦理思想为宗旨。通过"诚意""正心""慎独"等方法来实现"修身"，是朱熹"格君心之非"的政治哲学的起点。

一　朱熹对"诚意""正心"基本内涵的诠释

"诚意"从字面上说，是使意念发于精诚，指诚恳的心意，不自欺，也不欺人。语出《大学》："欲正其心者，先诚其意。"历来的学者们对"诚意"的思想都十分关注，而朱熹则更加关注它的政治用途。

"诚意"在朱熹的思想当中占有十分重要的地位，他甚至把"诚意"抬到了和"天理"同等的地位。朱熹认为，只要人们都做到了"正心""诚意"，那么民众就会安分守己，社会就会太平，人人就皆可以成为圣贤。"物格知至，故有以通天下之志，而知千万人之心即一人之心，意诚心正，故有以胜一己之私，而能以一人之心为千万人之心，其如此而已矣。"①

自古以来，"诚意"就是儒家学者们所关注的重要话题，孔子曰："人而

---

① ［宋］朱熹：《四书或问》，上海古籍出版社2001年版，第36页。

无信，不知其可也。"(《论语·为政》)强调诚实守信是为人处世的根本。孟子也说道："诚者，天之道也；思诚者，人之道也。"(《孟子·离娄上》)朱熹注曰："诚者，理之在我者皆实而无伪，天道之本然也。思诚者，欲此理之在我者皆实而无伪，人道之当然也。"① 先秦儒者十分注重"诚"，认为它是做人的根本道理，是自然界所遵循的规律，是人"安身立命之本"。而朱熹则把"诚意"思想发挥到了极致，他认为"诚"是诚实、诚恳，不搞虚假欺骗。具体有四层的内容：其一，"诚"和"理"都是应有的道德本体，具有同等的地位。"言诚者，物之所以自成，而道者，人之所当自行也。……天下之物，皆实理之所为。故必得是理，然后有是物。所得之理既尽，则是物亦尽而无有矣。故人之心一有不实，则虽有所为，亦如无有，而君子必以诚为贵也。"② 其二，"诚"是客观事物的本然的真实的存在，是对客观必然性的概括，《中庸》曰："惟天下至诚，为能尽其性；能尽其性，则能尽人之性；能尽人之性，则能尽物之性。"朱熹注曰："天下至诚，谓圣人之德之实，天下莫能加也。尽其性者，德无不实，故无人欲之私。而天命之在我者，察之由之，巨细精粗，无毫发之不尽也。人物之性，亦我之性，但以所赋形气不同而有异耳。"③ 其三，"诚"指真实的美德，它要求人们要真诚地为人处事，要言行诚实，反对欺骗、虚伪，包含着诚实地做自己和对待别人的双重内涵。"惟其表里皆然，故谓之诚。若外为善，而所思有不善，则不诚矣。为善而不终，今日为之而明日废，则不诚矣。"④ 钱穆先生说："心之所发，阳善阴恶，见理不实者，心以为善而实有恶。见理不实，则是心与理有出入而为二也。其意若诚而于理非诚，是自欺也。……于此而求诚意，惟有求其表里如一，必自慊而无自欺，是亦可谓诚意。"⑤ 其四，"诚意"是把通过"格物致知"而获得的对道德的理性认识内化为主体自身的道德意识，从而逐渐使主体有明确的道德责任感的过程。《大学》云："所谓诚其意者，毋自欺也。如恶恶臭，如好

---

① [宋]朱熹撰，陈立校点：《四书章句集注》，辽宁教育出版社1998年版，第305页。
② [宋]朱熹撰，陈立校点：《四书章句集注》，辽宁教育出版社1998年版，第34页。
③ [宋]朱熹撰，陈立校点：《四书章句集注》，辽宁教育出版社1998年版，第33页。
④ 黎靖德：《朱子语类》（第二册），中华书局2011年版，第543页。
⑤ 钱穆：《朱子新学案》（第2册），九州出版社2011年版，第526-533页。

好色。此之谓自慊。"朱熹注曰:"诚其意者,自修之首也。毋者,禁止之辞。自欺云者,知为善以去恶,而心之所发有未实也。……为善以去其恶,则当实用其力,而禁止其自欺。使其恶恶则如恶恶臭,好善则如好好色。"① 这说明隐含着主体具有强大的道德自觉性的"诚意",完全是出于自我的道德自觉和道德习惯,不受外在环境的丝毫影响。"诚"是人"安身立命"的道德源头,是做人的根本,是区分善恶的关键,是衡量人品的标准,是修身的根本工夫。"妄诞欺诈为不诚,怠惰放肆为不敬,此诚敬之别。……诚是自然的实,信是人做的实。故曰'诚者,天之道',这是圣人之信。若众人之信,只可唤做信,未可唤做诚,诚是自然无妄之谓。"②

在对"诚意"的内涵界定的基础上,我们可以进一步理解朱熹关于"诚意"与"致知""正心"的关系的看法。《大学或问》曰:"'欲诚其意者,先致其知。'又曰'知至而后意诚'。然犹不敢恃其知之已至,而听其所自为也。"③ 朱熹在此着力强调"诚意"和"致知"的顺序问题,有两层意思:其一,致知是诚意的基础。朱熹说:"物格者,物理之极处无不到也。知至者,吾心之所知无不尽也。知既尽,则意可得而实也。"④ 可见,"格物致知"仅是对自然之理和人文之理(道德原则与规范)的认识,认识到位后才会对人的心理产生一定的影响进而表现为"诚意"。其二,致知并不等于诚意,因为在获得对事物的认识的同时,主体并未把道德认识主动内化,这一工作由"诚意"完成。主体获得道德意识之后通过高尚的道德情感锻炼坚定的意志,进而在心已发时能对情予以积极的引导控制。"若于理有未明,而心有未正,则吾之所欲者,未必其所当欲,吾之所恶者,未必其所当恶。"⑤

做到"诚意"之后,仍要"正心"。这一点在朱子《大学章句集注》的第七章对"正心"传文的注解中有明确表达。"心有不存,则无以检其身,是以君子必察乎此,而敬以直之,然后此心常存而身无不修也。盖意诚则真无恶

---

① [宋]朱熹撰,陈立校点:《四书章句集注》,辽宁教育出版社1998年版,第5页。
② 黎靖德:《朱子语类》(第一册),中华书局2011年版,第103页。
③ [宋]朱熹:《四书或问》,上海古籍出版社2001年版,第30页。
④ [宋]朱熹撰,陈立校点:《四书章句集注》,辽宁教育出版社1998年版,第2页。
⑤ [宋]朱熹:《四书或问》,上海古籍出版社2001年版,第36-37页。

而实有善矣，所以能存是心以检其身，然或但知诚意，而不能密察此心之存否，则又无以直内而修身也。"① 强调只有诚实的心意，但不能辨明这个端正之心是否存在，就不可能使内心正直而修养自身。《大学或问》曰："此心之灵，既曰一身之主，苟得其正，而无不在是，而耳目口鼻、四肢百骸，莫不有所听命以供其事，而其动静语默，出入起居，惟吾所使，而无不合于理。如其不然，则身在于此，而心驰于彼，血肉之躯，无所管摄。"②

二 朱熹《中庸章句》中的为政以诚思想

关于中国传统儒家的政治伦理思想，《论语·为政》强调了"为政以德"。其中的"德"的内容，根据先秦以及汉代儒家的诠释，被界定为"五常"，即仁、义、礼、智、信。《中庸》讲"诚"，根据宋代以前的传统诠释，"诚"被释为"信"，属于"五常"内容之一。这样就构成了当今学术界对于儒家政治伦理思想的基本理解，即以"为政以德"为基础的儒家政治伦理思想。朱熹以《四书章句集注》中的《中庸章句》对"诚"这一概念予以创新和发挥，他以"真实无妄"释"诚"，认为"诚"是天道与人道的统一，丰富了早期儒家的"德"的内容。《中庸章句·哀公问政》论证了为政与修身、道德的联系，并进一步指出："然一有不诚，则人欲间之，而德非其德矣。"显然，在朱熹看来，"诚"比"德"更为根本，其中蕴含着"为政以诚"的思想。从孔子的"为政以德"发展到朱熹的"为政以诚"，是儒家政治伦理思想的一个重大进步。

朱熹在《中庸章句》中的"为政以诚"思想，集中体现于第二十章《哀公问政》中。以下就根据朱熹在《中庸辑略》中对《哀公问政》的六节划分，对文本内容予以分析。

第一节"哀公问政……不可以不知天"，其中引用孔子曰："文、武之政，布在方策。其人存，则其政举。其人亡，则其政息。人道敏政，地道敏树。

---

① ［宋］朱熹撰，陈立校点：《四书章句集注》，辽宁教育出版社1998年版，第6—7页。
② ［宋］朱熹：《四书或问》，上海古籍出版社2001年版，第31页。

夫政也者，蒲卢也。故为政在人，取人以身，修身以道，修道以仁。"认为为政之道在于"取人""修身""修道"等，强调了君上的道德修养在国家治理中的作用，充分表达了孔子的"为政以德"思想。"政之为言正也，所以正人之不正也。德之为言得也，得于心而不失也。……为政以德，则无为而天下归之。"①《中庸章句·哀公问政》注曰："有是君，有是臣，则有是政矣。……以人立政，犹以地种树，其成速矣。而蒲苇又易生之物，其成尤速也。言人存政举，其易如此。……言人君为政在于得人，而取人之则又在修身。能仁其身，则有君有臣，而政无不举矣。"显然，朱熹大力推崇孔子的"为政以德"思想，并以之为进一步论证的出发点。

第二节"天下之达道五……则知所以治天下国家矣"，其中引了孔子的"五达道"即"君臣也，父子也，夫妇也，昆弟也，朋友之交也"，"三达德"即"知、仁、勇"。朱熹在《中庸章句·哀公问政》的注释中，首先，对"五达道"和"三达德"的内涵予以诠释，认为"五达道"就是"天下古今所共由之路"，即孟子的"父子有亲，君臣有义，夫妇有别，长幼有序，朋友有信"。"三达德"就是"天下古今所同得之理也，一则诚而已矣"，"三达德"即是对"五达道"的认知、体会和加强。其次，论证了两者的关系，"五达道"虽然是人们共同遵循的，假如没有"三达德"则"无以行之"。再次，如何践行"三达德"？"所以行之者一也"，这里的"一"即"诚"。因此，行"三达德"，必须以"诚"，否则就会"德非其德"。可见，在朱熹看来，行"五达道"必须有"三达德"，而行"三达德"，则必须"诚"。由此我们可以认为，在朱熹看来，贯穿"五达道"和"三达德"的核心是"诚"，这就是朱熹的"为政以诚"思想。

第三节"凡为天下国家有九经……所以行之者一也"。《中庸章句·哀公问政》认为，这一节论述了"九经之目""九经之序"即九经排列的根据、"九经之效"、"九经之事"等内容。重要的是，《中庸章句·哀公问政》对"所以行之者一也"注释曰："一者，诚也。一有不诚，则是九者皆为虚文矣，此九经之实也。"在朱熹看来，践行"九经"之法，就是"诚"；如果不"诚"，

---

① [宋]朱熹撰，陈立校点：《四书章句集注》，辽宁教育出版社1998年版，第55页。

则"九经"就都成了虚文;只有做到"诚",才能切实地践行"九经"之法。显然,这也是讲"为政以诚"。《四书或问》曰:"前段主于诚意,故以为有法度而无诚意,则法度为虚器。……若但知诚意,而不知治天下国家之道,则是直以先王之典章文物为虚器。"①

第四节"凡事豫则立……道前定则不穷"。对于其中所言"凡事豫则立,不豫则废",在《中庸章句·哀公问政》中,朱熹将"凡事"注释为"达道""达德""九经"之类。豫,素定也。"言凡事皆欲先立乎诚",即无论什么事都应先树立诚心。《四书或问》还解释说:"所谓前定何也?曰:先立乎诚也。先立乎诚,则言有物而不踬矣,事有实而不困矣,行有常而不疚矣,道有本而不穷矣。"② 显然,朱熹认为,"先立乎诚",才能行"五达道""三达德"以及行"九经"之法。"诚"要比"五达道""三达德"以及"九经"之法更为根本。

第五节"在下位不获乎上……不明乎善不诚乎身矣",所表述的基本思想是:处在下位的人不能"获乎上",即得不到上级的信任,就不可能治理好国家;处在下位的人要"获乎上",即获得上级的信任的途径是先获得朋友的信任,即"信乎朋友";"信乎朋友",即获得朋友的信任的途径是"顺乎亲",即孝敬父母;孝敬父母的途径是先要"诚乎身",即自身真诚;自身真诚的途径是"明乎善",即明白善道。认为在下位的臣子治民的途径依次是"明乎善""诚乎身""顺乎亲""信乎朋友""获乎上",而其中最重要的是要通过"明乎善"达到"诚乎身"。《中庸章句·哀公问政》认为,这一节是"以在下位者,推言素定之意。反诸身不诚,谓反求诸身而所存、所发未能真实而无妄也。不明乎善,谓未能察于人心天命之本然而真知至善之所在也。"《大学或问》曰:"反身不诚,则外有事亲之理,而内无爱敬之实,故亲不见悦。然则欲诚乎身……其道在明乎善而已,盖不能格物致知,以真知至善之所在,则好善必不能如好好色,恶恶必不能如恶恶臭,虽欲勉焉以诚其身,而身不可得而

---

① [宋]朱熹:《四书或问》,上海古籍出版社2001年版,第86页。
② [宋]朱熹:《四书或问》,上海古籍出版社2001年版,第86页。

诚矣。此必然之理也。"①

第六节"诚者天之道……虽愚必明，虽柔必强"，本节强调了天道与人道的关系。"诚者，天之道也；诚之者，人之道也"，即真诚是天赋的品德，使自己真诚，是人为所得的品德。《中庸章句·哀公问政》注曰："诚者，真实无妄之谓，天理之本然也。诚之者，未能真实无妄，而欲其真实无妄之谓，人事之当然也。"本节还区分了"圣人"与"未至于圣"的人的区别，即"诚者不勉而中，不思而得，从容之道，圣人也。诚之者，择善而固执之者也。"《中庸章句·哀公问政》中朱熹注曰："不思而得，生知也。不勉而中，安行也。择善，学知以下之事。固执，利行以下之事也。"不加思考、勉励而从容自然地合乎道，也就是天之道。没有到圣人的地步，就必须牢固地坚持，然后可以使自己做到诚，这就是所说的人之道。《大学或问》曰："天地之间，惟天理为至实而无妄，故天理得诚之名，若所谓天之道、鬼神之德是也。以德言之，则有生之类，惟圣人之心为至实而无妄，故圣人得诚之名，若所谓不勉而中、不思而得是也。至于随事而言，则一念之实亦诚也，一言之更亦诚也，一行之实亦诚也，是其大小虽有不同，然其义之所归，则未始不在乎实也。"②

诚如《中庸章句·哀公问政》按语所言："章内语诚始详，而所谓诚者，实此篇之枢纽也。"就章内六节划分以及《中庸章句》的解读而言，可以分为两层：第一至四节主要讲君王以"诚"治国的为政之道，强调以"诚"行"五达道""三达德"和"九经"之法；第五、六节则主要讲臣子以"诚"治民的治民之道，通过"学、问、思、辨、行"而"明乎善"，以达到"诚乎身"。显然，这确实体现出《中庸章句·哀公问政》的为政以诚思想。"诚乎身"，就是要求臣子面对百姓、面对君王时自身真实无妄。因此，在朱熹看来，所谓"为政以诚"，就是要真实无妄地为政。朱熹之前，特别是先秦儒家所讲的"诚"，即"诚信"，体现为君王的为政之道在于行"五达道""三达德"以及行"九经"之法等"为政以德"思想。与此不同，朱熹在《中庸章

---

① ［宋］朱熹：《四书或问》，上海古籍出版社2001年版，第86—87页。
② ［宋］朱熹：《四书或问》，上海古籍出版社2001年版，第87页。

句·哀公问政》中的"诚"指的是真实无妄,是天道与人道的统一,要比"五达道""三达德"和"九经"之法更为根本,因此,《中庸章句·哀公问政》所讲的"为政以诚",进一步推进了先秦儒家的"为政以德"思想。

三 内圣外王:正心诚意与格物致知的关系

格物与诚意的关系(与此相关的居敬与穷理或涵养与致知的关系)始终是朱熹工夫论思想领域中的一大理论问题。朱熹坚持"格物致知是《大学》第一义"①,他一生对《大学》修改不断,直至逝世前三天,仍在修订"诚意章"②。朱熹强调"吾平生所学"只有正心诚意"四字"。这两个不同表述所引发后世学者的疑惑是:格物与诚意(或穷理与居敬),何者在朱熹工夫论域中占有首要地位?换言之,格物与诚意之间究竟是否存在本末先后的关系③?

吴震认为,从《大学》经典的诠释角度看,朱熹坚持格物在先而诚意在后这一基本立场不变,即从工夫的"次第"看,格物与诚意必有先后关系;但是,如果我们将《大学》工夫视作一整套工夫系统,那么格物与诚意或居敬与穷理则完全可以是一种互相涵摄的关系。当我们将视角转向政治文化层面,就发现以朱熹为代表的宋代道学家们劝导君主实践的第一序工夫往往不是格物致知而恰恰是诚意正心。用今天的话来说,在知识与道德的关系问题上,朱熹对君主所期望的是首先实现高尚的道德人格。即道学家们的哲学思考从来就没有游离于政治生活及其实践之外,他们的人文关怀以及政治参与意识与其理论建构是密不可分的④。

高宗绍兴三十二年(1162年)六月,高宗内禅、孝宗即位之后,朱熹就曾因孝宗诏求直言而上封事,其中便根据《大学》工夫顺序指出:"盖致知格物

---

① 朱杰人等:《朱子全书》(第23册),上海古籍出版社2002年版,第2773页。
② 王懋竑:《朱熹年谱·年谱考异》(第3卷),中华书局1998年版,第407页。
③ 参见吴震《从政治文化角度看道学工夫论之特色——有关朱熹工夫论思想的一项新了解》,《社会科学》2013年第8期。
④ 参见吴震《从政治文化角度看道学工夫论之特色——有关朱熹工夫论思想的一项新了解》,《社会科学》2013年第8期。

者，尧舜所谓精一也；正心诚意者，尧舜所谓执中也。"① 朱熹在此运用道学家所谓的"十六字心传"即《尚书·大禹谟》中的"人心惟危，道心惟微，惟精惟一，允执厥中"中的"精一"与"执中"的工夫分别指称格物致知与正心诚意，这说明两者在朱熹的工夫论系统中是不可偏废的，"互相发明"的。

1194年11月朱熹的《玉山讲义》中提到了《中庸》的尊德性与道问学的关系问题："故君子之学，既能尊德性以全其大，便须道问学以尽其小。……固当以尊德性为主，然于道问学亦不可不尽其力，要当使之有以交相滋益、互相发明。"② 由此可见朱熹对于尊德性与道问学的主次关系的看法，他认为尊德性为大为主，道问学则为小为末。尽管从原则上说，两者是不可偏废、"互相发明"同样重要的，但在价值判断上，朱熹认为尊德性要比道问学更重要。

现在我们再来考察一下朱熹是如何在政治场合，以"正心诚意"工夫向人主进行开导劝说的。1189年，在《己酉拟上封事》中，朱熹说："臣闻天下之事其本在于一人，而一人之身其主在于一心。故人主之心一正，则天下之事无有不正；人主之心一邪，则天下之事无有不邪。如表端而影直，源浊而流污，其理有必然者。是以古先哲王欲明其德于天下者，莫不一以正心为本。然本心之善，其体至微，而利欲之攻不胜其众，尝试验之。"③ 显然，这属于非常明显地要求圣王诚意正心的道德实践。

在1181年的《延和奏札二》中，朱熹说："臣闻人主所以制天下之事者，本乎一心，而心之所主又有天理、人欲之异。二者一分，则公私邪正涂判矣。盖天理者，此心之本然，循之则其心公而且正。人欲者，此心之疾疢，循之则其心私而且邪。公而正者逸而日休，私而邪者劳而日拙，其效至于治乱安危有大相绝者，而其端特在夫一念之间而已。"④ 细读此奏，我们不禁为朱熹的大胆直言而深深感慨，他苦苦劝说孝宗"所以制天下之事者，本乎一心"，并教导孝宗当以"存天理，灭人欲"为主要工夫，才能实现"人主之心正"。

---

① 朱杰人等：《朱子全书》（第20册），上海古籍出版社2002年版，第572页。
② 朱杰人等：《朱子全书》（第24册），上海古籍出版社2002年版，第3592页。
③ 郭齐、尹波：《朱熹集》（第2册），四川教育出版社1997年版，第490—491页。
④ 郭齐、尹波：《朱熹集》（第2册），四川教育出版社1997年版，第514页。

朱熹在1194年《行宫便殿奏札二》中说："若夫致精之本，则在于心。而心之为物，至虚至灵，神妙不测，常为一身之主，以提万物之纲，而不可有顷刻之不存者也。一不自觉而驰骛飞扬，以徇物欲于躯壳之外，则一身无主，万事无纲。虽其俯仰顾盼之间，盖已不自觉其身之所在，而况能反覆圣言，参考事物，以求义理至当之归乎？"① 这是朱熹以孟子"求放心"劝导宁宗，体现了"诚意正心"政治伦理意义。

至此我们可以发现，若从政治伦理的角度看，朱熹在面对君主，向君主劝导工夫实践之际，所拥有"正君心"的勇气，认为君主所应实行的第一序工夫恰恰应该是正心诚意。据此，我们则可说，朱熹自述平生所学只有正心诚意"四字"，当是发自肺腑之言。

综上所述，朱熹正是由格物诚意"不是两事"这一工夫论的究极之论出发，在政治场合向人主进行道德劝说时要求人主作一番正心诚意的工夫，以为天下树立道德楷模，并将正心诚意"四字"宣称为自己平生所学。学界认为，朱熹思想偏重于道问学而轻忽尊德性，但通过以上论述，我们却可以发现，朱熹对正心诚意工夫之重要性是有理论自觉的。同时，朱熹从政治伦理视角对"正心诚意"的解读，也是对早期儒家讲"为政以德"思想的进一步深化。早期儒家的"为政以德"思想，强调行政主体的人格修养对于政治的重要作用，朱熹《中庸章句·哀公问政》以"真实无妄"释"诚"，从天道与人道统一的层面来界定"诚"，其中所蕴含的"为政以诚"的思想，依然延续着先秦儒家的思路。不可否认，从政者的人格修养依然在为政中占主导方面，并且是克服政治腐败的必要环节。但在诚信道德建设日益被重视的当今社会里，朱熹的以"正心诚意"为核心的"为政以诚"思想，可能更能引起社会的共鸣。

---

① 郭齐、尹波：《朱熹集》（第2册），四川教育出版社1997年版，第548页。

第五章

朱熹《四书集注》政治伦理思想的价值诉求与主要规范

优良的政治生活是人类永恒的价值追求，在东西方政治思想史上，对好的政治、善良政治和理想的社会生活状态的向往，是思想家共同关注的主题。在中国古代社会，思想家用"中庸""王道""大同世界"等概念来表达其理想的政治概念。在中国古代思想家那里，这些概念都具有十分丰富的内涵，其既是理想的政治状态，也意味着恰当的治国之道。宋代朱熹作为中国传统政治伦理思想的集大成者，在其理学著作《四书集注》中，对理想的政治伦理秩序与基本的政治伦理规范高度关注，推进了传统中国政治伦理思想的发展，也充分体现了朱熹的思想境界。

第一节 中庸：对理想政治伦理秩序和规范的价值诉求

朱熹在《中庸章句》中对"中庸"的解释是："中者，不偏不倚、无过不及之名。庸，平常也。子程子曰：'不偏之谓中，不易之谓庸。中者，天下之正道。庸者，天下之定理。'"从政治伦理视角分析，"中庸"所追求的是一种"不偏不倚""过犹不及"的理想的政治秩序。《中庸》一书"始言一理，中散为万事，末复合为一理"，其中的"理"即"中庸"。在人伦规范秩序日益受到挑战的今天，根据儒家经典文本，研究"中庸"政治伦理秩序有着重大现实意义。

一 "贤知之过"：作为一个思想命题的出现

《中庸》曰："子曰：'道之不行也，我知之矣。知者过之，愚者不及也。道之不明也，我知之矣。贤者过之，不肖者不及也。人莫不饮食，鲜能知味也。'"这是《中庸》中关于"贤知之过"内容的集中表述。其意为，孔子说，中庸之道不能够实行的原因，我已经知道了：聪明的人往往自以为是，结果经常做事过了头；而愚笨的人却经常因为智力有所不及，而不能够理解它，做事达不到要求。中庸之道不能够彰显的原因，我已经知道了：贤能的人做事情做得太过了，这是不对的；而不贤的人做事又往往做不到位，这也是不可以的。这就好像人每天都要吃吃喝喝，但很少有人能够真正品尝其中的滋味。朱熹注曰："道者，天理之当然，中而已矣。知、愚、贤、不肖之过、不及，则生禀之异，而失其中也。知者知之过，既以道为不足行；愚者不及知，又不知所以行；此道之所以常不行也。贤者行之过，既以道为不足知；不肖者不及行，又不求所以知：此道之所以常不明也。"① 在《四书或问》中，朱熹说："知愚之过不及，宜若道之所以不明也；贤不肖之过不及，宜若道之所以不行也。今其互言之，何也？曰：测度深微，揣摩事变，能知君子之所不必知者，知者之过乎中也。昏昧蹇浅，不能知君子之所当知者，愚者之不及乎中也。知之过者，既惟知是务，而以道为不足行，愚者又不知所以行也，此道之所以不行也。刻意尚行，惊世骇俗，能行君子之所不必行者，贤者之过乎中也。卑污苟贱，不能行君子之所当行者，不肖者之不及乎中也。贤之过者，既惟行是务，而以道为不足知，不肖者又不求所以知也，此道之所以不明也。然道之所谓中者，是乃天命人心之正，当然不易之理，固不外乎人生日用之间，特行而不著，习而不察，是以不知其至而失之耳。"② 这是朱熹对"贤知之过"的内涵和成因的深入诠释。

"贤知之过"的命题，是朱熹在诠释"过犹不及"论述"中道"的原理时

---

① [宋]朱熹撰，陈立校点：《四书章句集注》，辽宁教育出版社1998年版，第19页。
② [宋]朱熹：《四书或问》，上海古籍出版社2001年版，第86页。

所建立的。学术界对"过犹不及"的研究,一般是将之抽象为一个纯粹的哲学命题,考察这一命题的辩证法内涵,完全无视此行为之主体——过与不及的行为者——但是经典文本却恰好对此有着严格具体的规定("过之"者:"智者"和"贤者";"不及"者:"愚者"和"不肖者")。因此,我们有必要从经典文本出发,从行为主体的角度,梳理这一命题的内涵:

其一,《论语》。在《论语·先进》篇中,子贡问孔子:师(子张)与商(子夏)谁更贤?孔子回答说,子张"过"了,而子夏则"不及"。子贡又问:师(子张)更好一些吗?孔子曰:"过犹不及。"朱熹注曰:"道以中庸为至,贤知之过,虽若胜于愚不肖之不及,然其失中则一也。尹氏曰:中庸之为德也,其至矣乎!夫过与不及,均也。差之毫厘,谬以千里。故圣人之教抑其过,引其不及,归于中道而已。"① 可以看出,《论语》主要讨论的是人物性情和行为两者的关系,但"过犹不及"本身则尚未成为中心问题。但是,可以肯定的是:"过犹不及"作为人的行为处事所追求的理想状态,是与行为主体密切相关的。离开了对行为主体的关注,对"过犹不及"的讨论就将失去其本来意义。

其二,《礼记》。《礼记·仲尼燕居》:"子曰:'师,尔过,而商也不及。子产犹众人之母也,能食之,不能教也。'子贡越席而对曰:'敢问将何以为此中者也?'子曰:'礼乎礼,夫礼,所以制中也。'"② 这一记载与《论语·先进》中的内容非常相似,都是论说过与不及的问题,所以广被关注和引用,但是两个文本之间的差别却是十分明显的。《论语》所侧重强调的是从个体气质之别和才性的差异上分析应事接物中"过"与"不及"的不同,即世俗世界中的芸芸众生,由于各自之先天气质和才性的不同,因而出现行为上的"过"与"不及"。但问题是:如何才能避免"过"与"不及"而做到"中"呢?《论语》没有作出回答,而《礼记·仲尼燕居》中的上述文字则恰好回答了这个问题。孔子描述子张的"过",和子夏的"不及"。孔子接下来却说:子产像众人的母亲,能哺育人而不能教育人。从字面意思看,孔子是说子产

---

① [宋]朱熹撰,陈立校点:《四书章句集注》,辽宁教育出版社1998年版,第135页。
② 杨天宇:《礼记译注》,上海古籍出版社1997年版,第865页。

只是众人之"母",原因是子产只能做到"能食之,不能教也",也就是仅仅是从物质上、从身体上保证众人的需要。但是人与动物的区别在于人的道德教化,"饱食、暖衣、逸居而无教,则近于禽兽"(《孟子·滕文公上》)。孔子的真正意思是:子产应该是众人之"父"。《说文解字》对"父"的解释是:"父,矩也。家长率教者。从又举杖。"① "父"具有秩序和严厉的意味。子产应该像"父"那样对众人从伦理秩序上进行严厉的教导。《礼记正义》解释说:"子产犹众人之母,但能恩慈食之,不能严厉教之。"杨天宇先生注曰:"教人须依礼矜庄严肃,而子产过于仁慈,故不能教。……此节记孔子论当以礼制中。"② 在回答子贡"敢问将何以为此中者也"时,孔子的回答是:"礼乎礼! 夫礼,所以制中也。""礼"在此自然地被引了出来。"礼"属于社会秩序,个体因气质才性之参差不齐而导致的过与不及问题就得到了解决,也就是说,只要能够遵循礼制,那么任何人都可以"制中",从而避免过与不及。《论语·学而》曰:"礼之用,和为贵。先王之道斯为美。小大由之。有所不行,知和而和,不以礼节之,亦不可行也。"朱熹注曰:"礼者,天理之节文,人事之仪则也。和者,从容不迫之意。盖礼之为体虽严,而皆出于自然之理。故其为用必从容而不迫,乃为可贵。先王之道,此其所以为美。而小事大事无不由之也。……严而泰,和而节,此理之自然,礼之全体也。毫厘有差,则失其中正,而各倚于一偏,其不可行均矣。"③ "过犹不及"的千差万别的行为主体在此遭到了屏蔽而被引至"礼"统一的秩序面前。

其三,《中庸》。从《论语》到《礼记》,"过犹不及""贤知之过"的命题由日常行为准则上升到以"礼"为标志的社会政治秩序,从一个侧面体现了儒家"内圣外王"的价值取向的不断强化。而在《中庸》中,"过犹不及""贤知之过"的哲理化程度进一步提高。我们从文本上看,《礼记·中庸》中对"过犹不及""贤知之过"的分析,是从阐释"中庸"这一概念入手的:第一,什么是"中庸"?《礼记·中庸》:"仲尼曰:'君子中庸,小人反中庸。'"孔

---

① 段玉裁:《说文解字注》,上海古籍出版社1981年版,第115页。
② 杨天宇:《礼记译注》,上海古籍出版社1997年版,第865页。
③ [宋]朱熹撰,陈立校点:《四书章句集注》,辽宁教育出版社1998年版,第135页。

子把是否遵守中庸的道德标准，作为区别君子和小人的标准。朱熹注曰："中庸者，不偏不倚，无过不及。而平常之理，乃天命所当然，精微之极致也。惟君子为能体之，小人反是。"① 第二，为什么会有"中庸"与"反中庸"的不同？朱熹对《中庸》"君子之中庸也，君子而时中；小人之中庸也，小人而无忌惮也"注曰："君子之所以为中庸者，以其有君子之德而又能随时以处中也。小人之所以反中庸者，以其有小人之心而又无所忌惮也。盖中无定体，随时而在，是乃平常之理也。君子知其在我，故能戒谨不睹，恐惧不闻，而无时不中。小人不知有此，则肆欲妄行，而无所忌惮也。"② 第三，实施"中庸"之德的必要性。孔子对"中庸"之德推崇备至，认为中庸可以说是最完美的道德了，然而人们却很少能长久地实行它。孔子曰："中庸之为德也，其至矣乎！民鲜久矣。"（《论语·雍也》）朱熹注曰："过则失中，不及则未至，故惟中庸之德为至，然亦人所同得，初无难事，但世教衰，民不兴行，故鲜能之，今已久矣。"③

总之，从文本的解读可见，践行"中庸"之道，也就是要求克服"贤知之过"。作为一个明确的命题，"贤知之过"出现在朱子的《论语集注》之中，但对"贤知之过"的政治伦理秩序层面的提升，则出现在《礼记》中。《中庸章句》中，朱熹对"贤知之过"予以发挥和强调并进行了深层论证，将其作为一个明确的命题提了出来。

在《论语》中，"贤知之过"所涉及的"过"与"不及"的行为主体只是具体的个人，在《礼记》和《中庸》中则扩大为类别和群体，上升为社会秩序和政治伦理。这样的转变的意义何在？发生这样的转变的原因是什么？它与中庸又有何关联？诸如此类的问题，都值得详加探究。

二 性—道—教：建立人间秩序的必要性和根据

朱子对"贤知之过"命题的集中阐述，是在《中庸章句》第二章，但是

---

① ［宋］朱熹撰，陈立校点：《四书章句集注》，辽宁教育出版社1998年版，第19页。
② ［宋］朱熹撰，陈立校点：《四书章句集注》，辽宁教育出版社1998年版，第19页。
③ ［宋］朱熹撰，陈立校点：《四书章句集注》，辽宁教育出版社1998年版，第19页。

从第一章到第十一章的内容，都有朱熹对"贤知之过"的分说，所以对"贤知之过"的讨论也最好遵循朱子这一视野。兹将按这十一章内容之顺序，依循朱子的理路进行逐一分析。

第一章的主题在于说明建立人间秩序的必要性和根据。朱熹注曰："道之本原出于天而不可易，其实体备于己而不可离；次言存养省察之要；终言圣神功化之极。盖欲学者于此反求诸身而自得之，以去夫外诱之私而充其本然之善。"① 此章首先以"性—道—教"的结构立题开篇，表现为由内而外、从思想到现实、从抽象到具体地展开。"此先明性、道、教之所以名，以见其本皆出乎天，而实不外于我也。天命之谓性，言天之所以命乎人者，是则人之所以为性也。盖天之所以赋与万物而不能自已者，命也；吾之得乎是命以生而莫非全体者，性也。故以命言之，则曰元、亨、利、贞，而四时五行，庶类万化，莫不由是而出；以性言之，则曰仁、义、礼、智，而四端五典，万物万事之理，无不统于其间。盖在天在人，虽有性命之分，而其理则未尝不一；在人在物，虽有气禀之异，而其理则未尝不同，此吾之性，所以纯粹至善，而非若荀、扬、韩子之所云也。"② 朱熹在《中庸章句》中对"天命之谓性"注曰："天以阴阳五行化生万物，气以成形，而理亦赋焉，犹命令也。于是人物之生，因各得其所赋之理，以为健顺五常之德，所谓性也。"③ 人和物出现是借助于天对各自所赋的理，这就是本性。人和物都具有普遍性的"性"，这就为人物之沟通开启可能，但另一方面却是现实中的人物各不同，具体情况千差万别，这就决定了秩序具有等级差序性。这就留下一个问题：人"性"的普遍性与秩序的特殊性之间构成了同一和差异的矛盾。这就需要化解和解决这一冲突与矛盾。

"率性之谓道"不仅继续展示这一冲突与矛盾，同时也提出了解决之途。朱熹在《中庸章句集注》中对"率性之谓道"注曰："率，循也。道，犹路也。人物各循其性之自然，则其日用事物之间，莫不各有当行之路，是则所

---

① [宋] 朱熹撰，陈立校点：《四书章句集注》，辽宁教育出版社1998年版，第18页。
② [宋] 朱熹：《四书或问》，上海古籍出版社2001年版，第46页。
③ [宋] 朱熹撰，陈立校点：《四书章句集注》，辽宁教育出版社1998年版，第17页。

谓道也。"① 在《四书或问》中，朱子曰："循其所得乎天以生者，则事事物物，莫不自然，各有当行之路，是则所谓道也。盖天命之性，仁、义、礼、智而已。循其仁之性，则自父子之亲，以至于仁民爱物，皆道也；循其义之性，则自君臣之分，以至于敬长尊贤，亦道也；循其礼之性，则恭敬辞让之节文，皆道也；循其智之性，则是非邪正之分别，亦道也。盖所谓性者，无一理之不具，故所谓道者，不待外求而无所不备。"② 《朱子语类》卷六十二中说："'率'字只是'循'字，循此理便是道。伊川所以谓便是'仁者人也，合而言之道也'。"③ "天命之性，指理言；率性之道，指人物所行言。或以率性为顺性命之理，则谓之道。"④ 这里我们需要注意的是：朱子提出顺性命之"理"便是道，也就是说，朱子用"理"来"替换"了文本自身的"性"。在笔者看来，原因即在于上述所言"天命之性"在逻辑上的普遍同一性与现实实践上的特殊差异之间存在着矛盾与冲突。也就是说，如果"循"相同的普遍之"性"，那么就很难建立差序等级的秩序。正是看到了这一矛盾，所以朱子在解释"性"时说："明道曰：'道即性也。若道外寻性，性外寻道，便不是。'如此，即性是自然之理。"⑤ 朱子赋予"性"以"理"的内涵。人物所各得之"理"自身蕴涵了差异和特殊，也蕴涵了秩序和法度的含义。"理"与"道"所共同拥有的"路径"含义——秩序和法度——使朱子在将"理"与"性"合言之时，已经蕴涵"道"之讨论的展开。何谓"道"？朱子认为："道，犹路也。""性"具有抽象性，但是人却是具体的现实存在。现实的人，必须有"路"可走，换言之，人间必须要有具体的人伦规范、秩序法度以约束和规范人们的行动，否则人将无"路"可走。所以，在朱子看来，必须将"率性之谓道"的"性"与"理"结合起来，秩序和法度才会有存在的根基，因此，"率性之谓道"的重大作用就在于预设和肯定了人伦规范和秩序法度的必要性和可能性。问题是这样的逻辑上和理论上的"道"怎样转化为具体的

---

① ［宋］朱熹撰，陈立校点：《四书章句集注》，辽宁教育出版社1998年版，第17页。
② ［宋］朱熹：《四书或问》，上海古籍出版社2001年版，第46-47页。
③ 黎靖德：《朱子语类》（第四册），中华书局2011年版，第1491页。
④ 黎靖德：《朱子语类》（第四册），中华书局2011年版，第1492页。
⑤ 黎靖德：《朱子语类》（第四册），中华书局2011年版，第1495页。

现实的人伦规范呢？这就是接下来所说的"修道之谓教"。

"修道之谓教"即通过道德教化进行"修道"。现实人性具有"气禀或异"的复杂性，所以要制定各种具体规范。值得注意的是，在《中庸章句》中朱子对"修道之谓教"的解释。朱子认为，"修，品节之也"。"修"是指根据品级种类加以节制、制定。本性和道虽然是相同的，但由于禀受气的不同，必然会发生"贤知之过"。朱子将"修"训为"品节"，这就意味着秩序与法度的必然性。"品节"即"按品级而加以节制"。朱子一方面强调了人的自然的"品级"存在的合理性，另一方面强调按照这样的品级加以"节制"。"修道"意为制定各种秩序法度，以规范人之作为。"教"其实就是圣人制定的各种具体的制度规范。所以《中庸》接下来说："道不可须臾离也，可离非道也。"也就说，人间的秩序规范不可能有片刻的分离，否则人就不再是人。但是，由于现实生活中各种诱惑的存在，人便会离弃或者偏离"道"，所以《中庸》接着说："是故君子戒慎乎其所不睹，恐惧乎其所不闻。"所以君子必须"慎其独"。对《中庸》"致中和，天地位焉，万物育焉"，朱熹注曰："致，推而极之也。位者，安其所也。育者，遂其生也。自戒惧而约束之，以至于至静之中无少偏倚，而守其不失，则极其中而天地位矣。……盖天地万物，本吾一体，吾之心正，则天地之心亦正矣。吾之气顺，则天地之气亦顺矣。故其效验至于如此。此学问之极功，圣人之能事，初非有待于外，而修道之教，亦在其中矣。"①

三 "君子中庸，小人反中庸"：朱熹对中庸的诠释

《中庸章句》第一章是主旨所在，朱熹从"性""道""教"的关系上论述了避免"贤知之过"，建立中庸政治伦理秩序的必要性和可能性。第二章到第十一章是对主旨的发明，下面拟根据章节顺序予以分析。

第二章的核心是说君子与小人对中庸的不同态度及其行为。"君子中庸，小人反中庸。"君子肯定中庸，小人则否定中庸。朱子的诠释有两层意思：一

---

① ［宋］朱熹撰，陈立校点：《四书章句集注》，辽宁教育出版社1998年版，第18页。

是"中庸"的内涵:"中庸者,不偏不倚,无过不及。而平常之理,乃天命所当然,精微之极致也。"① 二是不同的人对"中庸"的不同态度。"君子之所以为中庸者,以其有君子之德而又能随时以处中也。小人之所以反中庸者,以其有小人之心,而又无所忌惮也。"② 为什么会有这种区别?朱子进一步解释说,因为小人"中无定体",所以"肆欲妄行,而无所忌惮"。对中庸的不同态度,体现了"君子之德"与"小人之心"的不同。《四书或问》对君子之所以中庸,小人之所以反中庸作了进一步解答:"中庸者,无过不及而平常之理,盖天命人心之正也。惟君子为能知其在我,而戒谨恐惧以无失其当然,故能随时而得中。小人则不知有此,而无所忌惮,故其心每反乎此,而不中不常也。"③ 从中可以看到,朱子特别强调一个人对外在制度规范的遵循。换言之,朱子是以对规范和制度的遵循与否来区分和辨别一个人是君子还是小人的。

第三章感叹说:"中庸其至矣乎!民鲜能久矣!"赞叹中庸是最完美的道德,但是人们很少能长久地实行它。原因在于要使一个人真正地遵循和尊重外在的制度规范是相当困难的。朱子注曰:"过则失中,不及则未至,故惟中庸之德为至,然亦人所同得,初无难事,但世教衰,民不兴行,故鲜能之,今已久矣。"④ 这是什么导致的呢?接下来第四章就谈到这个问题,即"贤知之过"命题的提出与基本内涵。由于前文已述及,在此不再赘述。

"贤知之过"结果都是使"道之不明",也就是使道处于隐而不显的隐伏晦暗状态之中。"过"与"不及"两种状态都是错误的,所以朱子在注解"人莫不饮食也,鲜能知味也"时说:"道不可离,人自不察,是以有过不及之弊。"⑤ 道与人是不可分离的,但是人们自己对此并不能认真辨察,因此才会有过与不及的弊端。在这种情况之下,智者和贤者应当如何去做呢?理想的状态当然是中庸。接下来,朱子分别以智者大舜(第六章)和贤者颜回(第八章)为代表——中间插入孔子对中庸之困难的自述(第七章)——来回答

---

① [宋]朱熹撰,陈立校点:《四书章句集注》,辽宁教育出版社1998年版,第19页。
② [宋]朱熹撰,陈立校点:《四书章句集注》,辽宁教育出版社1998年版,第19页。
③ [宋]朱熹:《四书或问》,上海古籍出版社2001年版,第60页。
④ [宋]朱熹撰,陈立校点:《四书章句集注》,辽宁教育出版社1998年版,第19页。
⑤ [宋]朱熹撰,陈立校点:《四书章句集注》,辽宁教育出版社1998年版,第19页。

智者和贤者如何防止"贤知之过"。

舜是"大知",之所以谓之"大知",是因为舜虽为智者,却能够避免智者"过之"的通病。舜是如何做到的呢?《中庸》曰:"舜好问而好察迩言,隐恶而扬善,执其两端,用其中于民。"朱熹注曰:"舜之所以为大知者,以其不自用而取诸人也。"① 不自以为是而采纳别人的意见,是舜能成为智者的根本原因。在朱子看来,智者一般情况下喜欢"自用",喜欢自以为是,恃自己的聪明才力行事。舜则不然。首先,作为一个智者,他能够贴近现实,"好问而好察迩言",不自以为是;其次,他清楚地了解和承认人间存在着善恶,但"于其言之未善者则隐而不宣;其善者,则播而不匿。……执其两端,而量度以取中,然后用之,则其择之审而行之至矣。……此知之所以无过不及而道之所以行也"②。这就是舜作为一个智者却"大"的缘故。"盖不自恃其聪明,而乐取诸人者如此,则非知者之过矣,又能执两端而用其中,则非愚者之不及矣。此舜之知所以为大,而非他人之所及也。"③《中庸》第七章曰:"人皆曰'予知',择乎中庸,而不能期月守也。"朱熹注曰:"知祸而不知辟,以况能择而不能守,皆不得为知也。"④ 虽然选择了中庸,但不能保持,也不能算是智。

智者的榜样是舜,那么贤者呢?贤者的榜样就是颜回。《中庸》第八章曰:"子曰:回之为人也,择乎中庸,得一善,则拳拳服膺而弗失之矣。'"朱熹注曰:"奉持而著之心胸之间,言能守也。颜子盖真知之,故能择能守如此。此行之所以无过不及,而道之所以明也。"⑤ 从《论语》中对颜回的记载来看,颜回可以说是人在现实生活中的典范。《论语》中记载,孔子对颜回予以高度评价。例如《论语·雍也》曰:"一箪食,一瓢饮,在陋巷,人不堪其忧,回也不改其乐。""有颜回者好学,不迁怒,不贰过。"《论语·述而》曰:"用之则行,舍之则藏。"《论语·为政》曰:"回也不愚。""回之贤而不过,

---

① [宋]朱熹撰,陈立校点:《四书章句集注》,辽宁教育出版社1998年版,第20页。
② [宋]朱熹撰,陈立校点:《四书章句集注》,辽宁教育出版社1998年版,第20页。
③ [宋]朱熹:《四书或问》,上海古籍出版社2001年版,第63页。
④ [宋]朱熹撰,陈立校点:《四书章句集注》,辽宁教育出版社1998年版,第20页。
⑤ [宋]朱熹撰,陈立校点:《四书章句集注》,辽宁教育出版社1998年版,第20-21页。

则道之所以明也。盖能择乎中庸，则无贤者之过矣，服膺弗失，则非不肖者之不及矣。"① 正因为颜回注重道德行为，对中庸既能领会又能"不过"，所以朱熹说他"能择能守"。

在《中庸》第九章中，孔子强调了恪守中庸之道的艰难。朱子在第九章的注解中说："知、仁、勇之事"是天下至难的事情，如果不要求合于中庸，那么要做到这三者并不困难，但是，如果要求符合中庸，那么则相当困难。"然非义精仁熟，而无一毫人欲之私者，不能及也。"②《四书或问》指出，知、仁、勇"三者之事，亦知仁勇之属，而人之所难，然皆必取于行，而无择于义，且或出于气质之偏，事势之迫，未必从容而中节也。若曰中庸，则虽无难知难行之事，然天理浑然，无过不及，苟一毫之私意有所未尽，则虽欲择而守之，而拟议之间，忽已堕于过与不及之偏而不自知矣。此其所以虽若甚易，而实不可能也。"③ 中庸是一种高明的实践智慧，常人、凡人很难做到。

《中庸》第十章以"子路问强"的方式进入对"勇"的讨论。朱熹认为，君子之强是指："国有道，不变未达之所守；国无道，不变平生之所守也。此则所谓中庸之不可能者，非有以自胜其人欲之私，不能择而守也。……夫子以是告子路者，所以抑其血气之刚，而进之以德义之勇也。"④ 这里插入对强的讨论，是因为勇关乎强，但是什么才是智者和贤者应该具备的"强"（勇）呢？

第十一章又回到前面对"贤知之过"的讨论上来，分别以两者的行为来说明两者"过之"的错误，同时表明了君子的适"中"行为。智者和贤者的错误有两种情况。第一种是"素隐行怪，后世有述焉"。朱熹对这样的行为表示极大的鄙视和愤慨，"以其足以欺世而盗名，故后世或有称述之者。此知之过而不择乎善，行之过而不用其中，不当强而强者也，圣人岂为之哉！"⑤ 这是智过分而不选择善，行为过分而不能应用中，不应强而逞强的人。第二种

---

① ［宋］朱熹：《四书或问》，上海古籍出版社2001年版，第63页。
② ［宋］朱熹撰，陈立校点：《四书章句集注》，辽宁教育出版社1998年版，第21页。
③ ［宋］朱熹：《四书或问》，上海古籍出版社2001年版，第64页。
④ ［宋］朱熹撰，陈立校点：《四书章句集注》，辽宁教育出版社1998年版，第21页。
⑤ ［宋］朱熹撰，陈立校点：《四书章句集注》，辽宁教育出版社1998年版，第22页。

是"君子遵道而行，半途而废"。与第一种"素隐行怪"的"不当强而强者也"的错误相比较，这种行为的错误则在于"虽足以及之而行有不逮，当强而不强者也"①。这种人虽有足够的智慧，但行动跟不上，属于应当强而不强的人。君子既然已"遵道而行"，就应该"强力"行之，不可半途而废。君子应当避免上述两种情况，采取正确行为。《中庸》曰："君子依乎中庸，遁世不见知而不悔，唯圣者能之。"朱熹注曰："此中庸之成德，知之尽，仁之至，不赖勇而裕如者，正吾夫子之事，而犹不自居也。"② 在朱子看来，智者和贤者的勇敢不是在获得外在的声名方面，而应该体现在自我的修养方面。

至此，朱子对"贤知之过"的论述告一段落。在总结该部分时朱子说"盖此篇大旨，以知仁勇三达德为入道之门……三者废其一，则无以造道而成德矣。"③ 对知、仁、勇三者的考量必须放置在三者统一和平衡的角度进行，智者和贤者的错误就在于缺乏这样统一和平衡的考量，最终导致道之"不明"与"不行"。

第二节 仁、仁政、德政：朱熹对政治本真的伦理诉求

"仁"是儒家伦理的核心概念、主要范畴，具有"全德"的意义，是一切德目的总称，是孔子学说的中心，其内涵达到了一个崇高宏大的境界，是孔子学说的总概括。朱熹将"仁"释为"爱之理，心之德"，将其提升到了形而上的本体层次。同时，在以《四书集注》为核心的经典文本中，朱熹还对"仁"的政治伦理内涵、儒家的"仁政"思想，以及"为政以德"予以诠释，体现出朱熹对政治本真的伦理诉求。

---

① [宋]朱熹撰，陈立校点：《四书章句集注》，辽宁教育出版社1998年版，第22页。
② [宋]朱熹撰，陈立校点：《四书章句集注》，辽宁教育出版社1998年版，第22页。
③ [宋]朱熹撰，陈立校点：《四书章句集注》，辽宁教育出版社1998年版，第22页。

一 "爱之理,心之德":朱熹的仁学观

《论语·学而》曰:"君子务本,本立而道生。孝弟也者,其为仁之本与?"朱熹注曰:"务,专力也。本,犹根也。仁者,爱之理,心之德也。为仁,犹曰行仁。……君子凡事专用力于根本,根本既立,则其道自生。若上文所谓孝弟,乃是为仁之本。学者务此,则仁道自此而生也。"① 怎样理解孝弟是为仁之本?朱熹吸取了程子的观点,认为:"德有本,本立则其道充大。孝弟行于家,而后仁爱及于物,所谓亲亲而仁民也,故为仁以孝弟为本。"孝弟为仁之本,并不意味着孝弟可以至仁。"行仁自孝弟始,孝弟是仁之一事,谓之行仁之本则可,谓是仁之本则不可。盖仁是性也,孝弟是用也。性中只有个仁、义、礼、智四者而已,曷尝有孝弟来。然仁主于爱,爱莫大于爱亲,故曰:'孝弟也者,其为仁之本与?'"② 因此,爱亲人,是"仁"的最直接的典型表现。孔子说:"君子笃于亲,则民兴于仁。"(《论语·泰伯》)在上位的人能够用深厚的感情对待亲族,百姓自然会兴起仁爱的风气。孟子进一步解释说:"亲亲而仁民,仁民而爱物。"(《孟子·尽心上》)厚爱亲人,向外推展,就能够爱百姓;由爱百姓,再推广扩充,自能爱万物。"程子曰:'仁,推己及人,如老吾老以及人之老。于民则可,于物则不可。统而言之则皆仁,分而言之则有序。'"③ 于是,爱亲人,成为孔子"仁"的第一层次内涵。

由爱亲人,用推己及人的方法,自然得出"仁"的第二层含义——爱人。爱人,是由爱亲向外拓展的过程,这一过程是由亲扩及疏,从内到外的过程。以爱人解释"仁",在《论语》中已明言。如何爱人?在儒家看来,怎样处理人与人之间的关系?孔子曰:"己所不欲,勿施于人。"(《论语·卫灵公》)朱熹注曰:"推己及物,其施不穷,故可以终身行之。尹氏曰:学贵于知要。子贡之问,可谓知要矣,孔子告以求仁之方也。推而及之,虽圣人之无我,

---

① [宋]朱熹撰,陈立校点:《四书章句集注》,辽宁教育出版社1998年版,第49页。
② [宋]朱熹撰,陈立校点:《四书章句集注》,辽宁教育出版社1998年版,第49页。
③ [宋]朱熹撰,陈立校点:《四书章句集注》,辽宁教育出版社1998年版,第393页。

不出乎此。"① 孔子还从道德修养、做人态度和学习方法等方面论述仁的内涵。仁的内涵具有多元性，并非个别德目所能概括。

因此，"仁"的内涵诠释，就进入第三层次。"仁"为全德之称。朱熹说："天地以生物为心者也，而人物之生，又各得夫天地之心以为心者也。故语心之德，虽其总摄贯通贯通，无所不备，然一言以蔽之，则曰仁而已矣。……盖仁之为道，乃天地生物之心，即物而在。情之未发，而此体已具；情之既发，而其用不穷。诚能体而存之，则众善之源、百行之本莫不在是。"② 孔子曰："志于道，据于德，依于仁，游于艺。"（《论语·述而》）朱熹注曰："志者，心之所之谓。道，则人伦日用之间所当行者是也。……德者得也，得其道于心而不失之谓也。得之于心而守之不失，则终始惟一，而有日新之功矣。依者，不违之谓。仁，则私欲尽去而心德之全也。功夫至此，而无终食之违，则存养之熟，无适而非天理之流行矣。……艺，则礼乐之文、射御书数之法，皆至理所寓，而日用之不可阙者也。……志道，则心存于正而不他；据德，则道得于心而不失；依仁，则德性常用而物欲不行；游艺，则小物不遗而动息有养。"③ 由此可以看出，"道德"为人生方向，六艺为基本的学业；而时刻不能违背的，就是"仁"，而且"仁"是"私欲尽去而心德之全"，是个人修养的极致。

朱熹将"仁"诠释为"爱之理，心之德"，使"仁"的学说臻于极致。这是对"仁"的一种形而上层次的解读。其中"爱之理"，是就形而上本体言；"心之德"，是就道德实践而言。形而上本体与道德实践相结合，使"仁"成为一个上下贯通的道德理性本体。钱穆先生曾就朱熹对"孝弟为仁之本"的诠释指出："事亲从兄乃是'仁义之根实'，又曰'良心之发最为切近而精实者'，此即所谓'孝弟为仁之本'矣。然而必说孝弟为'行仁之本'者，因此心有仁，乃有孝弟。心之仁，乃孝弟之事之本，不得谓孝弟之事，乃人性之仁之本也。"④

---

① ［宋］朱熹撰，陈立校点：《四书章句集注》，辽宁教育出版社1998年版，第180页。
② 郭齐、尹波：《朱熹集》（第6册），四川教育出版社1997年版，第3542-3543页。
③ ［宋］朱熹撰，陈立校点：《四书章句集注》，辽宁教育出版社1998年版，第98页。
④ 钱穆：《朱子新学案》（第2册），九州出版社2011年版，第148页。

二 "仁政者，治天下之法度也"：朱熹的仁政观

仁政说是儒家对政治的伦理解读，在儒家政治伦理思想中占有基础地位，在先秦，它是国君以道德典范为榜样进行统治的政治思想。这一学说的开创者是孟子，得到了历代儒学大师的推崇，特别是两宋时期的二程和朱熹，从治国方略的高度阐述了仁政学说，仁政说成为政治思想的核心。朱熹曰："治天下不可无法度。仁政者，治天下之法度也。"① 在以《四书集注》为主要经典文本的典籍中，朱熹对孟子的仁政说予以发展并赋予它现时代的意义。

首先，从理论依据上说：性善论是孟子的仁政说的理论依据，"天理"是朱熹的仁政说的理论依据。孟子的仁政说以性善论为理论基础，孟子认为"性善"是人与动物的根本区别。孟子曰："人皆有不忍人之心。先王有不忍人之心，斯有不忍人之政矣。"（《孟子·公孙丑上》）朱熹注曰："言众人虽有不忍人之心，然物欲害之，存焉者寡，故不能察识而推之政事之间。惟圣人全体此心，随感而应。故其所行，无非不忍人之政也。"② 孟子把仁爱说成人的一种天性，使仁爱成为人人必行之理。这样一来，仁政作为一种政治主张，就具备了一种客观的合理性。那么，人的"不忍人之心"的具体内涵是什么？或者人为什么会有"不忍人之心"？孟子曰："所以谓人皆有不忍人之心者，今人乍见孺子将入于井，皆有怵惕恻隐之心。非所以内交于孺子之父母也，非所以要誉于乡党朋友也，非恶其声而然也。"（《孟子·公孙丑上》）朱熹认为，怵惕之心、恻隐之心即所谓"不忍人之心"，其理论依据是"天理"。"其心怵惕，乃真心也。非思而得，非勉而中，天理之自然也。内交、要誉、恶其声而然，即人欲之私矣。"③ 朱熹进一步认为，恻隐之心、羞恶之心、辞让之心，是区别人与动物的标志。"人之所以为心，不外乎四者。人若无此，则不得谓之人，所以明其必有矣。"④

---

① ［宋］朱熹撰，陈立校点：《四书章句集注》，辽宁教育出版社1998年版，第297页。
② ［宋］朱熹撰，陈立校点：《四书章句集注》，辽宁教育出版社1998年版，第257页。
③ ［宋］朱熹撰，陈立校点：《四书章句集注》，辽宁教育出版社1998年版，第257页。
④ ［宋］朱熹撰，陈立校点：《四书章句集注》，辽宁教育出版社1998年版，第257页。

从以上论述可以看出，孟子从人性和人禽之别的意义上讲"仁政"，而朱熹进一步发展了孟子的仁政说，对孟子的仁政从形而上的"天理"进行哲学论证，从而进一步强化了仁政说的合法性。

其次，从仁政的理想目标模式上说：孟子主张行先王之道，崇王抑霸；朱熹进一步阐发了"王"与"霸"，并特别强调修身在王道政治实现中的作用，从而使王道政治观更为具体化。

孟子和朱熹都特别重视行先王之道在实施仁政中的作用，在孟子看来，上古时代，人们处于异常恶劣的生存环境中：河水泛滥；龙蛇、鸟兽逼人；五谷不登。尧、舜、禹等贤君相继禅让，行利民之道，使得先民得以生存繁衍，安居乐业。孟子认为，圣贤之君是天下治乱安危的关键，后世天下作乱就是因为尧舜之道的没落，他说："尧舜既没。……邪说暴行又作，园囿、污池、沛泽多而禽兽至。及纣之身，天下又大乱。"（《孟子·滕文公下》）"今有仁心仁闻，而民不被其泽，不可法于后世者，不行先王之道也。"（《孟子·离娄上》）朱熹注曰："仁心，爱人之心也。仁闻者，有爱人之声闻于人也。先王之道，仁政是也。范氏曰：齐宣王不忍一牛之死，以羊易之，可谓有仁心。梁武帝终日一食疏素，宗庙以面为牺牲，断死刑必为之涕泣，天下知其慈仁，可谓有仁闻。然而宣王之时，齐国不治；武帝之末，江南大乱，其故何哉？有仁心而不行先王之道故也。"① 可见，在朱熹看来，仁心、仁闻、先王之道，是其仁政思想的三要素。

同孟子一样，朱熹是典型的崇王抑霸思想的代表人物。朱熹的崇王抑霸论较孟子更为深入。孟子说："以力假仁者霸，霸必有大国；以德行仁者王，王不待大——汤以七十里，文王以百里。以力服人者，非心服也，力不赡也；以德服人者，中心悦而诚服也，如七十子之服孔子也。"朱熹注曰："力，谓土地甲兵之力。假仁者，本无是心，而借其事以为功者也。以德行仁，则自吾之得于心者推之，无适而非仁也。……以力服人者，有意于服人，而人不

---

① ［宋］朱熹撰，陈立校点：《四书章句集注》，辽宁教育出版社1998年版，第297页。

敢不服。以德服人者，无意于服人，而人不能不服。"① 朱熹认为："'以力假仁'，仁与力是两个；'以德行仁'，仁便是德，德便是仁。"什么是"德"？朱熹说："所谓德者，非止谓有救民于水火之诚心。这'德'字又说得阔，是自己身上事都做得是，无一不备了，所以行出去便是仁。"② 由此可见，关于仁政的理想目标模式，朱熹认同孟子的崇王抑霸，而且关于"王"与"霸"的关系，朱熹又有所阐发，从而使王道政治观得到进一步深化和发展。

朱熹主张：治天下，当以正心、诚意为本。君主完成修身就可以推己及人，治国、平天下，推行仁政了。朱熹强调"自天子以至于庶人，一是皆以修身为本"。朱熹将"一是"解释为"一切"，而且朱熹还进一步提出了"正君心是大本"的命题，认为在国家的治乱中，君心正与不正起着关键作用。

最后，从仁政的实施途径上说：朱熹的仁政说进一步发展了孟子和先秦儒家"以民为本"思想，强调以民众为社会主体和以民为发政施治的基础。

孟子从传统的"民为邦本，本固邦宁"的理念出发，阐述了他的仁政学说。仁政思想主要包括爱民保民和贵士尊贤两方面的内容。朱熹高度评价孟子奉劝齐王"与民同乐"的观点，他说："与民同乐者，推好乐之心以行仁政，使民各得其所也。……好乐能与百姓同之，则天下之民归之矣。……孟子切于救民，故因齐王之好乐，开导其善心，深劝其与民同乐，而谓今乐犹古乐。其实今乐、古乐何可同也？但与民同乐之意，则无古今之异耳。"③ 孟子有着十分丰富的保民爱民思想，他说："君行仁政，斯民亲其上，死其长矣。"（《孟子·梁惠王下》）朱熹注曰："君不仁而求富，是以有司知重敛而不知恤民。故君行仁政，则有司皆爱其民，而民亦爱之矣。"④ 在孟子看来，民心之向背是政权是否稳定的基础，这是一种明显的民本主义思想。如果说孟子的以民为本思想主要体现在"重民""贵民"上，那么，朱熹的民本思想则体现在"恤民""富民"上。朱熹说："民富则君不至独贫，民贫则君不至

---

① ［宋］朱熹撰，陈立校点：《四书章句集注》，辽宁教育出版社1998年版，第254-255页。
② 黎靖德：《朱子语类》（第四册），中华书局2011年版，第1277-1278页。
③ ［宋］朱熹撰，陈立校点：《四书章句集注》，辽宁教育出版社1998年版，第232页。
④ ［宋］朱熹撰，陈立校点：《四书章句集注》，辽宁教育出版社1998年版，第242页。

独富。""先王养民之政,导其妻子,使之养其老而恤其幼。不幸而有鳏、寡、孤、独之人,无父母妻子之养,则尤宜怜恤,故必以为先也。"① 朱熹深感田赋不均、土地兼并带来的危害,他提出复井田、行经界的主张。这和孟子的"制民之产"的政治主张具有相通之处。

朱熹在注释《孟子·滕文公上》篇"夫仁政,必自经界始"章时提出"此欲行仁政者之所以必从此始,而暴君污吏,则必欲慢而废之也。"② 朱熹主张复井田、行经界,以此为推行仁政的开始,这与孟子是一致的。孟子、朱熹两位思想家之所以在仁政学说上有共通之处,是因为他们各自远大的政治抱负和所生活时代的迫切需求。

三 "德主刑辅":朱熹的德政观

由于受宗法传统的影响,中国古代思想家十分注重以道德审视一切。儒家的"修身、齐家、治国、平天下"本身就体现了道德与政治的密切相关。中国的政治思想是具有伦理色彩的政治,同时,中国伦理也是以政治原则为中心的伦理。朱熹在继承并发展传统儒家"为政以德"的政治伦理观的基础上,以"天理君权"为依据,提出了"德刑兼施,德主刑辅"的政治伦理观。主要表现在以下三个方面:

一是重视对民众的道德教化。儒家对政治道德十分重视,孔子曰:"为政以德,譬如北辰,居其所,而众星共之。"(《论语·为政》)朱熹解释说:"政之为言正也,所以正人之不正也。德之为言得也,行道而有得于心也。北辰,北极,天之枢也。居其所,不动也。共,向也。言众星四面旋绕而归向之也。为政以德,则无为而天下归之,其象如此。"③ 为政者"有德,然后能无为而天下归之,如北辰之不动,而众星拱之耳,非以北辰为有居中之德也"④。

---

① [宋]朱熹撰,陈立校点:《四书章句集注》,辽宁教育出版社1998年版,第237页。
② [宋]朱熹撰,陈立校点:《四书章句集注》,辽宁教育出版社1998年版,第277页。
③ [宋]朱熹撰,陈立校点:《四书章句集注》,辽宁教育出版社1998年版,第55页。
④ [宋]朱熹:《四书或问》,上海古籍出版社2001年版,第134页。

对于道德教化和刑罚在治国中的不同地位和关系问题，孔子的名言是："道之以政，齐之以刑，民免而无耻。道之以德，齐之以礼，有耻且格。"（《论语·为政》）朱熹注曰："免而无耻，谓苟免刑罚而无所羞愧，盖虽不敢为恶，而为恶之心未尝忘也。……礼，谓制度品节也。……礼以一之，则民耻于不善，而又有以至于善也。……愚谓政者，为政之具。刑者，辅治之法。德礼则所以出治之本，而德又礼之本也。此其相为终始，虽不可以偏废，然政刑能使民远罪而已，德礼之效，则有以使使民日迁善而不自知。"①意思是说，政刑只能使人民出于对刑罚的畏惧而不去犯法，其为恶的不善之念头并没有去掉，因而不能从根本上转变恶或不善。朱熹认为，道德的作用是使人从根本上从善，而刑罚则是用惩罚的方法强制人不许从恶，使人们因畏惧刑罚而不敢从恶。

孔子曰："道千承之国，敬事而信，节用而爱人，使民以时。"（《论语·学而》）朱熹说："治国之要，在此五者，亦务本之意也。……上不敬则下慢，不信则下疑。下慢而疑，事不立矣。敬事而信，以身先之也。《易》曰：'节以制度，不伤财，不害民。'盖侈用财则伤财，伤财必至于害民，故爱民必先于节用。然使之不以其时，则力本者不获自尽，虽有爱人之心，而人不被其泽矣。然此特论其所存而已，未及为政也。苟无是心，则虽有政不行焉。"②朱熹对"敬事""信""节用""爱人""使民以时"的基本内涵和相互关系的论证，丰富和完善了孔子的德政思想。

二是"博施于众"，取信于民。《论语·宪问》曰："子路问君子。子曰：'修己以敬。'曰：'如斯而已乎？'曰：'修己以安人。'曰：'如斯而已乎？'曰：'修己以安百姓，尧、舜其犹病诸！'"孔子把修养自己，使百姓得到安乐作为君子为政的最高境界。朱熹注曰："人者，对己而言。百姓，则尽乎人矣。尧舜犹病，言不可以有加于此。……盖圣人之心无穷，世虽极治，然岂能必知四海之内果无一物不得其所哉？故尧、舜犹以百姓为病。若曰吾治已足，则非所以为圣人矣。程子曰：'君子修己以安百姓，笃恭而天下平。惟上

---

① ［宋］朱熹撰，陈立校点：《四书章句集注》，辽宁教育出版社1998年版，第55页。
② ［宋］朱熹撰，陈立校点：《四书章句集注》，辽宁教育出版社1998年版，第50页。

下一于恭敬，则天地自位，万物自育，气无不和，而四灵毕至矣。'"①朱熹进一步发展和完善了孔子"博施于众"的德政思想，同时也体现了儒家"为学亦为政"的内圣外王思想。

《论语·颜渊》中的"子贡问政"，最能体现孔子取信于民的德政观。孔子把"足食，足兵，民信之"作为为政的三要素，并提出了"民无信不立"的观点。朱熹十分重视"取信于民"在为政中的作用，认为"民无食必死，然死者，人之所必不免。无信，则虽生而无以自立，不若死之为安。故宁死而不失信于民，使民亦宁死而不失信于我也。……以人情而言，则兵食足而后吾之信可以孚于民。以民德而言，则信本人之所固有，非兵食所得而先也。是以为政者，当身先率其民而以死守之，不以危急而可弃也"②。

《四书或问》中，也强调了得民心在为政中的作用："以序言之，则食为先，以理言之，则信为重。盖死生常理，人之所必不免者，若民无信，则失其所以为民者，而无以立乎天地之间。是以必有以使民宁无食以死，而不失其尊君亲上之心，则其政之所以得民心而善民俗者，可得而言矣。"③

三是德政的目标与具体要求："老者安之，朋友信之，少者怀之。"孔子在回答子路"愿闻子之志"时回答："老者安之，朋友信之，少者怀之。"（《论语·公冶长》）朱熹解读孔子的这一志向时说："老者养之以安，朋友与之以信，少者怀之以恩。……程子曰：'夫子安仁，颜渊不违仁，子路求仁。'……至于夫子，则如天地之化工，付与万物而已不劳焉，此圣人之所为也。今夫羁靮以御马，而不以制牛，人皆知羁靮之作在乎人，而不知羁靮之生由于马。圣人之化，亦犹是也。先观二子之言，后观圣人之言，分明天地气象。"④朱子认为读《论语》，要识得"圣贤气象"。

《论语》中的"子路、曾晳、冉有、公西华侍坐"章中，曾晳谈自己的志向时说："莫春者，春服既成。冠者五六人，童子六七人，浴乎沂，风乎舞雩，咏而归。"孔子高度评价曾晳："吾与点也！"（《论语·先进》）朱熹注

---

① [宋]朱熹撰，陈立校点：《四书章句集注》，辽宁教育出版社1998年版，第172页。
② [宋]朱熹撰，陈立校点：《四书章句集注》，辽宁教育出版社1998年版，第144页。
③ [宋]朱熹：《四书或问》，上海古籍出版社2001年版，第301页。
④ [宋]朱熹撰，陈立校点：《四书章句集注》，辽宁教育出版社1998年版，第86页。

曰："曾点之学，盖有以见夫人欲尽处，天理流行，随处充满，无少欠阙。故其动静之际从容如此，而其言志则又不过即其所居之位，乐其日用之常，初无舍己为人之意。而其胸次悠然，直与天地万物上下同流，各得其所之妙，隐然自见于言外。……孔子与点，盖与圣人之志同，便是尧舜气象也。……三子皆欲得国而治之，故夫子不取。曾点，狂者也，未必能为圣人之事，而能知夫子之志，故曰'浴乎沂，风乎舞雩，咏而归'，言乐而得其所也。孔子之志，在于老者安之，朋友信之，少者怀之，使万物能遂其性。"①曾点所描述的，正是儒家德治的理想社会状态。朱熹的注释，也寄托了理学家对圣人气象、圣人精神的追求。"夫以所居之位而言，其乐虽若止于一身，然以其心而论之，则固蔼然天地生物之心，圣人对时育物之事也，夫又安有物我内外之间哉！程子以为与圣人之志同，便是尧舜气象者，正谓此耳。"②

第三节 朱熹《四书集注》中的正义思想

正义，自古以来就是中西方哲学的核心议题之一，也是人类永恒的价值追求。建构一个公平、公正的国家机制，发挥道德教化的力量，培育个人内心道德正义感，是朱熹毕生心力所向。朱熹以理学为根基，以天理人欲、公私关系、义利等命题为基石，强调"义"的理性自律和道德直觉，弘扬社会公义和道义，反对纵欲和强权，主张复井田制、"正经界"、均贫富，本节拟以《四书集注》为主要经典文本，探索朱子对政治正义、德性正义、经济正义的思考与践行。

一 "政者，正也"：朱熹的政治正义思想

政治正义，是对一个良善的政治制度如何可能的预设，是对政治权力合

---

① ［宋］朱熹撰，陈立校点：《四书章句集注》，辽宁教育出版社1998年版，第140页。
② ［宋］朱熹：《四书或问》，上海古籍出版社2001年版，第292页。

法性的追问，政治秩序的合理性架构和论证。朱熹的政治正义思想主要表现于其对先秦儒家"政者，正也"思想的阐释与发展。

"季康子问政于孔子。孔子对曰：'政者，正也'"（《论语·颜渊》）朱熹引用范氏之言注曰："未有己不正而能正人者。"① 失去了"正"，"政"也就失去了本然和根源性的存在根据和合法性依据。也就是说，"政"一旦脱离了"正"，也就不能称为"政"了。从这里我们可以看出，要想实现"政"之"正"，首先就要正己。其实孔子的政治伦理思想中"正己"是无处不在的，如"内圣外王""经世济民""修身以安百姓"等。

那么"正己"的核心是什么？"正己"的核心是修身，而修身的核心则是正心。孟子曰："为政不难，不得罪于巨室。巨室之所慕，一国慕之；一国之所慕，天下慕之。故沛然德教溢乎四海。"（《孟子·离娄上》）朱熹在注释中强调了君子修身的重要性："盖巨室之心，难以力服，而国人素所取信。今既悦服，则国人皆服，而吾德教之所施，可以无远而不至矣。……盖君子不患人心之不服，而患吾身之不修。吾身既修，则人心之难服者先服，而无一人之不服矣。……故孟子推本而言，惟务修德以服其心。彼既悦服，则吾之德教无所留碍，可以及乎天下矣。"②

其次是"正政"。我们可以从《论语》的相关材料中，总结出"政"是否"正"的标志和表现，即"天下有道"和"天下无道"："天下有道，则礼乐征伐自天子出；天下无道，则礼乐征伐自诸侯出。"（《论语·季氏》）春秋时期，周王室不断衰弱，形成了"礼乐征伐自诸侯出"的局面。具体来说，周王室的衰落造成为政者不断做出僭越礼乐制度的行为，造成"礼乐征伐自诸侯出而非天子出"的局面。那么，此时的政治已经失去了其正当性和合法性，已经不能够保障"正"的存在。"冉有退朝。子曰：'何晏也？'对曰：'有政。'子曰：'其事也。如有政，虽不吾以，吾其与闻之。'"（《论语·子路》）朱熹注曰："政，国政。事，家事。……是时季氏专鲁，其于国政，盖有不与同列议于公朝，而独与家臣谋于私室者。故夫子为不知者而言，此必

---

① ［宋］朱熹撰，陈立校点：《四书章句集注》，辽宁教育出版社1998年版，第147页。
② ［宋］朱熹撰，陈立校点：《四书章句集注》，辽宁教育出版社1998年版，第301页。

季氏之家事耳。"① 由于季氏在鲁国专权，对于国政，他有时不在国家朝廷上讨论，而是和家臣在自己家里密谋，因此不能算是国政。可见，孔子所说的是一旦"政事"失去了"正"，那么就不能够称为"政"了。"政者，正也"，实际上就是要改变这种反政治现象，要以"正"来框定"政"，以"正"来治理国家。

再次是"正名"。对孔子而言，"正名"是"正政"的途径和手段。孔子曰："名不正，则言不顺；言不顺，则事不成；事不成，则礼乐不兴；礼乐不兴，则刑罚不中；刑罚不中，则民无所措手足。故君子名之必可言也，言之必可行也。君子于其言，无所苟而已矣。"（《论语·子路》）朱熹十分重视"正名"的作用："为政之道，皆当以此为先。……事得其序之谓礼，物得其和之谓乐。事不成则无序而不和，故礼乐不兴。礼乐不兴，则施之政事，皆失其道，故刑罚不中。……夫子为政而以正名为先，必将具其事之本末，告诸天王，请于方伯，命公子郢而立之。则人伦正，天理得，名正言顺而事成矣。"② 从孔子的这一段话我们明显可以看出，孔子认为为政首先要做的就是"正名"，朱熹则从天理的高度强调了正名之重要性。

孔子的正名思想分为两个方面：正社会之名和正为政之名。就社会之名来说，孔子在回答齐景公问政时回答："君君、臣臣、父父、子子。"（《论语·颜渊》）朱熹认为："此人道之大经，政事之根本也。……君之所以君，臣之所以臣，父之所以父，子之所以子，是必有道矣。"③ 处于社会中的个人必须认清自己的身份和地位，才能不僭越其应当遵守的行为和规范，才能维护社会伦理道德规范的权威性。"在社会关系中，每一个名字包含有一定的社会责任和义务。君、臣、父、子，在社会里，各有责任和义务，任何人有其名，就应当完成其责任和义务。这就是孔子主张'正名'的意义。"④ 就正为政之名来说，所谓"君子以思不出其位"（《论语·宪问》），也就是说，一个人只有在社会中居于相应的职位才能去做与职位对应的职责范围之内的事情，

---

① ［宋］朱熹撰，陈立校点：《四书章句集注》，辽宁教育出版社1998年版，第155页。
② ［宋］朱熹撰，陈立校点：《四书章句集注》，辽宁教育出版社1998年版，第152页。
③ ［宋］朱熹撰，陈立校点：《四书章句集注》，辽宁教育出版社1998年版，第146页。
④ 冯友兰：《中国哲学简史》，新世界出版社2004年版，第37页。

"物各止其所，而天下之理得矣。故君子所思不出其位，而君臣、上下、大小皆得其职也"①。

最后是"正君心"。在君临天下的中国封建社会，朱熹认为君心正，是天下政治之所以为善的根本，是国家机器得以正常运转的预设前提。这就是朱子与历代大儒皆有的"圣王情结"。朱子《四书集注》，是为儒生作，更为君主作。孟子曰："上无道揆也，下无守法也，朝不信道，工不信度，君子犯义，小人犯刑，国之所存者幸也。"（《孟子·离娄上》）朱熹注曰："此言不仁而在高位之祸也。道，义理也。揆，度也。法，制度也。道揆，谓以义理度量事物而制其宜。法守，谓以法度自守。工，官也。度，即法也。君子小人，以位而言也。由上无道揆，故下无法守。无道揆，则朝不信道，而君子犯义；无法守，则工不信度，而小人犯刑。有此六者，其国必亡。其不亡者，侥幸而已。"②朱熹对孟子"爱人不亲反其仁，治人不治反其智，礼人不答反其敬。行有不得者，皆反求诸己。其身正而天下归之"注曰："我爱人而人不亲我，则反求诸己，恐我仁未至也。……不得，谓不得其所欲，如'不亲''不治''不答'是也。反求诸己，谓'反其仁''反其智''反其敬'也。如此，则其自治益详，而身无不正矣。"③

政治是人生存的一种样式，产生于纯粹的人和人的共在性。但是在历史的演进过程中，工具理性的泛滥，使得政治逐步演变成了统治阶级手中的工具，而人们对政治的理解也产生了偏差，错误地夸大了政治的暴力色彩。"政者，正也"的内涵表明，"正"是"政"的本质特征和合法性依据，也是"政"的根本价值取向。

二 "义者，心之制、事之宜也"：朱熹的德性正义思想

德性正义，是近代西方正义理论的重要内容。柏拉图说："一个国家，倘

---

① ［宋］朱熹撰，陈立校点：《四书章句集注》，辽宁教育出版社1998年版，第168页。
② ［宋］朱熹撰，陈立校点：《四书章句集注》，辽宁教育出版社1998年版，第298页。
③ ［宋］朱熹撰，陈立校点：《四书章句集注》，辽宁教育出版社1998年版，第300页。

若其中三个阶层身份的人都各自专心尽其本分职责,那么它便是合乎公正的;同时,其所以是有节制的、勇敢的和有智慧的,乃是由于这相同的阶层的人还有着别样的某种性情和德性。"① 休谟认为,正义是一种"人为的德性":"人类心灵中任何原则既然没有比道德感更为自然的,所以也没有一种德比正义更为自然的。……正义的规则虽然是人为的,但并不是任意的。称这些规则为自然法则,用语也并非不当,如果我们所谓'自然的'一词是指任何一个物类所共有的东西而言,或者甚至如果我们把这个词限制于专指与那个物类所不能分离的事物而言。"② 爱尔维修说:"正义,以既立的法律为前提。尊重正义,以公民之间势均力敌为前提,保持这种平衡,是科学和立法的主要工作。一种有益的相互畏惧,强迫人们必须以正义相待。如果这种畏惧不再是相互的,那时,正义就变成了一种了不起的美德,从那时起,一个民族的立法,就是有弊病的。改善立法的前提,是人对正义的需要。"③ 麦金泰尔认为社会正义应当是基于实践之上的德性,肯定德性正义所具有的社会效用。

朱子的正义思想,内含有德性正义与制度正义两个方面的内容。但是,在朱子看来,德性正义居于首要地位,这一点与中国传统思想家的基本价值取向是一致的,与孟子、二程相似。孟子曰:"生亦我所欲,所欲有甚于生者,故不为苟得也。死亦我所恶,所恶有甚于死者,故患有所不辟也。……一箪食,一豆羹,得之则生,弗得则死。呼尔而与之,行道之人弗受。蹴尔而与之,乞人不屑也。"(《孟子·告子上》)朱熹注曰:"欲生恶死者,虽众人利害之常情,而欲恶有甚于生死者,乃秉彝义理之良心。是以欲生而不为苟得,恶死而有所不避也。……虽欲食之急,而犹恶无礼,有宁死而不食者。是其羞恶之本心,欲恶有甚于生死者,人皆有之也。"④ 置义理高于生死。关于孔子的"父为子隐,子为父隐",朱熹认为:"父子相隐,天理人情之至也。故不求为直,而直在其中。谢氏曰:顺理为直。父不为子隐,子不为父隐,于理顺邪?瞽瞍杀人,舜窃父而逃,遵海滨而处。当是时,爱亲之心胜,其于直不直,

---

① 转引自周辅成:《西方伦理学名著选辑》(上卷),商务印书馆1996年版,第157页。
② [英]休谟著,关文运译:《人性论》,商务印书馆1980年版,第524页。
③ 转引自周辅成:《西方伦理学名著选辑》(下卷),商务印书馆1996年版,第58页。
④ [宋]朱熹撰,陈立校点:《四书章句集注》,辽宁教育出版社1998年版,第358页。

何暇计哉?"① 置血亲之义高于天下制度之义。

孔子"君子喻于义,小人喻于利"之说,是儒家义利关系最著名的论断之一。朱熹在注解此论时,指出:"义者,天理之所宜。利者,人情之所欲。"并援引杨氏所言:"君子有舍生而取义者。以利言之,则人之所欲无甚于生,所恶无甚于死,孰肯舍生而取义哉?其所欲者义而已,不知利之为利故也。小人反是。"② 朱子从天理与人情关系的角度来解读义利问题,认为君子对义的喜好与小人对利的喜好一样,各有所取。朱熹认为,"义"为正当、适宜、恰当。然而,何为正当、适宜、恰当?朱熹认为,符合"天理",便可做到适宜、正当。那么何谓"天理"?在朱熹看来,"天理"即天下之物所各具有的"所以然之故""所当然之则",可见,朱子将"义"的正当性根据归之于"天理"。在朱子看来,天下万事万物都是"天理"流行的结果,宇宙之间只是一"理"。因而,在对待义利取舍问题上,朱熹主张追求社会公义。孟子对梁惠王说,治国何必曰利?仁义即可。朱子在继承和认同孟子仁义治国理论的基础之上,同时融入"天理"说,劝诫君主循天理而去人欲,"循天理,则不求利而自无不利;循人欲,则求利未得而害己随之"③。朱子抨击梁惠王"寡人之于国也"的"利国"之说。他认为梁惠王不管他人国,只管自己国,其实只是为己。"惠王能行小惠,然皆不能行王道以养其民。……移民移粟,荒政之所不废也。然不能行先王之道,而徒以是为尽心焉,则末矣。"④ "利者,义之和也。……利,是那义里面生出来的。凡事处制得合宜,利便随之。……盖是义便兼得利。……不和生于不义。义则无不和,和则无不利矣。"⑤

朱子在解析孟子与梁惠王义利之辩问题时,指出:"义者,心之制,事之宜也。"⑥ 朱子说:"'心之制',是说义之主于中;'事之宜'是说义之形于外,

---

① [宋]朱熹撰,陈立校点:《四书章句集注》,辽宁教育出版社1998年版,第156-157页。
② [宋]朱熹撰,陈立校点:《四书章句集注》,辽宁教育出版社1998年版,第76页。
③ [宋]朱熹撰,陈立校点:《四书章句集注》,辽宁教育出版社1998年版,第219页。
④ [宋]朱熹撰,陈立校点:《四书章句集注》,辽宁教育出版社1998年版,第220页。
⑤ 黎靖德:《朱子语类》(第五册),中华书局2011年版,第1705页。
⑥ [宋]朱熹撰,陈立校点:《四书章句集注》,辽宁教育出版社1998年版,第218页。

合内外而言之也。'心之制'，亦就是义之全体处说。'事之宜'，是就千条万绪各有所宜处说。'事之宜'，亦非是就在外之事说。看甚么事来，这里面便有个宜处，这便是义。伊川曰'在物为理，处物为义'。义似一柄利刀，看甚物来皆割得去。非是刀之割物处是义，只这刀便是义。"① 在此，朱熹明确指出，以"理"待人接物，就是"理"的流行，就是"为义"。以此而言，"义"本身是割物之刀，是处事的规则，是规矩事物、明断是非的准绳。朱熹将格物致知与"明义"相结合，坚持以"天理"为本，格致处物，以达于"义"。

可见，"义"的根本是"天理"，由"天理"而生之"义"为德性正义。自孔孟开始，都十分强调"德性之知"的重要性，强调先学会做人，行有余力，则可以学习文化知识。孟子则强调"仁义礼智"不是从外部给予的，是生来就有的。朱子之前的张载认为，"德性之知"，非人后天勤勉思考所能及也，是"性与天道"养盛自致。程颐认为，"德性之知"是人内心所固有的。朱熹一方面认同"德性之知"的天赋之说，另一方面，认为须从闻见开始，肯定了格物致知、即物穷理的求知路径。换言之，在朱熹看来，"天理"这一德性正义，是先验和经验的统一，后天格物致知工夫，对德性正义的培养至关重要。

三 "正经界""复井田"：朱熹的经济正义思想

经济正义是正义问题的重要内容之一，但以往学者大都着力于对政治正义与德性正义的研究，而对经济正义问题关注较少。中西方思想史上，哲学家们对经济正义问题的关注由来已久，中国古代思想家的"大同理想"就是明显的例证。而且中、西哲学家关于经济正义问题的思考有许多想通之处。如孟子关于"无恒产者无恒心"的思想与柏拉图关于建立财产权利和财产关系秩序的思想；儒家中庸之道与亚里士多德关于财产使用权和所有权的适度与中道正义思想；财产约定和交往互利的正义观与墨子"交相利"观念、"尚同"思想等等。伊壁鸠鲁说："凡是不能相约彼此不伤害的动物，是没有公正

---

① 黎靖德：《朱子语类》（第四册），中华书局2011年版，第1220页。

或不公正可言的。如果有一些民族不能或不愿有一种尊重相互利益的约定，其结果，也和上述情形是一样的。"① 这些正义观念，已经初具经济秩序、财产契约、交利互惠等经济正义思想的雏形。

朱子经济正义思想，主要表现在他对孟子"正经界""复井田"思想的诠释与践履。孟子首先提出了"正经界"之说："五亩之宅，树之以桑五十者可以衣帛矣。鸡豚狗彘之畜，无失其时，七十者可以食肉矣。百亩之田，勿夺其时，数口之家可以无饥矣。谨庠序之教。申之以孝悌之义，颁白者不负戴于道路矣。七十者衣帛食肉，黎民不饥不寒，然而不王者，未之有也。"（《孟子·梁惠王上》）这一内容体现了孟子"无恒产者无恒心"思想中的经济正义思想，也是对孔子关于"富之教之"治国设计的进一步发展。认为合理地划分井地，是国家经济收益的保障，是仁政的起点。朱熹注曰："至此则经界正，井地均，无不受田之家矣。……夫民衣食不足，则不暇治礼义。而饱暖无教，则又近于禽兽。故既富而教以孝悌，则人知爱亲敬长而代其劳，不使之负戴于道路矣。……此言尽法制品节之详，极财成辅相之道，以左右民，是王道之成也。"② 在这里，朱熹进一步完善了孟子"正经界"思想并充分肯定了"正经界"的经济正义意蕴。

孟子认为，仁政"必自经界始"。田界划分不正确，井田大小不均匀会造成"谷禄不平""暴君污吏必慢其经界"（《孟子·滕文公上》）。朱子注曰："井地，即井田也。经画界，谓治地分田，经画其沟涂封植之界也。"此法实施，则田地就无固定的划分，而豪强得以兼并土地，造成"赋无定法，而贪暴得以多取，故谷禄有不平。此欲行仁政者之所以必从此始"③。

朱熹把在《四书集注》中理想化了的孟子"仁政自正经界始"的说法用于自己的政治实践。1190年6月，朱熹在漳州向诸司申状《经界申诸司状》，力陈四条，全面论述了他对经界的看法。"版籍不正，田税不均，虽若小事，然其实最为公私莫大之害。盖贫者无业而有税，则私家有输纳欠负、追呼监

---

① 转引自周辅成：《西方伦理学名著选辑》（上卷），商务印书馆1996年版，第96页。
② ［宋］朱熹撰，陈立校点：《四书章句集注》，辽宁教育出版社1998年版，第221页。
③ ［宋］朱熹撰，陈立校点：《四书章句集注》，辽宁教育出版社1998年版，第277页。

系之苦；富者有业而无税，则公家有隐瞒失陷，岁计不足之患。及其久也，诉理纷纭，追对留滞，官吏困于稽考，人户疲于应对，而奸欺百出，率不可均，则公私贫富俱受其弊。"① 七月，朱熹又催上了一道《申诸司状》，痛陈拖延经界之害。然而，此举由于威胁到官绅利益，招致强烈反对，"正经界"尽管未能得以推行，但朱熹的经济正义思想是十分明显的。

综上，朱熹政治正义、德性正义、经济正义的思想，皆贯穿着对理欲、义利、公私等问题的考量。朱子的正义思想的合法性根据是"天理"，核心要义是以民为本，行"义"路径是格物致知，强调对执政者的规约机制，主张"正君心""格君心之非"，追求圣王政治、"天理之公"与"德性之知"。我们将朱子的德性正义与政治正义思想分而述之，是为了方便研究问题。实际上，两者是有交叉与通约的，这种融合与通约体现了儒家政治伦理的"内圣"（德性）与"外王"（政治）合一的特性。

笔者吸取束景南先生的观点，试从朱熹"人本主义的人学"政治哲学的角度进一步解读朱熹的正义思想②。朱熹理学文化的真正中心其实是"人"而不是"理"。因此，朱熹"理学"文化体系的"诞生地"就在于他的内圣外王的"人"学。在他的体系中，人本、心本、理本具有同一意义。从孔子仁学的人学到朱熹本体论与伦理学的人学，朱熹的人本主义把人作为伦理学的主体提到了本体论的高度：人是宇宙之心，是天地之本，从而全部世界问题的解决都归结为人的问题的解决，而全部人的问题的解决又最终归结为人性问题的解决。如果说近代西方的人本主义是从主客体对立上肯定人的价值，强调主体对客体的超越；那么朱熹这种东方古典的人本主义却是从天人和谐上肯定人的价值，强调我与道的合一。

朱熹的人本思想包含了两个方面的内容：一方面，从人与自然的关系上说，人是万物之本。"盖天地万物，本吾一体。吾之心正，则天地之心亦正矣；吾之气顺，则天地之气亦顺矣。"③ 人能发挥"致中和"的主体性力量，

---

① 郭齐、尹波：《朱熹集》（第2册），四川教育出版社1997年版，第870页。
② 参见束景南：《朱熹研究》，人民出版社2008年版，第2-3页。
③ ［宋］朱熹撰，陈立校点：《四书章句集注》，辽宁教育出版社1998年版，第18页。

从而使宇宙天地达于和谐。另一方面，从人与社会的关系上说，人是社会之本。朱熹极大发挥了《大学》"修齐治平"的思想，认为修身是本，天下国家是末，个人的正心诚意决定整个国家的升平大治。这同样可以归结为每个人的"致中和"的主体性力量的发挥。

由此，我们可以得出结论，朱熹的正义思想的本体根据是其"人本主义"的人学。人的心正会导致宇宙万物及人类社会的和谐与公平正义愿景的实现。在这里，朱熹把人超验地本体化了，这里的人不是一个感性的现实的人，而是一个抽象的本体化的人，他的静态文化系统就建立在这种人本思想的根基之上。

第六章

朱熹《四书集注》政治伦理思想的基本范畴

中国伦理作为华夏民族的思维智慧体系，与欧洲伦理和印度伦理构成具有不同特点的鼎立的格局。发挥作为主体的人的思维能力并不断提高其道德智慧是儒家提升人的主体性能力的一贯追求。孟子所提出的"尽心""知性""知天"的路径在于呼吁认知主体去认知自我之性、自我之心和宇宙本原之天，这种愿景也体现在思想家们对优良的政治生活的期盼和永恒的价值追求之中。朱子的《四书集注》作为"朱熹之后到清朝末年的中国第一书"，"讲述的乃是'大道之要'，这个大道之要若归结为一句话，那就是'复归自己的本性'"①。朱熹在《四书集注》中，明确理在理学中的核心地位，建构了理学的观念范畴系统，并将理学观念范畴系统置于学术思想与客观现实中，以助人们在认知资质与践履能力上实现主体改善。本书研究《四书集注》政治伦理思想，与之相应的概念范畴系统十分庞大，本章主要研究几个前述各章所没有详论的政治伦理范畴。

第一节 "絜矩之道"：内圣追求下的政治伦理交往规则

"絜矩之道"，是儒家经典中关于道德修养的一个重要命题。《大学》第十章从治国、平天下的角度专门记载了曾子关于"絜矩之道"的阐述，此后晦而不彰，没有引起思想家们的足够重视；直到宋代，它才被再度重提，朱熹

---

① 李申：《四书集注全译》（序言），巴蜀书社 2001 年版，第 2-4 页。

将这一概念张扬到君子（为政者）之德、治天下之要道的高度，提出"絜矩之道"是儒家的重要治国方法；但其后，特别是近代以后，它又再次湮灭不闻，成为一个"已经消亡的文化概念"①。今天研究这一范畴，一方面，可以理清儒家思想的一些基本概念与命题，更清晰地认识中国传统思想文化；另一方面，对当代政治伦理建设或可有所启发。

一　"絜矩之道"的提出及朱熹在《大学章句》中的释义

在《大学》中，儒家的政治理想得到了较为完整的表述。《大学》提出了"以修身为本"的"三纲领""八条目"，综合系统化地阐述和加工了先秦儒家"内圣外王"的理论，构建了体用一源的政治伦理学说体系，圆满地解决了儒家个体心性修养与治国平天下的关系。其中，"絜矩之道"的提出有着重要的理论意义。

《大学》在阐述治国平天下的道理时说："所谓平天下在治其国者：上老老，而民兴孝；上长长，而民兴弟；上恤孤，而民不倍。是以君子有絜矩之道也。所恶于上，毋以使下；所恶于下，毋以事上；所恶于前，毋以先后；所恶于后，毋以从前；所恶于右，毋以交于左；所恶于左，毋以交于右；此之谓絜矩之道。"②

前半部分在于说明"絜矩之道"的必要性，后半部分则具体阐述"絜矩之道"的理论内容。为什么说平天下的关键在于治理好自己的国家？因为在诸侯国中，君上能做到孝敬老人、尊敬长辈、怜惜孤寡，社会上就会兴起孝敬之风、敬上之风，民众就会互相关爱，不互相背弃。要使这种社会风气实现，君子（为政者）就必须"絜矩"。朱熹对"絜矩"注释是："絜，度也。矩，所以为方也。言此三者，上行下效，捷于影响，所谓家齐而国治也。亦可以见人心之所同，而不可使有一夫之不获矣。是以君子必当因其所同，推

---

① 李振宏：《絜矩：一个已消亡的文化概念》，《史学月刊》2005年第3期，第17—26页。
② 杨天宇：《礼记译注》，上海人民出版社1997年版，第1042页。

以度物，使彼我之间各得分愿，则上下四旁均齐方正，而天下平矣。"① 君子要顺应人心的相同处，推己及人，使彼此都满足自己的愿望，上下四方均衡方正，达到天下太平。那么，什么是"絜矩之道"呢？朱熹对《大学》中的"絜矩之道"的解释为："如不欲上之无礼于我，则必以此度下之心，而亦不敢以此无礼使之。不欲下之不忠于我，则必以此度上之心，而亦不敢以此不忠事之。至于前后左右，无不皆然。……所操者约，而所及者广，此平天下之要道也。"② 朱熹高度评价"絜矩之道"，称之为平天下的要领。本章内容，都是从此推出。

在《大学或问》中，朱熹进一步诠释了"絜矩之道"，他说："夫为天下国家，而所以处心制事者，一出于此，则天地之间，将无一物不得其所，而凡天下之欲为孝弟不倍者，皆得以自尽其心，而无不均之叹矣！天下其有不平者乎？然君子之所以有此，亦岂自外至而强为之哉？亦曰物格知至，故有以通天下之志，而知千万人之心即一人之心，意诚心正，故有以胜一己之私，而能以一人之心为千万人之心，其如此而已矣。"在这里，朱熹进一步论述了"絜矩之道"的政治伦理意义。

从"修齐治平"的顺序可见，《大学》十分强调修身的地位和作用，必须先"修身齐家"，然后才能"治国平天下"。因此，内圣之学是本质和关键所在。在内圣的理想人格实现之后，通过推己及人的教化力量，才能使儒家理想人格由身、家及国而大行于天下。由于人同此心，心同此理，个体的孝、悌、慈，便可推而齐于一家。同样，一家的孝、悌、慈又可推而广于国，达到"一家仁，一国兴仁；一家让，一国兴让"的效应。如果各诸侯国都能产生这种效应，那么，天下也就太平了。在这一过程中，由"齐家"至"治国"，推己及人的教化力量至关重要；而由"治国"至"平天下"，则须用"絜矩之道"。

在《大学章句集注》中，朱熹界定了"絜矩之道"的基本内涵之后，又进一步从实践操作层面分析了"絜矩之道"的基本要求。

---

① [宋]朱熹撰，陈立校点：《四书章句集注》，辽宁教育出版社1998年版，第9页。
② [宋]朱熹撰，陈立校点：《四书章句集注》，辽宁教育出版社1998年版，第9页。

首先,"得众则得国,失众则失国"。朱熹在对《大学》"民之所好好之,民之所恶恶之,此之谓民之父母"的注释中说:"能絜矩而以民心为己心,则是爱民如子,而民爱之如父母矣。"① 儒家的家国情怀在这里得到充分彰显,这也是由"齐家"到"治国"的合理推延。"君子有絜矩之道,故能以己之好恶,知民之好恶,又能以民之好恶,为己之好恶也。夫好其所好,而与之聚之,恶其所恶,而不以施焉,则上之爱下,其犹父母之爱其子矣,彼民之亲其上,岂不亦犹子之爱其父母哉!"② 在朱熹看来,絜矩,就是要以民心为己心,居于尊位的人君必须同民好恶,把民众的所思所想、所好所恶,作为自己的职责。其所好者,满足他们的需要;其所恶者,则察而止之。只有这样,才能真正做到上之爱下、民之亲上如父母之爱其子女,子女之爱其父母。可见,絜矩作为一种行为准则,是指在国君与民的关系中,把民看作政治活动的中心,通过自己的体验而知民之好恶,在既知之后将民之好恶转为己之好恶,从而转化为自己的政治实践。

朱熹把国君是否践履"絜矩之道",提高到国家存亡的高度,他在注释"《诗》云:'节彼南山,维石岩岩。赫赫师尹,民具尔瞻。'有国者不可以不慎,辟则为天下僇矣"时说:"在上者人所瞻仰,不可不谨。若不能絜矩,而好恶徇于一己之偏,则身弑国亡,为天下之大戮矣。……有天下者能存此心而不失,则所以絜矩而与民同欲者,自不能已矣。"③《大学或问》具体解释说:"在尊位者,人所观仰,不可不谨。若人君恣己徇私,不与天下同其好恶,则为天下僇,如桀、纣、幽、厉也。……能絜矩,则民父母之,而得众得国矣;不能絜矩,而为天下僇,而失众失国矣。"④

其次,"不与民争利,而与民同利"。在"德"与"财"的关系上,《大学》说:"君子先慎乎德,有德此有人,有人此有土,有土此有财,有财此有用。德者本也,财者末也。外本内末,争民施夺。是故财聚则民散,财散则

---

① [宋]朱熹撰,陈立校点:《四书章句集注》,辽宁教育出版社1998年版,第9页。
② [宋]朱熹:《四书或问》,上海古籍出版社2001年版,第37页。
③ [宋]朱熹撰,陈立校点:《四书章句集注》,辽宁教育出版社1998年版,第9-10页。
④ [宋]朱熹:《四书或问》,上海古籍出版社2001年版,第37-38页。

民聚。是故言悖而出者，亦悖而入；货悖而入者，亦悖而出。"① 朱熹根据这一内容，提出"德—人—土—财"的逻辑顺序："先慎乎德，即所谓明德。有人，谓得众。有土，谓得国。有国，则不患无财用矣。……人君以德为外，以财为内，则是争斗其民，而施之以劫夺之教也。盖财者人之所同欲，不能絜矩而欲专之，则民亦起而争夺矣。……外本内末故财聚，争民施夺故民散。反是则有德而有人矣。……此以言之出入，明货之出入也。……又因财货以明能絜矩与不能者之得失也。"② 由此看来，"絜矩之道"的根本，是在财用问题上保民富民，是通过财散民聚，从而达到"邦宁而君安"。朱熹极力倡导"絜矩之道"，是站在富民观念的基点上，提出正确处理君、臣、民三者物质利益关系的理论模式，以解决当时国弱民贫的社会危机。

最后，"发己自尽为忠，循物无违谓信"。为了从形而上的高度阐述"絜矩之道"，朱熹提出了为君（从政者）应该追求的最高道德境界，即"仁、义、忠、信"。《大学》云："是故君子有大道，必忠信以得之，骄泰以失之。生财有大道，生之者众，食之者寡，为之者疾，用之者舒，则财恒足矣。"③ 朱熹注曰："道，谓居其位而修己治人之术。发己自尽为忠，循物无违谓信。骄者矜高，泰者侈肆，……盖至此而天理存亡之几决矣。……足国之道在乎务本而节用，非必外本内末而后财可聚也。……仁者散财以得民，不仁者亡身以殖货。"④《大学或问》中对"仁"在"絜矩之道"中的作用有进一步说明："仁者不私其有，故财散民聚而身尊；不仁者惟利是图，故捐身贾祸以崇货。然亦即财货而以其效言之尔，非谓仁者真有以财发身之意也。"⑤ 在《大学》的最后，强调了道义在"絜矩之道"中的作用："长国家而务财用者，必自小人矣。彼为善之，小人使为国家，灾害并至。虽有善者，亦无如之何矣！此谓国不以利为利，以义为利也。"⑥ 强调了君子治国要以道义为先。"以

---

① [宋] 朱熹撰，陈立校点：《四书章句集注》，辽宁教育出版社1998年版，第10页。
② [宋] 朱熹撰，陈立校点：《四书章句集注》，辽宁教育出版社1998年版，第10页。
③ [宋] 朱熹撰，陈立校点：《四书章句集注》，辽宁教育出版社1998年版，第11页。
④ [宋] 朱熹撰，陈立校点：《四书章句集注》，辽宁教育出版社1998年版，第11页。
⑤ [宋] 朱熹：《四书或问》，上海古籍出版社2001年版，第40页。
⑥ [宋] 朱熹撰，陈立校点：《四书章句集注》，辽宁教育出版社1998年版，第12页。

利为利，则上下交征，不夺不厌；以义为利，则不遗其亲，不后其君。盖惟义之安，而自无所不利矣。程子曰：'圣人以义为利，义之所安，即利之所在。'正谓此也。"① 总之，朱熹认为，《大学》第十章的核心是讲"治国平天下"之道，即推广"絜矩之道"，与民爱恶相同而不垄断利益，就能使人们的利益各得其所，天下太平。

二 朱熹"絜矩之道"的理论结构

《大学》共两次提到"絜矩之道"，一次曰"是以君子有絜矩之道"，一次曰"此之谓絜矩之道"，见上节所引。二程虽然变动了《大学》原文的章节，但并未充分重视"絜矩之道"。朱熹却在分别经传，改造原文的基础上，以"絜矩之道"的理论贯穿了《传》之第十章，从形而上与形而下、抽象与具体、理论与实践多个层面予以解读。本部分拟在前面对朱熹《大学章句集注》文本梳理的基础上，探讨"絜矩之道"的理论结构与文化内涵。

（一）"絜矩之道"的主体与客体

从哲学上说，主体是指从事认识和实践活动的人；客体是进入人的认识和实践活动中的对象。在朱子的"絜矩之道"中，"我"（从政者或一般个体）处于絜矩的主体地位，而被调节的对象（人或事）则处于客体地位，通过"我"的主导作用和主观能动作用，使来自上下左右的不平得到调节，从而达到絜矩所追求的理想状态。《朱子语类》云："上行下效，理之必然，又以见人心之所同，是以君子有絜矩之道，所以以己之心度人之心，使皆得以自尽其兴起之善心。若不絜矩，则虽躬行于上，使彼有是兴起之善心，而不可得遂，亦徒然也。……盖人心之同然，所以絜矩之道，我要恁地，也使彼有是心者亦得恁地。……如专利于上，急征横敛，民不得以自养，我这里虽能兴起其善心，济甚事！若此类，皆是不能絜矩。"② 在朱熹看来，在絜矩问题上，

---

① ［宋］朱熹：《四书或问》，上海古籍出版社2001年版，第41页。
② 黎靖德：《朱子语类》（第二册），中华书局2011年版，第360页。

不但人心相同，而且人的地位也相同，他说："所谓絜矩者，矩者，心也，我心之所欲，即他人之所欲也。我欲孝弟而慈，必欲他人皆如我之孝弟而慈。'不使，一夫之不获'者，无一夫不得此理也。只我能如此，而他人不能如此，则是不平矣。"①

絜矩所调节的社会关系是一个以"我"为中心的上、下、左、右四个方面的关系，"絜矩是四面均平的道理，教他各得老其老，各得长其长，各得幼其幼"②。这种层次结构关系可以概括社会关系的基本结构，在这个层次中的"我"既适用于从政者，也适用于任何人。朱熹高度重视这个层次中作为主体的"我"的主观能动作用，因为每个人都是居中的"我"，通过"我"的调节，能够建立社会性的自我调节系统，就能实现"治国平天下"。"或问絜矩。曰：'譬之，如左边有一人侵我地界，是他不是了；我又不可去学他，侵了右边人底界。前人行拥住我，我行不得；我又不可学他拥了后人；后人赶逐我不了，又不可学他去赶前人。上下亦然。'……絜矩，如自家好安乐，便思他人亦欲安乐，当使无'老稚转乎沟壑，壮者散而之四方'之患。'制其田里，教之树畜'，皆自此以推之。"③ 在这个理论中，作为主体的"我"的重要性是显而易见的，作为实施"絜矩之道"的人，其本身必须是穷理正心者，以保证其所推以及人得其正。因此，"絜矩之道"的前提，是行絜矩之人，必须是通过格物、致知、诚意、正心而到身修之人，同时，还得忠、恕兼行。儒家"内圣外王"理论中"内圣"的地位在这里也得到彰显。

（二）朱熹"絜矩之道"对传统"恕"道的丰富和发展

从前边的引文中，可以明显地看出，"絜矩之道"即以己之心度人之心，"己所不欲，勿施于人"，即孔子所讲的一个"恕"字。朱熹在解说"絜矩之道"时，即是直接使用一个"恕"字。"恕，亦是絜矩之意。……若絜矩，正恕者之事也。"④ 可见，"絜矩之道"与"恕"道具有同一性，朱熹的这一思想

---

① 黎靖德：《朱子语类》（第二册），中华书局2011年版，第361页。
② 黎靖德：《朱子语类》（第二册），中华书局2011年版，第361页。
③ 黎靖德：《朱子语类》（第二册），中华书局2011年版，第364页。
④ 黎靖德：《朱子语类》（第二册），中华书局2011年版，第364-365页。

是很明确的。但是，朱熹并不认为"絜矩之道"所讲的"恕"，就是儒家传统的一般意义上的"恕"，它与孔子所讲的"己所不欲，勿施于人"和"己欲立而立人，己欲达而达人"有所不同。他对"絜矩之道"中"恕"的思想，作了新的发挥。

"德元问：'我不欲人加诸我，吾亦欲无加诸人'与絜矩同否？曰：'然。但子贡所问，是对彼我说，只是两人，絜矩则是三人尔。后世不复知絜矩之意，惟务竭民财以自丰利，自一孔以上，官皆取之，故上愈富而下愈贫。夫以四海而奉一人，不为不厚矣。使在上者常有厚民之心而推与共之，犹虑有不获者，况皆不恤，而惟自丰殖，则民安得不困极乎！'《易》'损上易下'曰益，'损下易上'曰损。所以然者，盖邦本厚则邦宁而君安，乃所以益也。否则反是。"① 朱熹在这段话中对"恕"的阐发，已经和《论语》的传统的讲法有所不同。传统的"恕"讲的是推己及人的成己成人之道，是如何对待他人的"己"与"彼"二者的关系，而朱熹讲的絜矩则是以"己"为中心，和上下、左右、前后等多方面的关系，朱熹特别强调这些多方面的关系无不均齐方正，无有余或不足。这是一种处理人际关系的公正的态度，也是一种更为复杂的人际关系中的"恕"。朱熹有时候把他讲的"絜矩之道"的"恕"，叫作"三人"说，有时候则叫作左右前后的"四方"说。例如："絜，度也；矩，所以为方也。方者，如用曲尺为方者也。何谓'是以君子有絜矩之道'？上面人既自有孝弟，下面民亦有孝弟，只要使之自遂其孝弟之心于其下，便是絜矩。若拂其良心，重赋横敛以取之，使他不得自遂其心，便是不方。左右前后皆然。"② 传统"恕"道主要用于调整人与人的一般社会关系，属于一般伦理规范；而"絜矩之道"主要用于调整社会政治关系，属于政治伦理范畴。

总之，"絜矩之道"是一种以己度人之道，而且《大学》将其放到最后"治国平天下"章来讲，可见孔子及其后学对其的重视程度。"絜矩之道"的含义与"忠恕之道"的"恕道"相仿，由《大学》全文来看，它主要讲述的还是人道，而非形而上之天道。絜矩之道在《大学》中居于非常高的地位，

---

① 黎靖德：《朱子语类》（第二册），中华书局2011年版，第365页。
② 黎靖德：《朱子语类》（第二册），中华书局2011年版，第367页。

是"治国平天下"之道。可以说,"絜矩之道"即是《大学》中的"三纲领""八条目"的"一贯之道"。从根本上说,絜矩之道还只是一种人道,或者说一种为政之道,还未达到天道的层次,它和忠恕之道一样,是人伦日用的具体践行方法。朱熹对"絜矩之道"的注释凸显了其中的政治伦理内涵,且更具有可操作性。

(三)朱熹"絜矩之道"的民本思想内涵

"问:'絜矩以好恶、财用、媢疾彦圣为言,何也?'曰:'如桑弘羊聚许多财,以奉武帝之好。若是絜矩底人,必思许多财物,必是侵过著民底,满著我好,民必恶。言财用者,盖如自家在一乡之间,却专其利,便是侵过著他底,便是不絜矩。言媢疾彦圣者,盖有善人,则合当举之,使之各得其所。今则不举他,便失其所,是侵善人之分,便是不絜矩。此特言其好恶、财用之类,当絜矩。事事亦当絜矩。'"①

在朱熹看来,真正的"絜矩之道",应该使民富,有条件去兴起善心,并遂其所愿。如果不是这样,而是"侵善人之分,便是不絜矩",朱熹主张"财用之类,当絜矩",可见,在朱熹对"絜矩之道"的解释中,很自然地渗透了利民富民的思想。

从"絜矩之道"自含有富民思想的角度出发,可以看出朱熹反对统治者与民争利和聚敛民财的做法。他说:"盖财者,人之所同好也,而我欲专其利,则民有不得其所好者矣。大抵有国有家所以生起祸乱,皆是从这里来。……或问:絜矩之义,如何只说财利?曰:必竟人为这个较多。所以生养人者,所以残害人者,亦只是这个。"②

在上面的引文中,朱熹对"絜矩之道"的解读,完全是站在"民本主义"的立场上来说话的。也可以说,朱熹对《大学》的"絜矩之道"思想的一个重要发展,就是纳入了一个宝贵的民本思想。在朱熹看来,统治者要贯彻作为一种道德的"絜矩之道",必须附之以爱民、富民的民本思想。

---

① 黎靖德:《朱子语类》(第二册),中华书局2011年版,第367页。
② 黎靖德:《朱子语类》(第二册),中华书局2011年版,第368页。

三　朱熹絜矩思想的政治文化内涵

朱熹对《大学》絜矩思想的阐发，透露出一种什么样的文化信息？在朱熹的"絜矩之道"思想中，我们会看到一种什么样的文化价值取向？这是一个涉及中国传统哲学的致思路径、价值追求的问题，同时也是见仁见智的问题。

一般认为，谈到中国传统文化的基本要素，人们总是习惯于举出仁、义、礼、忠、孝、诚、信等以提升道德人格为目的的基本德目，并将这些看作构成中国文化思想之网的关键节点，这固然是正确的。但是，我们同样不可忽视的基本事实是，自古以来中华民族对均平的崇尚和追求，对大同社会的向往，即对公平、公正、均平的价值追求，始终是中华民族一个重要的心理情结。均平观念和仁、义、礼等文化观念一样，是中国传统文化最基本的，甚至是最重要的文化要素。均平观念成为各种政治、经济、伦理思想的重要文化支点。如果从"均平文化"的视角看问题，我们可以发现，朱熹《大学章句》中对"絜矩之道"的解读与发明，渗透着均平文化的思想要素。

《大学》关于"絜矩之道"的原文，并没有提出均平的思想，而朱熹则把絜矩思想纳入均平思想的范畴，把本来作为一种讲求君子修养的、作为伦理观念而存在的"絜矩之道"，纳入一种具有"均平文化"内涵的以"治国平天下"为价值追求的政治伦理范畴。

朱熹在《大学》的絜矩思想中，强调了富民思想，体现出一种"均平文化"的思想。《大学》中"上老老而民兴孝，上长长而民兴弟"这一上行下效思想和孔子一贯强调的"君子之德风，小人之德草"（《论语·颜渊》），"上好礼，则民莫敢不敬；上好义，则民莫敢不服"（《论语·子路》）的思想是一脉相承的。而朱熹则别出心裁地强调了物质基础在下效中的支撑作用，"若不絜矩"，民无财力，"则虽躬行于上，使彼有是兴起之善心，而不可得遂"的道理。这样，就使富民思想与"絜矩之道"发生了联系，成为其实践的前提。而朱熹的富民思想，强调要杜绝横征暴敛，主张社会财富分配的公平和均衡。这正是古代"均平文化"基本理念的体现。

甚至朱熹对"恕"的注释，也渗透着"均平文化"的思想理念。"圣人只是个忠，只是个恕，更无余法。学者则须推之，圣人则不消如此，只是个至诚不息，万物各得其所而已。这一个道理，从头贯将去。如一源之水，流出为千条万派，不可谓下流者不是此一源之水。人只是一个心。如事父孝，也是这一心；事君忠，事长弟，也只是这一心；老者安，少者怀，朋友信，皆是此一心。精粗本末，以一贯之，更无余法。"① 朱熹以"心"释"恕"，体现着"均平文化"理念。朱熹的论说更为推己及人找到了理论根据，他认为"恕"体现着"千万人之心即一人之心"，这样以己度人，"己所不欲，勿施于人"，就可以创造儒家和谐的社会局面。

"絜矩之道"是一种君子之道，是"内圣"的关键，强调通过君子（为政者）的表率作用，上行下效实现"平天下"的终极目标。"絜矩之道"的终极关怀在于实现"治国平天下"的政治理想。朱熹认为，如果人人都实行"絜矩之道"，就可以达到儒家"平天下"的政治理想。朱熹说："自身而家，自家而国，自国而天下，均为推己及人之事，……盖必审于接物，好恶不偏，然后有以正伦理，笃恩义，而齐其家；其家已齐，事皆可法，然后有以立标准，胥教诲，而治其国；其国已治，民知兴起，然后可以推己度物，举此加彼，而平天下。此以其远近先后，而施有不同者也。然自国以上，则治于内者，严密而精详；自国以下，则治于外者，广博而周遍，亦可见其本末实一物，首尾实一身矣。"② "絜矩之道"的实施路径，正是儒家"内圣外王"之道的展开过程。

"絜矩之道"在"平天下"中有何地位和意义？这里需要正确认识"平天下"的基本含义。何谓平天下？传统的理解是"天下太平"，将"平天下"理解为治理天下，要求人们以天下为己任，积极参与改造社会的实践。例如《礼记·乐记》云："礼以道其志，乐以和其声，政以一其行，刑以防其奸。礼、乐、刑、政其极一也，所以同民心而出治道也。"③ 其实，这样的理解是

---

① 黎靖德：《朱子语类》（第二册），中华书局 2011 年版，第 686 页。
② ［宋］朱熹：《四书或问》，上海古籍出版社 2001 年版，第 37 页。
③ 杨天宇：《礼记译注》，上海古籍出版社 1997 年版，628 页。

很片面的。中国古代的"平天下",实际含义是"平均天下"或"均平天下",它不但包括要治理天下,还有如何治理及治理到什么程度的问题。因此,儒家的"平天下"思想,不仅仅表达了一种强烈的"平天下"的社会参与意识和激励意识,也蕴涵着对创造人间公正、均平合理的美好社会的期待。而"絜矩之道"即是"均平之道",所以,"絜矩之道"的实施过程,也就是"平天下"的政治理想的实现过程。这也正是思想家们把"絜矩之道"看作"平天下之要道"的原因所在。

第二节 "新民"理念：政治伦理思想视角的考察

王事得失在治国,治国之本在利民。治国的方法一般都有最基本的"两手"：其一是以不断改善人们生活、生产条件为核心内容的物质文明,其二是以不断提升人们的道德水准和思想境界追求目标的精神文明。如果将这两者转换为古代中国政治伦理的语言,则可以表述为"亲民"与"新民"。"新民"指使民众实现思想、精神的更新；而"亲民"则是指使民众获得必要的生存基础,以利于政权的稳定,易于统治。本节通过对朱熹"新民"理念的政治伦理思想的解读,主要分析以下三个问题：一是宋明时代,朱熹与王阳明在《大学》的诠释上对"新民"与"亲民"的讨论情况；二是朱熹对《大学》中"三纲领"的核心概念"新民"的基本内涵的解读；三是讨论朱熹"新民"理念的内在逻辑结构,即"新民何以可能"的问题。

一 "新民"与"亲民"：朱熹和王阳明对《大学》的不同解读

在对《大学》思想的诠释上,朱熹根据程颐的相关思想,将古本《大学》中的"亲民"改为"新民",强调"学者"对"民"的道德教化。而后,王阳明则强调《大学》的古本,不认同朱熹的改动,王阳明对"亲民"作了系统的阐发,彰显了儒者对生民亲情式的仁爱情怀和人道主义精神。自王阳明主张恢复《大学》古本以来,"亲民"与"新民"之争便成为《大学》诠释中一个长期聚讼不已的问题。尽管两者都是从政治伦理视角进行解读,但事实上是理学和心学的道德形而上学之争。

朱熹在《大学章句》中,强调大学是"古之大学所以教人之法",因而特别强调《大学》的道德教化作用。根据程子"亲,当作新"的观点,将古本《大学》中的"在亲民"改为"在新民"。朱熹认为,大学,就是大人之学。天赋予每个人的是仁、义、礼、智的善良本性,但是每个人的气质禀受不同,即禀气的清浊不同,其对本性的遮蔽程度也不同。但是它本身的光明是不曾熄灭的。这就有了道德教化("新民")的必要:一是要求学者借着善良本性本身发出的光辉而去发扬光大它,以恢复它的本来面目。二是自己发扬光大了明德之后,应该"推己及人",使他们也能够去掉自身过去所沾染的污垢。

朱熹如此直接改动经文,当然有其充分的理由,他作出了如下的回答:"今亲民云者,以文义推之则无理,新民云者,以传文考之则有据,程子于此,其所以处之者亦已审矣。"① 朱子的回答包含两层意思:一是认为如果读为"在亲民",从经文的内涵上考察,则不符合《大学》的思想内容,因为"在亲民"不符合《大学》道德教化的宗旨,所谓"以文义推之则无理"。二是从《大学》文本的文字上寻找证据,得出所谓"以传文考之则有据"。《大学》传文第二章有三句话,《盘铭》中的"苟日新,日日新,又日新",《康诰》中的"作新民"和《诗经》中的"周虽旧邦,其命维新"三句话。对这三句话,朱熹注曰:"言诚能一日有以涤其旧染之污而自新,则当因其已新者,而日日新之,又日新之,不可略有间断也。鼓之舞之之谓作,言振起其自新之民也。言周国虽旧,至文王,能新其德以及于民,而始受天命也。"② 以经典文本为改动的理由,是最直接而有效的方法。朱熹更加看重的是"以文义推之"不可为"亲民",而应为"新民"。所谓"文义"无疑就是朱子对"明德""明明德"与"在新民"关系的诠释。

在朱子看来,"明德"就是人的本体,是全善的。但由于现实的人存在

---

① [宋] 朱熹:《四书或问》,上海古籍出版社2001年版,第5—6页。
② [宋] 朱熹撰,陈立校点:《四书章句集注》,辽宁教育出版社1998年版,第3页。

"气禀之拘"和"人欲之蔽"的问题,在这样的情况下,道德的修养就需要作"明"之功以"复其初",这就是所谓"明明德"。但"学者"完成"明明德"之后,却又需要"推己及人",这就转向了"在新民",从而使普通民众能在学者的教化下去复归德性,回归到本然的"明德"之初的全善的理想状态。

总之,朱子"新民"的中心思想是指在"学者"自我完成"明明德"之后对"民"的教化,目的在于使"民"也从"旧"的被气禀和人欲之私遮蔽的状态回归到"新"的理想状态。朱子"新民"思想的重点与核心是道德教化。

与朱子的观点相对,王阳明则力主《大学》的古本,批评朱子"新民",而主"亲民"。王阳明的学生也向他提出了恢复古本的依据问题,他说:"'作新民'之'新'是自新之民,与'在新民'之'新'不同,此岂足为据?'作'字却与'亲'字相对,然非'亲'字义。下面'治国平天下'处,皆于'新'字无发明,如云'君子贤其贤而亲其亲,小人乐其乐而利其利';'如保赤子';'民之所好好之,民之所恶恶之,此之谓民之父母'之类,皆是'亲'字意。'亲民'犹《孟子》'亲亲仁民'之谓,亲之即仁之也。百姓不亲,舜使契为司徒,敬敷五教,所以亲之也。《尧典》'克明俊德',便是'明明德'。'以亲九族'至'平章''协和',便是'亲民',便是'明明德于天下'。又如孔子言'修己以安百姓','修己'便是'明明德','安百姓'便是'亲民'。说'亲民'便是兼教养意,说'新民'便觉偏了。"①

上述王阳明反对改"亲民"为"新民"的理由如下:

首先,在王阳明看来,《康诰》所谓"作新民"之"新"是"自新"之意,与"在新民"之"新"是不同的。王阳明认为"作"与"在"是不同的,"作新民"之"作"是自作之意,即是自己去作新民之意。但通过前文的分析,朱子的"在新民"是通过"学者"的教化而完成的,是被动的,因此,"作新民"不能作为"在新民"的论据。

其次,王阳明还从《大学》的文本中找到了更为有利的证据:"下面'治国平天下'处,皆于'新'字无发明。"王阳明通过考察道德修养条目,如

---

① [明] 王守仁:《王阳明全集》,上海古籍出版社2011年版,第2页。

"君子贤其贤而亲其亲"等,发现皆有"亲民"之意,而发挥"新民"的内容的道德教化条目却基本上没有,这无疑成为他坚持采用旧本的重要理由。

再次,进一步引用古典文本以佐证"亲民"说。王阳明还引用了《尚书·尧典》中的"克明俊德,以亲九族。九族既睦,平章百姓"。从儒家思想史上看,上面一段话确实与《大学》思想有重要的渊源关系:"克明俊德,以亲九族"与"明明德"和"亲民"的联系十分明显;其后的"九族既睦,平章百姓。百姓昭明,协和万邦"与《大学》的"齐家治国平天下"的表述顺序具有一致性。孔子的"修己"以"安人""安百姓"思想和孟子的"亲亲仁民"都属于早期儒家"明明德""亲民"思想的例证。

最后,王阳明"说'亲民'便兼教养意,说'新民'便觉偏了"。这里,王阳明指出了朱子的片面性在于注重"教"而忽视了"养",认为"亲民"本身就包含了"教"和"养"两个方面,即"教"和"养"都统一于"亲民"中。"亲民"才是对民施以道德教化的宗旨归宿。若像朱子那样把"亲民"直接改成"新民",那么"教"就由手段转换为目的,自然"偏"离了儒家教化的根本意义。

实际上,无论是朱熹的"新民"还是王阳明的"亲民",从政治理想上说,都以教化人群、调养民众为手段,从而实现江山社稷的长治久安。"新民"与"亲民",在最终理想和根本目的方面是一致的,两者之间并不存在不可调和的矛盾与对立。朱熹的"新民"思想强调道德教化,着眼点是从长远大计上为国家社稷着想,努力使民众对君王的皇权统治心悦诚服。王阳明的"亲民"方针,则要把国家政治的着眼点切实地落在当代百姓的身上,能够使眼前的民众得到实实在在的利益,以利于国家的长治久安。同时,我们还可以从儒家"内圣外王"的视角解读"新民"与"亲民"思想。朱熹的新民强调道德教化和道德修养,强调"内圣";王阳明的"亲民"注重的是"外王",强调的是先秦儒家对"民"的亲情式恻隐情怀,是儒家人道主义精神的体现。

二 "新民"与"明明德"的关系：以朱熹《大学章句》为中心

"明明德""新民""止于至善"朱熹把它们称为《大学》的"三纲领"。那么，它们三者之间的关系又是如何的呢？"明明德"与"新民"是两个范畴，而"止于至善"则是道德修养达到极致时的理想境界。因此，在本书的语境下，需要厘清的问题是：作为两个范畴的"新民"和"明明德"的基本内涵及其关系是什么？这需要在前文述及的基础上进一步分析。

一是"明明德"。"明明德"是《大学》"三纲领"之首，应当先行考察其含义。从句法结构来看，"明明德"中的第一个"明"是动词，是使动用法，意思是"使明德明"。何谓"明德"？根据朱熹的解释"明德者，人之所得乎天，而虚灵不昧，以具众理而应万事者也"可以发现，"明德"具有三个属性，分别是：从来源上说，是从天那里禀受的，"人之所得乎天"；虚灵光明，即"虚灵不昧"；是"众理"的载体，"以具众理而应万事"。从朱熹的阐释可以看出，"明德"最为基本的属性就是性理，而性理在朱熹哲学中是一个反映本质的概念。根据朱熹的有关文本，笔者认为，朱熹的"明德"思想，应该从心性关系上予以解读。

首先，"明德"是性。朱熹曰："天之赋于人物者谓之命，人与物受之者谓之性，主于一身者谓之心，有得于天而光明正大者谓之明德。或问：'明德便是仁义礼智否？'曰：'便是。'"① 从朱子的相关论述中可知，朱子认为，天道流行，皆赋人物以性，所谓理也；又赋人物以形，所谓气也。从性理的角度分析，人物一原，本无不同，但是从形气看，则惟有人才得到正通之气，故也只有人得其性。因此，只有人可以"为尧舜而能参天地以赞化育"，这也就是明德。因此，所谓明德，首先使人与物区别开来，即之所以为人之人性。值得注意的是，朱子在这里是从"理一分殊"的角度来说的，以理之同异偏全来确立明德，由于人禀受天地之气最为正通，从而其理俱备，这是朱子论说明德之本源，也即人性本于天理，而性理一源，人性又异于兽，故禀赋

---

① 黎靖德：《朱子语类》（第一册），中华书局2011年版，第260页。

最全。

以上说明，朱子所谓"明德"，首先必然是"性"，此"性"则为天理所赋，"仁义礼智"则是其具体内容。如此则使得"明德"具有一种恒常普遍性。"性即理也"，实际上就是确立此道理的恒常普遍性。

其次，"明德"是心性统一。朱子曰："虚灵自是心之本体，非我所能虚也。耳目之视听，所以视听者即其心也，岂有形象。……性犹太极也，心犹阴阳也。太极只在阴阳之中，非能离阴阳也。然至论太极，自是太极；阴阳自是阴阳。惟性与心亦然。所谓一而二，二而一也。"① 通过朱子的解答可见，"明德"并不是一定框囿于"心"或是"性"二者之一的，或者更确切说，"心""性"二者本身即不是相离的。从心上看，"明德"具有知觉性；从"性"上看，"明德"则是实理，是人之本性。

最后，"明德"是性在心中。心性虽然统一，但是"心""性"二者有所不同，尤其在说明道理时，若不辨析，是不利于理解朱子原意的。在此可通过朱子对于"明德"的一些分析来把握二者的特征，并明确朱子之"明德"究指为何。

"明德者，明之也。……然其本体之明，则有未尝息者。故学者当因其所发而遂明之，以复其初也。"② "明德"具有本体意义，由于被人欲所蔽，有时昏暗，但其本身的光明，是不曾熄灭的，所以要求学者发扬光大它的光明，以恢复它的本来面目。

"方寸之间，虚灵洞彻，万理咸备，盖其所以异于禽兽者正在于此，而其所以可为尧舜而能参天地以赞化育者，亦不外焉，是则所谓明德者也。然其通也或不能无清浊之异，其正也或不能无美恶之殊，故其所赋之质，清者智而浊者愚，美者贤而恶者不肖又有不能同者。"③

从以上两段引文可见，"明德"确为人至善无恶之本性，人所以有不善者，在于"气禀所拘，人欲所蔽"，以至于"明德""有时而昏"，造成"清者

---

① 黎靖德：《朱子语类》（第一册），中华书局2011年版，第87页。
② [宋]朱熹撰，陈立校点：《四书章句集注》，辽宁教育出版社1998年版，第1页。
③ [宋]朱熹：《四书或问》，上海古籍出版社2001年版，第3页。

智而浊者愚，美者贤而恶者不肖"的不同，这已经彰显了"心"在"明德"中的作用。"人能弘道，非道弘人"。

总之，对于朱子的"明德"，不能简单认其为"心"或"性"，而须从心性统一的立场来把握。若认"明德"只是性，则"明德"的主体特色及其修养工夫就无法彰显；若认"明德"即是心，亦必违反朱子原意。故笔者认为，在朱子看来，此"明德"首先为"性"，此"性"即是人性禀受天地之气之正的纯善无恶之本然之性。然人生形质，由于气禀之偏与物欲之蔽，故不得其全，须待心之知觉来发动与完成，因而"性"即具于人之"心"中，彰显为"明德"。此"明德"通过"心"而彰显，且"明明德"之一切修养工夫，皆可本乎此。正确把握这一关系，不仅可以把握"明德"在《大学章句》中的地位，亦可以对朱子之理气心性论有所疏通。

从以上分析可知，"明德"具有本体意义，那么，"明明德"中的"明"就是工夫。于是，"明明德"的含义就是使作为本体的"明德"明。作为本体的"明德"是"光明灿烂"的，为何还需要"明"呢？朱熹提供的基本理由有二：第一，先天因素。朱熹认为，现实的人所禀受的气有清浊偏正的不同，它遮蔽了人的本性，影响了"明德"的表现。第二，后天因素。在朱熹看来，由于人有身体，故而就有基于此的不合理的私欲。由于私欲的遮蔽，个人就无法实现先天善的"性"（即明德），导致了"明德""不明"，因此需要"明明德"。

"明明德"属于个人道德修养问题，但是人不是孤立的，人是生活于人类社会之中的，这就涉及个人与他人，即"自我"与"他者"的关系问题。所有人都有实现"明德"的职责，个人的自我实现就是"明"个人之德。从儒家是为己之学的角度来分析，"明明德"的侧重点是"明"个人之德，而从儒家政治伦理的角度分析，则要处理通过"明"个人之德，推延到"明"他人之德的问题，这就是"新民"。因而，从"明明德"到"新民"的过程，也就是推己及人的过程，即从"修己"到"治人"、从"内圣"到"外王"、从一般意义上的道德上升到政治伦理的过程。

"新民"是由"新"与"民"两个汉字组合而成的复合词。在古汉语中，一般意义上的"民"指的是民众，也就是周代的封建制度之下的作为被统治者的"小人"。在等级制度占统治地位的中国封建社会，在上位者为"君子"，其为政之德若风；在下位者为"小人"，其从化之德如草。"新民"中的"民"就指的是处于下位的民众。作为"三纲领"之一的"新民"，是一个动宾结构，意思就是"使民新"，也就是使每个人各明其明德。"新民"涵盖的范围包括"齐家""治国"与"平天下"三项内容。

三　"新民"的内在逻辑与何以可能

"新民"的过程也就是道德教化过程。其本身是有其内在逻辑结构的，对"新民"内在逻辑结构的分析同时就是对"新民何以可能"这一问题的回答。这一问题的实质上所要表达的就是：如果新民可以实施，那么它的充分必要条件是什么？需要根据朱熹《四书集注》的相关文本予以分析。

（一）"新民"的先验内在条件："明德"的先验性、普遍性与永恒性

"新民"如果能够成立，那么"民"必须具有什么内在的特性呢？根据朱熹的相关论述，"新民"得以可能的一个内在条件就是"明德"。第一，"明德"具有先验性。"明德"是人"得乎天""虚灵不昧""人本来皆具"。因此，"明德"是具有先验性的，与其超越的来源有关，"明德"是天所赋予人的，故而具有先验性。第二，"明德"具有普遍性。在朱熹看来，"明德"是性理，它是人与动物相区别的标志，是人之所以为人的本质所在，它不是外力强加于人的，而是内在于人的本性。第三，"明德"具有永恒性。"明德"是理，是具有永恒性的存在。朱熹认为，理是一种超越性的存在，即便是山河大地都塌陷了，理依然存在。既然具有先验性、普遍性、永恒性的"明德"是人的本质，那么人就有职责和义务实现"明德"。

由于先天的气禀和后天的物欲两个原因，人（生活于现实世界中的人，除了极个别圣人）的"明德"的本性受到污染或埋没而难以表现出来，"民"就属于后者。在中国封建社会，个体的"民"处于社会的最底层，具有消极、愚昧与卑贱的性质。因而，"民"一般来说是"不能自明"其"明德"的。在这种情况下，就需要儒学的精英主义出场，即需要能够自明其"明德"的社

会精英通过一定的手段，帮助一般民众"明明德"。那么，实现从"明明德"到"新民"的转向发生机制是怎样的呢？这里就涉及了"新民"的具体方法问题。

（二）"新民"的主体：圣人、大人与君王

在朱熹看来，"大学"即"大人之学"。也就是说，《大学》中的"三纲领"与"八条目"主要是针对"大人"而言的。"大人"主要指的是什么人呢？有人问朱熹："'大人'，是指有位者言之否？"朱熹答曰："不止有位者，是指有位、有齿、有德者，皆谓之'大人'。"① 因而，"新民"的主体就有三类人：处在统治地位的人，此类人对于他统治下的人具有权威；年纪大的人，此类人对于本宗族具有权威；有德性的人，此类人比如孔子、孟子等对于周围的人具有权威。

朱熹认为，主要的政治关系发生于下列三者之间："天""君师"与"民"。"天"是政治正当性的终极来源。在儒家民本思想的视域中，天是一个消极的存在，可以视听，却无法言动。这就是孔子早就指出的"天何言哉"。"君师"是天所选择并任命的，承担着教化民众的职责。"民"则是天所生。作为统治者的君及其助手是"有位者"，而秦汉以后的平民社会的族长是"有齿者"，师是"有德者"。其中，君是最主要的新民主体，主要是指儒家的圣王，如黄帝、尧、舜、禹以及周文王等。正因为君王在"新民"中占有如此重要的地位，所以他们需要以身作则。孟子认为，执政者首先必须具备应有的领导素质，然后才能教育引导他人。孟子曰："贤者以其昭昭，使人昭昭；今以其昏昏，使人昭昭。"朱熹注曰："昭昭，明也。昏昏，暗也。尹氏曰：'大学之道，在自昭明德，而施于天下国家。其有不顺者寡矣。'"② 而民则是"新"的对象，是受教育者，消极的受影响者，民的行为很大程度上是在君王行为的感召下的被动反应而已。"新民"的动机和目标是要"明明德"于天下与国家。"新民"主体通过某种或多种手段作用于对象，从而实现其动机与目标。

---

① 黎靖德：《朱子语类》（第三册），中华书局2011年版，第1173页。
② ［宋］朱熹撰，陈立校点：《四书章句集注》，辽宁教育出版社1998年版，第400页。

这就是方法问题。

(三)"新民"的中介与方法：推己及人

如何实现"新民"？实际上就是沟通主体与对象之间的关系，所依靠的就是一个"推"字，也就是先秦儒家的"推己及人"的方法。前文分析过，实现内在的"明德"是每个人的职责与义务，所以，"大人""圣人"与"君王"也有义务通过"新民"促使民实现"明德"。作为"明德"的"推己及人"，具有消极与积极两个互补层面。第一，从消极层面说，即"己所不欲，勿施于人"。第二，从积极的层面说，"己立立人，己达达人"。正是通过这一中介，"新民"才具有了可能性。这一方法如果能自上而下实施，那么就形成了"上行下效"的效果，儒家的"新民"愿望也将得以实现。

"明明德，便要如汤之日新；新民，便要如文王之'周虽旧邦，其命维新'。各求止于至善之地而后止也。"① 但是，由于民的组成的复杂性，一部分愚顽的民无法依靠自己的力量做到"自新"与"作新民"，这就需要强制性力量。"法度"与"政刑"虽是另类"新民"手段，但却是必要的方法。

至此，我们可以从政治伦理的角度对朱熹的"新民"思想进行概括。朱熹的"新民"思想是以性善论的"明德"为核心，以大人的"明明德"为先决条件，以"明明德于天下国家"为目的，以民的可塑性为条件，以儒家的"推己及人"为中介原则的道德教化过程。"新民"对为政者的要求是"为政以德"，就此点而言，朱熹的"新民"思想便是他对先秦儒家"德治"传统的理论化与系统化。如果从君民关系的视角分析，"新民"又具有先秦儒家的民本主义的内涵。因而，可以说"德治"与"民本主义"是新民政治伦理思想的两翼。以"新民"范畴为中心，朱熹实现了儒家政治伦理思想的一次理论重构。

朱熹的"新民"思想明显体现出中国封建社会的等级观念和封建专制之下的道德教化色彩。因为"新民"的前提是认定绝大部分人难以做到"明明德"，因而需要"大人""圣人"等先觉者的帮助，而先觉者也认定有责任帮

---

① 黎靖德：《朱子语类》（第一册），中华书局2011年版，第272页。

助他人完成"明明德"。民众只有接受"被新"义务,没有拒绝"被新"的权利。"新民"就意味着政治国家对民众的道德生活领域的制度安排与控制。就此而言,"新民"的政体适用范围可以包括古代专制主义、现代极权主义与威权主义等。当然,在民众文化素质很低,教育不普及的封建社会背景下,儒家是很难设想社会政治生活的个人自主的。作为不得已的补救措施,朱熹等人就只能把希望寄托在具有德性与知识的社会精英身上,从而赋予了他们一种特殊责任。也就是说,君子们在"修己"的基础上"安人""安百姓",承担起"治人"的"新民"重任,以弥补普通民众在个人知识、道德和能力方面的不足,这就是"君子的责任"。但是在现代教育普及的条件之下,必须承认民众在社会政治生活领域的个人自主的能力,因而"新民"的领域就会收缩,从而为"君子的责任"划出一条界线。

第三节 "慎独":政治伦理视域下的道德教化与官德修养方法

"慎独"是儒家思想史上具有深远影响的一个范畴,是传统儒家道德修养的重要手段之一,也是儒家学说中备受推崇的"圣人""大人"和"君子"的重要德性之一。作为儒学思想范畴,"慎独"出现于《大学》和《中庸》中。历代思想家对"慎独"的解读见仁见智,朱熹在吸取前人思想的基础上,对"慎独"的诠释更加突出了"慎独"的哲理化、道德教化和政治伦理内涵。同时,"慎独"也是当今社会道德修养的重要范畴。

一 "慎独"的本义与概念溯源

"慎"字从"心"从"真"。《论语·子张》曰:"君子一言以为知,一言以为不知,言不可不慎也。"《论语·学而》曰:"慎终追远,民德归厚矣。"

朱熹注曰："慎终者，丧尽其礼。追远者，祭尽其诚。民德归厚，谓下民化之，其德亦归于厚。盖终者，人之所易忽也，而能谨之；远者，人之所易忘也，而能追之，厚之道也。故以此自为，则己之德厚。下民化之，则其德亦归于厚也。"① 朱熹强调，办丧事要尽礼，祭祀要尽诚，下面的民众就会被教育感化，他们的德也会归于淳厚。所以，从"慎"字的基本义上说，是谨慎、真诚的意思。

"独"字从"犬"，《说文解字》的解释是："羊为群，犬为独也。"段玉裁注曰："犬好斗，好斗则独而不群。"羊是习惯群居的动物，犬则是习惯独居的动物。可以看出，"独"字从字面上理解，是指空间上的独处。《广雅·释诂》曰："特，独也。""独"与"特"具有相同含义，可以指自己所独知而他人所不知的事情和状态，自己所独有而别人所没有的个性和情境。从人事上讲，"独"用于人事，可以从"知"和"行"两个方面来讲。独知、独觉是指人的认识能力，而独立、独行则是指人的行为方式，概而言之，"个性即为独"。君子之"独"是指君子的个性，不是指君子的处境。"慎其独"就是"看重""顺应""守住""操心"那个独——总之，就是对待自己的个性要认真。

"慎"与"独"所包含的思想，在中国古代的典籍中经常出现。如《诗经》中，尽管无"慎独"范畴出现，但已暗含了后来"慎独"的意蕴。《小雅·小旻》篇曰："战战兢兢，如临深渊，如履薄冰。"含有警惕、谨慎、戒备的意蕴。《小雅·小明》篇云："嗟尔君子，无恒安处。靖共尔位，'正直'是与。神之听之，式谷以女！"其大意为，君子不要长期处于安乐，要为人正直、谨慎，做事虚心。

"慎独"作为一个独立的概念，首先出现在《大学》《中庸》中。《大学》开宗明义提出"慎独"概念，《大学》第六章中两次出现"故君子必慎其独也"。第一次出现的原文是："所谓诚其意者，毋自欺也。如恶恶臭，如好好色。此之谓自慊。故君子必慎其独也。"朱熹认为，这里的意思是，想自修的人，知道向善要抛弃自己的恶，就应当实实在在地努力，而禁止

---

① ［宋］朱熹撰，陈立校点：《四书章句集注》，辽宁教育出版社1998年版，第52页。

自己的自欺行为，使自己讨厌恶就像讨厌恶臭、爱好善就像爱好美色一样，一定要果断地抛弃，而力求必定得到，用以使自己高兴和满足，不可只是苟且应付、被外界左右而做给别人看。但是自己的真实与不真实，往往有一些是别人所无法知道而只有自己一个人知道的东西，所以一定要在这种地方特别严格，以防止那些冒出来的苗头。第二次出现的原文是："小人闲居为不善，无所不至，见君子而后厌然，掩其不善，而著其善。人之视己，如见其肺肝然，则何益矣。此谓诚于中，形于外，故君子必慎其独也。"朱熹认为，这里的意思是，小人作恶，表面上却要掩盖。这就不是不知道应当向善和应当抛弃恶，只是他们不能真实尽自己的努力以致到了这个地步。然而想掩盖自己的恶却到底掩盖不住，想假意行善却终究不能，这又有什么益处呢？这就是君子再次引以为戒，而一定要在独处时特别严格的原因。

"心"是"意"的本体，心与物相接触而生"意"，"意"要遵循着心的本体而产生，不能因为物的影响而偏离"心"之本体，而心之本体的基本内涵是好善恶恶的，所以这样就能始终保持"意"的善良。在这一过程中，在个人独处的时候，可能会出现"意"偏离本心的情况，所以"独处"才是真正考验一个人品德的时候。一个人在独处的时候，一定要注意控制自己的欲望，不能偏离善的本性，这就是"慎独"。因此，欲为君子之人，在独处时要特别谨慎戒惧。《大学》先是将"慎独"作为个体道德修养论，后来将其上升到本体论的高度，达到涵盖乾坤、无所不包的境地。

《中庸》中，"慎独"出现了一次："天命之谓性，率性之谓道，修道之谓教。道也者，不可须臾离也，可离非道也。是故君子戒慎乎其所不睹，恐惧乎其所不闻。莫见乎隐，莫显乎微。故君子慎其独也。"《中庸》中的"慎独"，是从"人心"与"道心"的关系上讲的。朱熹认为，"道"，就是日用事物中应该如何做的理，是本性所存在于人心之中的那些性质，没有哪个物不具有，没有哪个时刻不如此，所以不可能有片刻分离。假如分离了，就是外物，而不是道了。朱熹注曰："独者，人所不知而己所独知之地也。言幽暗之中，细微之事，迹虽未形，而几则已动，人虽不知，而己独知之，则是天下之事，无有著见明显而过于此者。是以君子既常戒惧，而于此尤加谨焉。所以遏人欲于将萌，而不使其滋长于隐微之中，以至离道之远也。"① 君子已经永远警惕和敬畏了，而在这里（即"人所不知而己所独知之地"）尤其小心谨慎。以此遏制那将要萌芽的人欲，而不让它在隐秘难见处滋长，以至于离道愈来愈远。

在《中庸章句》中，朱熹提出了慎独的最高境界是"中和"。《大学》云："中也者，天下之大本也；和也者，天下之达道也。"朱熹注曰："大本者，天命之性、天下之理皆由此出，道之体也。达道者，循性之谓，天下古今之所共由，道之用也。此言性情之德，以明道不可离之意。"② 大本，天命之性、天下之理都由此出，即道的体。达道，就是道的用，是天下从古到今所共同遵守的。《大学》云："致中和，天地位焉，万物育焉。"朱熹注曰："致，推而极之也。位者，安其所也。育者，遂其生也。自戒惧而约之，以至于至静之中无少偏倚，而守其不失，则极其中而天地位矣。自谨独而精之，以至于应物之处无少差谬，而无适不然，则极其和而万物育矣。盖天地万物，本吾一体，吾之心正，则天地之心亦正矣。吾之气顺，则天地之气亦顺矣。故其效验至于如此。此学问之极功。圣人之能事，初非有待于外，而修道之教，亦在其中矣。"③ 从独处谨慎并精心辨察，到应接事物时的运用自如，从而达到通达，就达到了和的顶点，万物从而得以完成自己的生命。天地万物和我本是一体，我的心端正，天地之心就端正。这是学问的最高功夫。圣人最精彩的事业，本不是要等待外在的因素，而修道的教育也是在其中的。

在《中庸章句》中，朱熹认为，"中庸"的"中"，实际兼有"中""和"二者的意义。既然慎独的最高境界是"致中和"，而且只有君子才能做到，那么根据相关文本，朱熹认为，"慎独"也是君子和小人的本质区别。《大学》曰："君子中庸，小人反中庸。君子中庸也，君子而时中；小人之中庸也，小人而无忌惮也。"朱熹注曰："中庸者，不偏不倚，无过不

---

① ［宋］朱熹撰，陈立校点：《四书章句集注》，辽宁教育出版社1998年版，第18页。
② ［宋］朱熹撰，陈立校点：《四书章句集注》，辽宁教育出版社1998年版，第18页。
③ ［宋］朱熹撰，陈立校点：《四书章句集注》，辽宁教育出版社1998年版，第18页。

及。而平常之理,乃天命所当然,精微之极致也。惟君子为能体之,小人反是。君子之所以为中庸者,以其有君子之德而又能随时以处中也。小人之所以反中庸者,以其有小人之心而无所忌惮也。盖中无定体,随时而在,是乃平常之理也。君子知其在我,故其戒谨不睹,恐惧不闻,而无时不中。小人不知有此,则肆欲妄行,而无所忌惮矣。"① 君子知道慎独的重要性,所以能在别人看不到的地方,听不到的时候保持警惕和谨慎,从而没有任何时候不中。小人没有这样的修养,于是就放纵欲望,任意妄为,从而无所畏惧和忌惮。

二 "慎独"与"中庸""诚"

"中"和"庸"的单独出现于孔子之前,已经是甚为通行的观念;但将二者连接为一词的"中庸",则始见于《论语·雍也》"中庸之为德也,其至矣乎!民鲜能久矣"一章。孔子把"中庸"当作最高、最重要的道德观念。关于中庸的基本内涵,汉、宋儒者的解释有二种,主要不同点在对"庸"字的解释:一是认为"庸"即是"用",一是认为"庸"为"常"。孔颖达疏《中庸》云:"《中庸》者,中和之为用也。庸,用也。"郑玄注《礼记·中庸》"君子中庸"说"庸,常也",强调用中为常道。至宋代,程颐释"中庸"为:"不偏之谓中,不易之谓庸。中者,天下之正道;庸者,天下之定理。"朱熹注曰:"中者,无过无不及之名也。庸者,平常也。至,极也。鲜,少也。言民少此德,今已久矣。程子曰:'不偏之谓中,不易之谓庸。中者,天下之正道,庸者,天下之正理。自世教衰,民不兴于行,少有此德久矣。'"②

《礼记》记载:"礼之以少为贵者,以其内心者也。德产之致也精微,观天下之物,无可以称其德者,如此则得不以少为贵乎?是故君子慎其独也。"③《礼记·礼器》以"内心"来理解慎独,这应该是"慎独"的本来含义。《尔

---

① [宋]朱熹撰,陈立校点:《四书章句集注》,辽宁教育出版社1998年版,第19页。
② [宋]朱熹撰,陈立校点:《四书章句集注》,辽宁教育出版社1998年版,第95页。
③ 杨天宇:《礼记译注》(上册),上海古籍出版社1997年版,第397页。

雅》云："慎，诚也。"而根据《五行》传文，"独"是指"舍体"，也就是指内在的意志，故"慎独"即是诚其意。同时，《大学》《中庸》中对"慎独"的解读也具有"诚其意"的内涵。

"所谓诚其意者：毋自欺也，如恶恶臭，如好好色，此之谓自谦，故君子必慎其独也！小人闲居为不善，无所不至，见君子而后厌然，掩其不善，而著其善。人之视己，如见其肺肝然，则何益矣。此谓诚于中，形于外，故君子必慎其独也。"这里，前一个"慎其独"是指"诚其意"；后一段话是说，小人平时容易做不好的事情，但是他见到君子后，又试图伪装自己，即"掩其不善，而著其善"。但是，中国古人强调"相由心生"，即心与外表往往是一致的，勉强在行迹上伪装是做不到的，只有"诚于中"才能"形于外"，所以，"慎独"的前提是"诚于中"。

我们再看看《中庸》的解释："天命之谓性，率性之谓道，修道之谓教。道也者，不可须臾离也，可离非道也。是故君子戒慎乎其所不睹，恐惧乎其所不闻；莫见乎隐，莫显乎微，故君子慎其独也！"对于"隐"和"微"，朱熹曾注云："隐，暗处也。微，细事也。独者，人所不知而己所独知之地也。言幽暗之中，细微之事，迹虽未行，而几则已动，人虽不知，而己独知之，则是天下之事，无有著见明显而过于此者。"①"隐"就是指注重隐处的行为，可以用"暗室不欺"来理解。儒家认为，君子之道更体现于在"暗室"中的行为，注重行为"隐"的方面，恰恰在于更有效地实行对于所有行为的自我制约。可以看出儒家对个人道德的要求既包括外部的层面，而且还包括无人监督的层面，是对人的行为的全面渗透。这是对行为着手处的一种道德要求，因为微处不容易被发觉，很可能就发展为"著"，所以儒家认为这更需要重视。尽小者大，积微者著。这里强调了"道"的作用，正因为"道"的存在，君子才应"慎其独也"，"道"是什么，便成为理解"慎独"的关键。根据《中庸》文本和朱熹的注释，"道也者，不可须臾离也"的"道"，应该是第二十章"诚者，天之道"的"道"，是第二十一章"诚者自诚也，而道自道也"的"道"，是就诚而言，与《大学》的"诚其意"一致。

---

① ［宋］朱熹撰，陈立校点：《四书章句集注》，辽宁教育出版社1998年版，第18页。

三　儒家"慎独"伦理精神的意义

儒家"慎独"精神的特征是诚于中、形于外、遵乎道,这是衡量一个人道德水准的重要标志。儒家"慎独"精神通过抵制不良行为、遵守道德原则,以养成人的完美人格。同时,儒家"慎独"精神又通过对高风亮节的坚守,在廉政建设方面发挥了积极作用。

"慎独"精神作为中国传统文化要素之一,对中国人的完美人格养成起到了不可忽视的作用。具体表现在三个方面:一是对不良行为的抵制。这主要是指一个人在面对外界的诱惑时,能够不为所动,从而避免不良行为的发生。一个人行为是由其内在意念支配的,主要取决于其内心的意念;只要确实做到了"诚于中",内心坚定,遵乎道,而不是自欺欺人,那么,其外表行为一定是合乎君子人格的。特别是自己独处之时,就更需要具有"慎独"精神了,因为"慎独"所凸显的正是人的自我约束能力。同时,"慎独"并非仅仅指静态的意念自守,还指靠自己内在意志力与外在的各种诱惑所进行的正义的较量。一旦具备"慎独"精神了,不良行为便会远离自身,从而使自己的完美人格得以养成。

二是对道德原则的自律。"慎独"伦理精神,也就是将社会的正义要求内化为自身的行为习惯。人的本质在现实性上,是一切社会关系的总和。社会是复杂的,往往是美与丑、光明与黑暗、正义与邪恶并存。"慎独"精神从道德自律的层面而言,便是要求人们发扬美和正义,揭露、鞭挞丑与邪恶。在这里,发扬美往往是比较容易做到的,而揭露和批判丑恶,则被许多人视为畏途。但对于坚持并践行"慎独"精神,敢于坚持道德自律的人来说,则是义不容辞的。

三是对精神境界的升华。如果对不良行为的抵制是"慎独"的外表显现,对道德原则的自律是"慎独"的内在理性自觉,那么"慎独"的最高境界则是人的精神境界的升华。这种升华的最高境界,也就是儒家所追求的君子人格。例如:"穷则独善其身,达则兼善天下"(《孟子·尽心上》),"富贵不能淫,贫贱不能移,威武不能屈"(《孟子·滕文公下》),其精神境界便是高尚的，而这样的人也就是君子了。反之，不能坚守"慎独"的人、得志猖狂的人，即使官再高，业再大，也仍是小人。孔子所谓"君子固穷，小人穷斯滥矣"（《论语·卫灵公》），正是在精神境界的高低上对君子和小人所作的区分。

质言之，"慎独"伦理精神可以从外在表现、理性自觉和精神境界的提升三个方面来养成人的完美人格，也就是儒家所津津乐道的君子人格。作为一种修身方法，"慎独"伦理精神不同于道家和佛家的"坐忘""坐禅"，它是积极的，入世的，利他的，是将自己的身心与客观世界紧密相连的，因而也是应该值得肯定的。

子曰："弟子入则孝，出则弟，谨而信，泛爱众，而亲仁。行有余力，则以学文。"（《论语·学而》）朱熹注曰："德行，本也。文艺，末也。穷其本末，知所先后，可以入德矣。"① 在儒家看来，人格是为官和从事一切工作的前提。换言之，一个人应该先学会做人，然后再去学做官，只有这样的官才是好官，反之则会成为贪官污吏。而"慎独"伦理精神的基本内涵，就是要教人做一个"诚于中，形于外"的君子。一个人如果做官前后都能做到"慎独"，那么他便是清官，这样的从政也便是廉政了。

---

① ［宋］朱熹撰，陈立校点：《四书章句集注》，辽宁教育出版社1998年版，第50页。

结语

朱熹政治伦理思想的理论价值与局限

在中国传统政治思想的发展历程中,两宋时期被称为中国伦理思想的"理学时代",这种时代特征正是由朱熹所塑造的。朱熹的贡献在于,用形而上学的方法证明了天理的存在,讨论了理与气、天理与伦理的关系,完成了传统儒家政治伦理学说的哲理化。因此,用历史唯物主义的方法,客观分析朱熹政治伦理思想的历史地位是十分必要的。

一 朱熹《四书集注》政治伦理思想的理论价值

政治伦理是对社会政治生活所作的应然判断,是对政治的道德诉求。在政治伦理范围内,人们在政治哲学范围里所作的判断在本质上是价值的判断,而不是事实的判断。从这个意义上来讲,中国传统政治伦理思想的发展历程,也就是古代中国人形而上学的思维方式逐渐发展的过程。

(一)朱熹对传统儒家政治伦理思想的哲学化

在传统儒家的政治伦理思想中,春秋战国时代的思想家就以"入世"情怀,以某种假定为逻辑前提,来说明人类社会的应然生活。如孟子、荀子以人性的"善"与"恶"为假定,说明人应该以什么样的方式生活,应该有什么样政治制度安排等政治伦理的基本问题。但是,由于他们重视经验的思维方式,春秋战国时代的儒家政治伦理思想并不是纯粹形而上学的,而是具有经验主义和直觉主义的色彩。

朱熹的政治伦理思想的特点,就在于他以形而上学的方法为其理论建立起了一个逻辑前提——天理,从而摆脱了先秦两汉儒家重视经验的思维传统。

朱熹用形而上学的方法论证了天理的超验属性，进而在本体论上提出了社会政治生活必须遵循的原则。因此，他对应然的社会政治生活的论证只需求诸人的理性理解能力。当朱熹把对普遍道德法则的理解诉诸形而上学的方法而不是经验观察的方法时，传统儒家政治伦理学说就完成了其漫长的哲理化过程。

（二）朱熹政治伦理思想中的社会批判精神

在传统儒家的政治伦理思想中，"道义"是理性的评判标准。在先秦思想家那里，政治伦理的价值诉求是塑造完美道德人格，即"内圣外王"。两宋以后，思想家们则把注意力放在什么样的政治才是符合道义的。在中国古代思想家的观念中，"道义"是思想家根据自己的理性为现实的政治构建的一个绝对的评价标准，思想家对于"道义"原则的理解的抽象程度越高，对社会的批判态度就愈鲜明。

朱熹认为实现良善政治统治的必要条件和途径是"正君心"，君主只有自觉地接受天理的约束，才能使整个社会政治生活符合天理。使君主从于"帝王之道"的约束，自然地成为朱熹的政治目标。这就是要求君主不要把自己的私欲带到政治统治中来，以道德准则为标准来规范自己的行为。故在朱熹的政治伦理思想中，"存天理，灭人欲"也具有约束君主行为的意思，即要求君主去私心和私欲，复归道心和天理，实现理想的王道政治，因此，不能将朱熹的"存天理，灭人欲"完全解释为禁欲。

对道义的坚守和现实的批判是朱熹政治哲学最有价值的内容，它体现的是思想家的道德境界和理想追求，因此，并不能说朱熹的政治哲学仅仅代表"地主阶级利益"或"统治阶级利益"。

（三）朱熹政治伦理思想体现了对善良政治的追求达到了新的水平

朱熹政治伦理思想标志着中国古代思想家抽象思维能力的进步，意味着中国古代思想家已经在更抽象的水平上理解了社会政治生活。朱熹由"天理"而至善良的王道政治的认识路径，使得他对王道的理解不再局限于三代、汉唐的历史经验。按照朱熹政治伦理思想的认识路径，善良的王道政治不是历史上某个时代的特定政治的翻版,而是思想家凭借哲学化的理性逻辑推理的结果,也就是说,思想家在怎样的程度上理解了"天理"也就在怎样的程度上理解了符合道义的政治。总之,善良的王道在本质上已经不再是复古,而是思想家对于善良的王道政治的形而上的不懈追求。

二 朱熹政治伦理思想的理论局限

根据马克思主义唯物史观,评价朱熹的政治伦理思想,要将其放到中国儒家传统政治学说的发展历程中,发现其具有的价值。同时,我们仍不能忽视其理论自身所具有的局限性。这种局限,是特定的社会历史背景与政治背景使然,在某种程度上也代表了中国传统政治伦理思想的局限。

在中国古代思想史上,一种思想学说获得官方的明确认可并成为社会主流的意识形态的运动有两次:一是汉代董仲舒提出的"罢黜百家,独尊儒术",儒家思想被政治化;二是理学在南宋末年之后逐渐官学化。在这两次运动中,封建统治者都十分重视这些思想的上层建筑作用,目的在于维护社会的纲常伦理和封建专制统治。然而,这两次运动所面对的历史和思想环境有所不同,汉代之后的儒学由于佛老之学的冲击,作为一种统治性的意识形态,其逐渐走向衰落。而宋明理学经由二程到朱熹,已经逐渐形成一套完整的哲理化的理论体系,成为一种社会主流思想和意识形态。但是,这两次儒学的官学化又具有相同性,即都更加适应了传统专制主义的政治统治。朱熹政治伦理思想的局限性主要表现在:

首先,朱熹的政治伦理思想肯定了等级制度。从人性论上来说,每个人先验的善都可能在天理处获得,但由于人的气质的影响,现实生活中的人又分为"君子"和"小人",这也是社会政治生活中人的等级差别的先验依据,也合理论证了不平等的政治制度安排。

其次,朱熹等理学家对封建社会的纲常伦理缺乏批判的态度。在朱熹的政治伦理思想中,道德法则被提升为"天理",具有普遍客观性,而这些法则又可以进一步还原为儒家所坚持的道德原则和纲常伦理规范,表现为在现实的社会政治生活中的"三纲五常"的伦理束缚。统治者可以通过对纲常名教的强调来强化自己的统治，伦理和道德规范在统治者手中轻易地转变成了政治上的强制，即政治权力对个人生活的控制。

最后，朱熹政治伦理思想中的道德规劝无法限制专制者的权力。朱熹在其政治伦理思想中所设计的规范权力运行的方法是"格君心之非"，他在一定程度上把政治的优良看作贤明君主个人的道德问题，即通过提高君主个人的道德修养来提升社会政治生活的质量。这也是先秦儒家"内圣外王"逻辑的具体实施，即通过统治者的圣化，推己及人，从而使参与社会政治过程中的每个人都具有良好的道德水平与行为动机。但是，朱熹的政治伦理思想对政治社会的描述具有理想主义色彩，而传统中国专治主义的政治结构和政治思维无法为朱熹在制度设计方面留下太多的空间，所以朱熹政治伦理思想，只能寄希望于通过个人的完善进而达到社会的良善。

三 本书研究的主要问题和意义

朱熹政治伦理思想博大精深，即使在政治哲学层面，不同的学者也可以从不同的角度，运用不同的方法对其进行论释和研究。本书主要以《四书集注》为经典，考察了朱熹《四书集注》的政治伦理精神，以及政治伦理思想的基本原则、主要规范和基本范畴。

无论是对古代人还是对现代人来说，优良的社会政治生活是人们共同的价值追求，而这种追求，必然蕴含着特定的道德诉求和价值理想。当然，不同时代的思想家所面对的时代不同，思想环境和思维方式也不同，但他们要对这种生活合理性的依据作出说明的思想倾向却是一致的。朱熹政治伦理思想所讨论的一些具体结论对于现代人来说可能是无法接受的，但论证的方式是可取的。政治伦理是在最一般的层次上对社会政治生活作的道德判断，因此，政治伦理问题往往都是形而上学问题。朱熹的贡献在于他用形而上学的方法把握社会政治生活的普遍道德法则，把政治伦理问题变为一个真正的形而上学问题，从而把人们对于应然的社会政治生活的探讨推到了新的层面，这方面的意义也正是本研究重点关注的。

参考资料

一 古籍

1. 《十三经注疏》，中华书局，1980年版。
2. 《宋史》，中华书局，1977年版。
3. 《性理精义》，中华书局，1978年版。
4. 《四部备要·子部》，中华书局，1936年版。
5. 《中国哲学史资料选编》，中华书局，1982年版。
6. 《朱子全书》，上海古籍出版社、安徽教育出版社，2002年版。
7. 《诸子集成》，中华书局，1986年版。
8. 陈亮：《陈亮集》，中华书局，1987年版。
9. 程颢、程颐：《二程集》，中华书局，1981年版。
10. 戴震：《戴震全集》，清华大学出版社，1999年版。
11. 黄宗羲：《宋元学案》，中华书局，1986年版。
12. 黎靖德：《朱子语类》，中华书局，2004年版。
13. 陆九渊：《陆九渊集》，中华书局，1980年版。
14. 王守仁：《王阳明全集》，上海古籍出版社，1992年版。
15. 张载：《张载集》，中华书局，1978年版。
16. 朱熹：《晦庵先生朱文公文集》，上海古籍出版社《四库全书》影印本。
17. 朱熹：《近思录》，影印文渊阁《四库全书》本。
18. 朱熹：《四书章句集注》，中华书局，1983年版。

二 当代文献

1. 蔡方鹿：《朱熹与中国文化》，贵州人民出版社，2000年版。
2. 陈红太：《儒学与中国传统政治哲学》，现代出版社，1997年版。
3. 陈来：《宋明理学》，华东师范大学出版社，2004年版。
4. 陈来：《朱子书信编年考证》，上海人民出版社，1989年版。
5. 陈来：《朱子哲学研究》，华东师范大学出版社，2000年版。
6. 陈明：《儒者之维》，北京大学出版社，2004年版。
7. 陈荣捷：《朱学论集》，台湾学生书局，1982年版。
8. 陈周旺：《正义之善》，天津人民出版社，2003年版。
9. 慈继伟：《正义的两面》，生活·读书·新知三联书店，2001年版。
10. 范寿康：《朱子及其哲学》，中华书局，1983年版。
11. 龚群：《当代西方道义论与功利主义研究》，中国人民大学出版社，2002年版。
12. 何平：《中国传统政治思维探源》，天津人民出版社，2003年版。
13. 侯外庐、邱汉生、张岂之主编：《宋明理学史》上卷，人民出版社，1984年版。
14. 金春峰：《朱熹哲学思想》，台湾东大图书公司，1998年版。
15. 李梅：《权利与正义：康德政治哲学研究》，社会科学文献出版社，2002年版。
16. 李鹏程、单继刚、孙品：《对话中的政治哲学》，人民出版社，2004年版。
17. 李泽厚：《批判哲学的批判——康德述评》，人民出版社，1985年版。
18. 林毓生：《中国传统的创造性转化》，生活·读书·新知三联书店，1988年版。
19. 刘述先：《朱子哲学思想的发展和完成》，台湾学生书局，1995年版。
20. 刘晓：《现代新儒家政治哲学》，线装书局，2001年版。
21. 刘泽华、汪茂和、王兰仲：《专制权力与中国社会》，吉林文史出版社，1988年版。

22. 刘泽华：《中国传统政治思想反思》，生活·读书·新知三联书店，1987年版。

23. 刘泽华等：《公私观念与中国社会》，中国人民大学出版社，2003年版。

24. 刘泽华：《中国政治思想史（隋唐宋元明清卷）》，浙江人民出版社，1996年版。

25. 卢国龙：《宋儒微言——多元政治哲学的批判与重建》，华夏出版社，2001年版。

26. 蒙培元：《理学的演变——从朱熹到王夫之戴震》，福建人民出版社，1998年版。

27. 牟宗三：《心体与性体》，上海古籍出版社，1999年版。

28. 欧阳英：《走进西方政治哲学——历史、模式与解构》，中央编译出版社，2005年版。

29. 钱穆：《朱子新学案》，巴蜀书社，1986年版。

30. 邱汉生：《四书集注简论》，中国社会科学出版社，1980年版。

31. 任继愈：《中国哲学史》，人民出版社，1964年版。

32. 束景南：《朱子大传》，商务印书馆，2003年版。

33. 孙晓春：《中国政治思想史论》，吉林人民出版社，2002年版。

34. 田浩：《朱熹的思维世界》，允晨文化实业股份有限公司，1996年版。

35. 王健：《在现实真实与价值真实之间——朱熹思想研究》，华东师范大学出版社，2007年版。

36. 韦政通：《中国思想史》（下），上海书店出版社，2003年版。

37. 萧公权：《中国政治思想史》，辽宁教育出版社，1998年版。

38. 杨国荣：《理性与价值》，上海三联书店，1998年版。

39. 余英时：《中国思想传统的现代诠释》，江苏人民出版社，1995年版。

40. 张立文：《朱熹评传》，南京大学出版社，1998年版。

41. 赵峰：《朱熹的终极关怀》，华东师范大学出版社，2004年版。

42. 赵明：《先秦儒家政治哲学引论》，北京大学出版社，2004年版。

43. 周少来：《人性、政治与制度——应然政治逻辑及其问题研究》，中国社会科学出版社，2004 年版。

三　国外译著

1. 柏拉图：《理想国》，郭斌和、张竹明译，商务印书馆，1986 年版。
2. 岛田虔次：《朱子学与阳明学》，蒋保国译，陕西师大出版社，1986 年版。
3. 恩斯特·卡西尔：《人论》，甘阳译，上海译文出版社，1985 年版。
4. 康德：《道德形而上学原理》，苗力田译，上海人民出版社，2005 年版。
5. 罗素：《西方哲学史》，何兆武等译，商务印书馆，1976 年版。
6. 麦金太尔：《德性之后》，龚群、戴扬毅等译，中国社会科学出版社，1995 年版。
7. 施特劳斯：《政治哲学史》，李天然等译，河北人民出版社，1998 年版。
8. 威廉·帕·克莱默：《理念与公正》，周征环等译，东方出版社，1996 年版。
9. 韦伯：《新教伦理与资本主义精神》，彭强、黄晓京译，陕西师范大学出版社，2002 年版。
10. 亚里士多德：《尼各马可伦理学》，廖申白译，商务印书馆，2003 年版。
11. 约翰·罗尔斯：《道德哲学史讲义》，张国清译，上海三联书店，2003 年版。
12. 约翰·罗尔斯：《正义论》，何怀宏、何包钢、廖申白译，中国社会科学出版社，1988 年版。

四　论文类

1. 蔡方鹿：《陈亮论"道"及其与朱熹思想的差异》，《中共宁波市委党校学报》2006 年第 6 期。

2. 陈代湘：《朱熹的政治思想与政治实践》，《湘潭大学社会科学学报》1999 年第 5 期。

3. 程利田：《朱熹理学对德国哲学的影响——兼论中国文明对西方文明的作用》，《南平师专学报》1997 年第 3 期。

4. 邓广铭：《朱陈论辩中陈亮王霸义利观的确解》，《北京大学学报（哲学社会科学版）》1990 年第 2 期。

5. 邓晓芒：《康德的"先验"与"超验"之辨》，《同济大学学报（社会科学版）》2005 年第 5 期。

6. 邓晓芒：《中国百年西方哲学研究中的八大文化错位》，《福建论坛（人文社会科学版）》2001 年第 5 期。

7. 冯昊青：《至善：德性与幸福的合题——论康德伦理学中的德福观》，《南华大学学报（社会科学版）》2006 年第 1 期。

8. 付长珍：《试论朱熹的二重化人格境界》，《华东师范大学学报（哲学社会科学版）》2006 年第 4 期。

9. 高建立、李之鉴：《试论程朱理学由伪学到正宗的转变》，《信阳师范学院学报（哲学社会科学版）》1993 年第 4 期。

10. 高令印：《朱熹、新儒学与现代化》，《中华文化论坛》1996 年第 3 期。

11. 郭齐：《性与天道：朱熹"理从天出"说辨析》，《四川大学学报（哲学社会科学版）》2004 年第 2 期。

12. 韩冬雪：《政治哲学论纲》，《政治学研究》2000 年第 4 期。

13. 胡发贵：《朱熹"格正君心"与儒家禁欲思想中的政治关切》，《黄山学院学报》2004 年第 4 期。

14. 黄炳华：《陈朱之辩蠡测》，《上饶师范学院学报（社会科学版）》2005 年第 1 期。

15. 贾喜平：《朱熹与李退溪义利观比较研究》，《社会科学战线》2006 年第 2 期。

16. 姜真硕：《朱熹与"与道为体"思想的哲学意义》，《孔子研究》2001 年第 3 期。

17. 李昌舒：《康德与朱熹的道德底形而上学比较》，《江淮论坛》2002年第6期。

18. 李经元：《朱熹义利观评述》，《晋阳学刊》1993年第1期。

19. 李念莉、孙振民：《中国传统哲学——伦理——政治一体化特征》，《延安大学学报（社会科学版）》1999年第3期。

20. 李霞：《程朱对孔孟仁学的改造与发展》，《孔子研究》2001年第6期。

21. 林存光：《中国古典政治哲学论纲———一项基于中西比较视角的审视与分析》，《天津社会科学》，2006年第2期。

22. 刘桂莉：《朱熹的人性论》，《江西社会科学》2003年第7期。

23. 刘晓：《政治哲学初探》，《政治学研究》2000年第3期。

24. 刘兴邦：《朱熹理学与以德治国》，《江西社会科学》2002年第12期。

25. 刘彦生、梁晋华：《从儒学伦理到儒学哲学——孔子儒学与朱熹儒学的比较》，《思想战线》1997年第4期。

26. 马恺之：《在形而上学与政治哲学之间——从西方汉学的角度再度探讨王弼的易学》，《人文杂志》2004年第4期。

27. 漆侠：《浙东事功派代表人物陈亮的思想与朱陈"王霸义利之辨"》，《河北大学学报（哲学社会科学版）》2001年第3期。

28. 任剑涛：《从方法视角看中国传统政治哲学研究》，《中国人民大学学报》2004年第3期。

29. 史少博：《朱熹"禀气"说与人的道德先在性》，《管子学刊》2006年第1期。

30. 孙晓春、郑维东：《中国传统政治哲学论纲》，《史学集刊》1997年第2期。

31. 孙晓春：《罗尔斯政治哲学方法解析》，《吉林大学社会科学学报》2002年第3期。

32. 万俊人：《关于政治哲学几个基本问题研究论纲》，《天津社会科学》2004年第2期。

33. 王洁、鹿士义：《从康德的"物自身"到儒家道德的形上学》，《徐州师范大学学报》2002 年第 1 期。

34. 王世光：《学术与政治之间——论戴震对程朱理欲观的批评》，《中州学刊》2002 年第 2 期。

35. 魏义霞：《理气双重的审视维度和价值旨趣——朱熹性命之学研究》，《社会科学战线》2006 年第 2 期。

36. 吴根友：《道义论——简论孔子的政治哲学及其对治权合法性问题的论证》，《孔子研究》2007 年第 2 期。

37. 熊吕茂：《"存大理，灭人欲"思想的现代启示——重评朱熹的理欲观》，《湖南科技大学学报（社会科学版）》2004 年第 2 期。

38. 熊铁基：《从"存大理，灭人欲"看朱熹的道家思想》，《史学月刊》1999 年第 5 期。

39. 徐公喜：《朱熹与法家之学》，《安徽史学》2006 年第 5 期。

40. 叶芳：《朱熹理学与传统文化资源》，《江西社会科学》2005 年第 11 期。

41. 俞兆鹏：《略论朱熹与"庆元党禁"》，《南昌大学学报（社会科学版）》1994 年第 4 期。

42. 张成权：《朱熹道德伦理学说建构初探》，《合肥学院学报（社会科学版）》2005 年第 1 期。

43. 张树旺：《从治道角度看朱熹哲学》，《华南理工大学学报（社会科学版）》2002 年第 3 期。

44. 钟陵：《陈亮朱熹的王霸义利论辩与南宋儒学派之争》，《南京师大学报（社会科学版）》1993 年第 1 期。

45. 朱光镐：《朱熹哲学中"太极"概念的几种涵义》，《中国哲学史》2006 年第 3 期。

46. 朱瑞熙：《论朱熹的公私观》，《上海师范大学学报（哲学社会科学版）》1995 年第 4 期。

47. 朱松美：《对朱熹君权制约论的历史性考察》，《山东师范大学学报（人文社会科学版）》2004 年第 2 期。

后　记

2015 年，我的《朱熹〈四书集注〉政治伦理思想研究》（15CWHJ14）获准立项为山东省社会科学规划研究项目。自此，我在本课题的前期研究成果的基础上，开始搜集并阅读材料，系统研究这一课题。2020 年 12 月，我退休后被返聘到海口经济学院马克思主义学院，叶晓静博士与我协商并共同研究，最终完成了这一 20 余万字的著作。《朱熹〈四书集注〉政治伦理思想研究》作为山东省社会科学规划研究项目的最终结项成果，是我多年来从事中国哲学、中国传统文化教学与研究的结晶，同时也得益于叶晓静博士的鼎力相助。

2021 年 3 月，习近平总书记参观福建武夷山朱熹园时感慨："我们要特别重视挖掘中华五千年文明中的精华，把弘扬优秀传统文化同马克思主义立场观点方法结合起来，坚定不移走中国特色社会主义道路。"三个多月后，在庆祝中国共产党成立 100 周年大会上，习近平总书记提出了"两个结合"："坚持把马克思主义基本原理同中国具体实际相结合、同中华优秀传统文化相结合。"本书以辩证唯物主义和历史唯物主义为指导，以《四书集注》为主要经典文本，从形上与形下、体与用相统一的视角，按照从伦理原则到伦理规范和伦理范畴的思路，展开对朱熹政治伦理思想的研究，力求从朱熹《四书集注》中挖掘中国传统政治伦理思想资源，以利于新时代政治文化建设和中华优秀传统政治伦理文化在新时代实现"创造性转化和创新型发展"。

感谢海口经济学院马克思主义学院的王志芳院长、陈玉书院长、何海霞副院长的关心和支持。感谢海口经济学院图书馆的领导为本课题的研究提供大量研究资料。感谢海口经济学院马克思主义学院为本书的出版提供经费支持。同时感谢聊城大学科研处和政治与公共管理学院的领导和老师们的支持。

在本书的撰写过程中，我们参考了前辈与时贤诸多研究成果，鉴于成果繁多，且许多成果都是综合运用的，未能一一列出，在此一并表示感谢。

由于我们的水平所限，本书的不足之处在所难免，敬请专家学者批评指正。

王敬华　叶晓静
2024 年 5 月于海口